Europäische Desintegration in Zeiten multipler Krisen

Sibylle Treude

Europäische Desintegration in Zeiten multipler Krisen

Theoretische Ansätze und Perspektiven für die politische Praxis

Springer Gabler

Sibylle Treude
Hochschule Koblenz
Koblenz, Deutschland

ISBN 978-3-658-44038-1 ISBN 978-3-658-44039-8 (eBook)
https://doi.org/10.1007/978-3-658-44039-8

Die Deutsche Nationalbibliothek verzeichnet diese Publikation in der Deutschen Nationalbibliografie; detaillierte bibliografische Daten sind im Internet über https://portal.dnb.de abrufbar.

Planung/Lektorat: Vera Treitschke
Springer Gabler ist ein Imprint der eingetragenen Gesellschaft Springer Fachmedien Wiesbaden GmbH und ist ein Teil von Springer Nature.
Die Anschrift der Gesellschaft ist: Abraham-Lincoln-Str. 46, 65189 Wiesbaden, Germany

Vorwort

Gemessen an der Geschichte des europäischen Kontinents ist das Zeitalter der Integration europäischer Staaten in einer Union mit supranationalem Charakter noch relativ jung: Erst nach dem Zweiten Weltkrieg schlossen sich zunächst sechs Staaten 1951 zur Montanunion und dann 1957 zur Europäischen Wirtschaftsgemeinschaft zusammen. Es folgten Jahre und Jahrzehnte größerer und kleinerer Integrationsschritte, die durch die Erweiterung auf bis zum Brexit 28 Mitgliedstaaten augenfällig wurden. Flankiert wurde dies durch wirtschaftliche Erfolgsprojekte wie den EU-Binnenmarkt und die Einführung des Euro in heute 20 Mitgliedstaaten. Getragen von einem starken Fortschrittsoptimismus spiegelte auftretende Uneinigkeit unter den Mitgliedstaaten eher die Vielfalt an nationalen Interessen wider, als dass sie als grundlegende Differenzen über den Fortbestand der EU gesehen wurden. Zeiten der integrativen Stagnation stellten das grundsätzliche Prinzip einer „ever closer union“ nicht in Frage.

Mit dem Auftreten von Krisen und deren Überlappung seit Beginn des 21. Jahrhunderts scheinen Zweifel an der grundsätzlichen Integrationsteleologie angebracht zu sein. In der Europaforschung und besonders in der politikwissenschaftlichen Debatte verstärkte sich die Beschäftigung mit einzelnen Krisen, bekannt unter Schlagwörtern wie z. B. der Euro-Krise, Migrationskrise und Rechtsstaatlichkeitskrise und insbesondere dem Brexit. Der Begriff der Polykrise und der Desintegration fasst das Nebeneinander aktueller und latenter Krisen der EU und deren mögliche desintegrative Auswirkungen zusammen. Obgleich integrationshistorisch noch relativ jung, sind die multiplen Krisen und Begriff, Konzept und Thema der EU-Desintegration zum explanandum der wissenschaftlichen Erforschung durch verschiedene Disziplinen geworden.

Ziel dieses Buches ist es, einen Einblick in den interdisziplinären Diskurs und das mittlerweile vielseitige Angebot an (des-)integrationstheoretischen Ansätzen zur Beschreibung, Erklärung und Prognose von Krisen und von Desintegration Europas zu geben. Es ist aus meiner langjährigen, seit meiner Habilitation zur EWG-Wettbewerbspolitik währenden Beschäftigung mit dem Themengebiet der europäischen Integration und insbesondere der EU entstanden.

In der Einführung geht es um Begriff und Möglichkeiten von Theorien bzw. theoretischen Ansätzen und die Genese der theoretischen Auseinandersetzung mit europäischer

(Des-)Integration. Es folgen Überlegungen, wie die Integrationsforschung systematisiert werden kann.

Sodann stelle ich desintegrationstheoretische Ansätze von Kolleg/innen, die in der Regel als Paper in wissenschaftlichen Zeitschriften vorliegen, in den Mittelpunkt der analytisch-systematischen Darstellung und Einordnung. Die als etabliert geltenden Forschungsrichtungen des Neofunktionalismus, Intergouvernementalismus und Postfunktionalismus werden auf Grundlage von jeweils zwei Beiträgen vorgestellt. Im Anschluss betrachte ich drei neuere Ansätze, die bis dahin noch nicht fokussierte Fragen, Aspekte und Ursache-Wirkungszusammenhänge aufzeigen. Diese ermöglichen, wie ich darlegen werde, neue Modellierungen europäischer (Des-)Integrationsphänomene und -entwicklungen.

Alle Ansätze folgen demselben Gliederungsschema, um dem/r Leser/in einen systematisch-einheitlichen Zugang und leichtete Vergleichbarkeit zu ermöglichen. Zentral bei jedem Ansatz ist für mich, die darin behandelten Krisen in der Ereignisgeschichte und den Ansatz in der Integrationsforschung zu verorten, die Konzeption von (Des-)Integration und des Funktionierens von (Des-)Integrationsprozessen sowie die wissenschaftlich-funktionalen Dimensionen des Ansatzes herauszuarbeiten. Jeder Ansatz wird schließlich kritisch betrachtet.

Das Buch richtet sich an im Thema fortgeschrittene Studierende, Wissenschaftler, Politiker im EU-Kontext, in der Politikberatung Tätige und Leser/innen, die an der politischen und wirtschaftlichen EU-Integration interessiert sind. Im besten Falle regt es dazu an, die interdisziplinäre Sicht auf das Thema EU im Allgemeinen und Krisen sowie desintegrative Phänomene und Entwicklungen im Besonderen zu verstärken. Wissenschaftliche Betrachtungen gehen meistens mit einer analytischen Komplexitätsreduktion der multifaktoriellen realen Entwicklungen einher. Die Offenheit für bisher noch nicht fokussierte explanans als erklärende Variablen birgt aber das Potenzial, die Komplexität der EU-Integration und on Desintegration besser zu verstehen sowie kurz-, mittel- sowie langfristige Handlungsoptionen für die Politikpraxis abzuleiten.

Neuere Krisenereignisse wie der Ukraine-Krieg und Nahost-Konflikt, die in diesem Band nicht mehr berücksichtigt werden konnten, lassen die Uneinigkeit der EU-Staaten und damit (außen)politische und strukturelle Schwächen hervortreten und unterstreichen die Aktualität des Themas.

Koblenz, Deutschland
November 2023

Sibylle Treude

Inhaltsverzeichnis

Einführung 1

1.1 Relevanz des Themas

Nach den zwei Weltkriegen des 20. Jahrhunderts ist insbesondere aus dem Gedanken der Befriedung und des Zusammenwachsens der europäischen Nationen ein Prozess der Integration Europas entstanden. Eine der bekanntesten Visionen und Überlegungen für eine europäische Nachkriegsordnung ist diejenige des britischen Premierminister Winston Churchill, „die europäische Völkerfamilie in einer regionalen Organisation neu zusammen zu fassen, die man vielleicht Vereinigte Staaten von Europa nennen könne" (Churchill, 1946).

Die Integrationsgeschichte Europas ist seither geprägt durch verschiedene Etappen des wirtschaftlichen und politischen Zusammenschlusses von Staaten in regionalen Organisationen wie der Europäischen Union (EU), der Europäischen Freihandelszone (EFTA) und dem Europarat. Der EU-Austritt Großbritanniens, des gemessen am Bruttoinlandsprodukt (BIP) in Preisen zweitgrößten Mitgliedstaates, der Brexit, ist eine Zäsur, „ein historischer Einschnitt" in dem bis dahin linear gedachten Prozess der immer stärkeren Zusammenarbeit mit gemeinsamen europäischen Institutionen und mit immer mehr Mitgliedern (Welfens, 2017, S. 5).

Die Europäische Kommission hat im „Weißbuch zur Zukunft Europas" von 2017 fünf Szenarien skizziert, die „von der Fortsetzung des Status quo über veränderte Handlungsbereiche und Prioritäten bis zum partiellen oder gemeinsamen Sprung nach vorn" reichen (Europäische Kommission, 2017, S. 15; Burkard, 2021). Auf Basis der „Monnet-Methode", die ausgehend von Projekten und Zielen in einzelnen Politikfeldern den institutionell-konstitutionellen Rahmen formt („form follows function"), werden darin rechtliche und institutionelle Aspekte ausgespart (vgl. Knipping, 2010). Hier deutet sich ein Gegensatz zu den Gründungsdokumenten der EWG an, in denen die sechs Signatarstaaten 1957 eine

S. Treude, *Europäische Desintegration in Zeiten multipler Krisen*,
https://doi.org/10.1007/978-3-658-44039-8_1

„ever closer union" anvisierten. Deutlich wird im Weißbuch von 2017 wie auch in der wissenschaftlichen Debatte und Politikberatung ein vergrößerter „Meinungspluralismus", ohne dass das Konzept einer „neuen ever looser union" an die Stelle dieses Gründungskonzeptes getreten wäre (Ribbe & Wessels, 2020, S. 262).

Begleitet wird der europäische Integrationsprozess seit dem frühen 20. Jahrhundert von wissenschaftlichen Theorien und Ansätzen. Die Autor/innen verfolgen wissenschaftlich-akademische und/oder normativ-präskriptive Ziele bei der Beschreibung, Erklärung und Zukunftsprognose der (europäischen) Integration und meist zugeschnitten auf die EU. Loth und Wessels stellten bereits 2001 fest, das Thema „Europa" sei von einem „Randthema der 70er- und frühen 80er-Jahre, das häufig als Unterkategorie internationaler Organisationen (…) abgehandelt wurde", zu einem „Gegenstand der Forschung, Lehre und des öffentlichen Diskurses geworden, der politische und wissenschaftliche Aufmerksamkeit sowie auch Forschungsmittel anzieht" (Loth & Wessels, 2001, S. 8).

Bei aller Verschiedenheit der integrationstheoretischen Ansätze lag dieser langen Zeit die folgende Annahme zugrunde: Trotz gelegentlicher Unstimmigkeiten und Phasen des Verharrens auf dem gemeinsam politisch Erreichten zwischen den Partnern gehe der Prozess hin zu mehr Integration und die EU werde in der Welt ökonomisch und politisch immer einflussreicher. Dies brachte zum Beispiel die „Lissabon-Strategie der EU" der Staats- und Regierungschefs aus dem Jahr 2000 mit den Zielen eines dauerhaften Wirtschaftswachstums, besserer Arbeitsplätze und eines größeren sozialen Zusammenhalts zum Ausdruck. Die EU sollte bis 2010 zum wettbewerbsfähigsten und dynamischsten wissensbasierten Wirtschaftsraum der Welt mit 20 Mio. zusätzliche Arbeitsplätze ausgebaut werden. Vor dem Hintergrund der Reformvorschläge des Verfassungskonvents zum EU-Vertragswerk Europa und der größten Erweiterungsrunde der Gemeinschaft sah man die Chance darin, die EU nicht „lediglich als historische Schicksalsgemeinschaft zu begreifen", sondern „die Grundlagen einer zukunftsorientierten Erfolgsgemeinschaft neu zu definieren" (Algieri et al., 2003, S. 1).

Schon die ökonomischen Krisen der letzten Jahre ließen verstärkt Zweifel an dem linearen Fortschrittsoptimismus in der EU und der Integrationsforschung aufkommen, die durch den Brexit enorm verstärkt werden. Die Finanz- und Haushaltskrisen einiger Mitgliedstaaten sowie die daraus resultierenden negativen Auswirkungen auf das Euro-Währungssystem führten in einigen EU-Staaten zu politischen Krisen und einem Vertrauensverlust in die Politik auf Seiten der Bevölkerungen mit regressiven Tendenzen. Soziale Ungleichheit in den EU-Volkswirtschaften, die durch die Covid 19-Pandemie verstärkt wird, bedroht die soziale Kohäsion der Gesellschaften. In Bezug auf den Umgang mit zuwandernden Flüchtlingen und Migrant/innen und mit Grundfragen der Rechtsstaatlichkeit stellt sich aufgrund politischer Nationalismen die Frage, inwieweit angesichts des Europaskeptizismus und Populismus gemeinsame europäische Lösungen überhaupt umsetzbar sind (vgl. Klein, 2017, S. 283).

Gründe für wissenschaftliche Relevanz und Auseinandersetzung mit einem Thema können erstens die Aktualität des Forschungsgegenstandes und zweitens das zugrunde gelegte theoretische Konzept sein. Angesichts der Polykrise in Europa stellen sich für politische und ökonomische Akteure aber auch für die Zivilgesellschaften neue Herausforderungen, die sich auch in einer Vertrauenskrise gegenüber der europäischen Integration und den EU-Institutionen äußern. Dies trägt dazu bei, dass sich die internationale, interdisziplinäre Integrationsforschung den bisher vernachlässigten Phänomenen verstärkt zuwendet, die in unterschiedlichem Maße und je nach zugrunde gelegter Definition immer schon Teil des europäischen Integrationsprozesses waren, nämlich denen der Krisen, der Stagnation der Integration und der Desintegration oder des Euroskeptizismus.

Das Thema „Theoretische Ansätze der Desintegration" ist jedoch nicht erst seit dem Brexit relevant (vgl. Rosamond, 2016). In der Integrationsgeschichte der EU gab es seit der Gründung der Europäischen Wirtschaftsgemeinschaft (EWG) Phasen der Vertiefung der Integration und Phasen krisenhafter Entwicklungen. Als Meilensteine für eine Intensivierung der Integration gelten beispielsweise die Erweiterungsrunden um 22 neue Mitgliedstaaten oder die sechs Vertragswerke, die seit den Verträgen von Rom zur Gründung der EWG von jeweils allen Mitgliedstaaten unterzeichnet wurden. Als Phase der Desintegration, der „Eurosklerose", werden die Jahre von 1973 und 1984 betrachtet, in der viele Mitgliedstaaten ihre Wirtschaftspolitik national zu Lasten der Öffnung der europäischen Märkte ausrichteten (vgl. etwa Loth, 2014, S. 203 ff.). Die Krisen des 21. Jahrhunderts und das Thema (Des-)Integration Europas sind Gegenstand zahlreicher Publikationen von Wissenschaftlern verschiedener Disziplinen (vgl. etwa Obwexer et al., 2018; Schulz & Spoerer, 2019). Insbesondere der Brexit hat zu einer breiten wissenschaftlichen Auseinandersetzung verschiedener Fachgebiete über die Ursachen und Folgen des Austritts Großbritanniens aus der EU geführt (vgl. etwa Gänzle et al., 2019; Berghahn, 2021).

Das zweite Relevanzkriterium für wissenschaftliche Auseinandersetzung mit einem Gegenstand ergibt sich aus dem theoretischen Konzept, das der Untersuchung zu Grunde liegt. Theorien zu regionalen Integrationsprozessen, insbesondere der europäischen Integration, besitzen jeweils unterschiedliche Aussagen zu den Leitbildern, den Bedingungen, den zentralen Akteuren, deren Motiven sowie den für den Integrationsprozess als relevant erachteten Faktoren (vgl. Giering, 1997, S. 12). Eine einzige alles umfassende und allseits akzeptierte Integrationstheorie gibt es bis heute nicht. Dominierte in der Integrationsforschung lange Zeit die Suche nach Großtheorien mit universalem Erklärungsanspruch, hat in den letzten Jahren eine Phase der Differenzierung und Spezialisierung der theoretischen Ansätze auf einzelne Probleme und Aspekte europäischer Integration eingesetzt. Das Thema Desintegration und die Fragen, wie und warum es zu desintegrativen Entwicklungen und Phänomenen in der EU kommt, wurden jedoch in der Integrationsforschung lange weitgehend vernachlässigt (außer etwa: Eppler & Scheller, 2013; Dieselben, 2014; Schimmelpfennig, 2019; Tekin, 2016; Webber, 2014).

1.2 Ziel des Buches

Das Ziel des Buches ist es, einen Einblick in die wissenschaftliche Beschäftigung mit theoretischen Ansätzen zu geben, die Krisen und Desintegration in der EU beschreiben, analysieren und erklären. In diesem Band wird daher zunächst ein neues Konzept vorgestellt, wie die (Des-)Integrationsforschung systematisiert werden kann (Abschn. 2.2.3).

Die empirische Anwendung wissenschaftlicher Thesen kann zu neuen Erkenntnissen über bereits lange diskutierte Phänomene wie das Demokratiedefizit der EU und aktuelle krisenhafte Entwicklungen in der EU führen. Das Buch leistet einen Beitrag zum wissenschaftlichen Diskurs über integrative und desintegrative Prozesse und ihre Ursachen. Auf dieser Basis lassen sich Kausalzusammenhänge und mögliche Muster kurz-, mittel- und langfristiger Reaktionen verschiedener wirtschaftlicher, politischer und gesellschaftlicher Gruppen identifizieren. Bestenfalls kann es dann gelingen, vorausschauende Handlungsoptionen für die Bewältigung politischer Herausforderungen zu entwickeln.

Ein zentrales Anliegen dieses Bandes ist es, einen Einblick in die interdisziplinäre Vielfalt wissenschaftlich-theoretischer Ansätze zu ermöglichen, die sich mit Krisen und integrativen, aber vor allem desintegrativen Entwicklungen in der EU beschäftigen. Dabei geht es auch darum, einzelnen Forschungsrichtungen und -beiträgen von Kolleg/innen mehr Bedeutung zuteil werden zu lassen. Die Autorin hat selber den Ansatz des Evolutorischen Institutionalismus (Abschn. 4.2) auf die Thematik des Buches bezogen und hinsichtlich der Verwendbarkeit für die empirische und reflexiv-wissenschaftliche Forschung, aber auch für die politikberatende Anwendbarkeit weiterentwickelt.

Integrationstheorien sollen „die Entstehung, den Prozess und den Stand der europäischen Integration" erklären (Schimmelpfennig, 2020, S. 3). Insbesondere seit der so genannten Eurokrise 2010, der Flüchtlingskrise 2015 und dem britischen Brexit-Referendum 2016 ist das Thema „Europäische Desintegration" deutlicher in den Fokus der Wissenschaft gerückt. Da sich die Auseinandersetzung mit Krisen und Desintegration in Europa zunehmend verstärkt und diversifiziert, kann im Folgenden nur ein Einblick in die laufenden wissenschaftlichen Diskurse gegeben werden kann.

Nichtsdestotrotz kann konstatiert werden, dass sich die Beschäftigung mit krisenhaften und desintegrativen Phänomenen mindestens als Facette der europäischen Integration, wenn nicht gar als eigener feststehender Begriff der „Desintegrationsforschung" etabliert. Dies wird insbesondere daran deutlich, dass zum einen existierende Theoriestränge der Integration auf ihre Erklärungskraft desintegrativer Phänomene in Europa untersucht werden. Erkennbar ist aber zum anderen auch, dass es mit Rekurs auf vorhandene integrationstheoretische Ansätze auch neue Theorieangebote für die Erfassung, Erklärung, Prognose und den Umgang mit europäischer Desintegration insbesondere in der EU gibt.

Das Buch bietet eine eigens entwickelte Gliederungsheuristik zur einheitlich-analytischen Darstellung der theoretischen Ansätze, die diese jeweils zunächst in der (Des-)Integrationsforschung und Ereignisgeschichte verortet. Welche immanenten Annahmen über den (Des-)Integrations-Begriff sowie über das Funktionieren von (Des-)Integrationsprozessen liegen dem jeweiligen Ansatz zugrunde? Welche wissenschaftlich-funktionalen Dimensionen erfüllt der Ansatz? Abschließend wird die jeweilige Forschungsrichtung kritisch betrachtet.

Kap. 3 zeigt klassische politikwissenschaftliche Ansätze und Kap. 4 jüngere Ansätze auf, die die EU-Krisen bzw. desintegrative Phänomene der europäischen Integration zum Gegenstand haben. Nach einer überblickartigen Einführung werden jeweils ausgewählte Ansätze exemplarisch etwas ausführlicher dargestellt.

1.3 Aufbau des Buches

Die weiter oben konstatierte Vielfalt der Integrationstheorien trifft zunehmend auch auf die theoretischen Ansätze der europäischen Desintegration zu. Eine Vielzahl von Arbeiten untersucht bisherige Theorieansätze der Integration darauf, inwieweit diese – trotz ihrer zugrunde liegenden Annahme des Integrationsfortschritts – auch desintegrative Phänomene erklären können.

Um den Theoriediskurs im Themenfeld europäischer Desintegration nachvollziehen zu können, ist in diesem Buch die Auswahl von Autor/innen mit einzelnen ihrer Forschungsbeiträge bzw. -paper und eine Auswahl der Vielfalt an Forschungsrichtungen sowie theoretischen Richtungen und Diskursen notwendig. Dies bedeutet nicht, dass es nicht auch andere wissenschaftlich bedeutende und einflussreiche Beiträge zum jeweiligen Themengebiet und Ansatz bzw. zu anderen integrationstheoretischen Forschungsströmungen und -schulen gibt. Die Darstellung der vorgestellten theoretischen Ansätze muss sich auf einen oder wenige Urheber stellvertretend für andere Autor/innen und thematische Fokussierungen in demselben theoretischen Forschungsfeld beschränken. Gemeinsam ist diesen, dass sie insbesondere einzelne Krisen und/oder die Polykrise der EU seit Beginn des 21. Jahrhunderts wissenschaftlich reflektierend und theoretisch begleiten.

Die Auswahl der in diesem Buch vorgestellten Forschungsbeiträge verfolgt das Ziel, einen Eindruck der vielfältigen theoriegeleiteten Auseinandersetzung und Debatte zum Thema europäische (Des-)Integration zu vermitteln. Die Ansätze spiegeln auch unterschiedliche Konzeptionen von europäischer Integration und Desintegration und verschiedene Analysezugänge zu bedeutenden Krisen der 2000er-Jahre wider. Auch die Frage, ob nur eine Theorie zur Beschreibung, Erklärung, Prognose und zur Erfüllung anderer wissenschaftstheoretischer Funktionen oder ein komplementärer Theorienpluralismus notwendig ist, ist Inhalt oder Gegenstand der Kritik einiger Ansätze.

Kap. 3 befasst sich mit klassischen Integrationstheorien, die auf ihre Analyse- und Erklärungskraft für desintegrative Phänomene der europäischen Integration untersucht werden. Die teilweise als „Grand Theories" bezeichneten Ansätze des Neofunktionalismus, Intergouvernementalismus und Postfunktionalismus können in der (Des-) Integrationsforschung als etabliert angesehen werden (Hooghe & Marks, 2019, S. 1113; Kuhn, 2019, S. 1213). Exemplarisch für die jeweilige Theorieschule stehen jeweils zwei Forschungsarbeiten im Vordergrund, deren Spezifika im jeweiligen Forschungskontext der jeweiligen Theorieschule auf Basis der obigen Gliederungsstruktur herausgearbeitet werden:

- Neofunktionalismus:
  1. Niemann und Bergmann (2013): „Zug- und Gegenkräfte der Integration"
  2. Schimmelpfennig (2019): „Explaining Variation in Crisis"

Bergmann und Niemann betrachten den Integrationsprozess als dialektischen Mechanismus dynamischer Kräfte. Zug- und Gegenkräfte aus integrierenden und desintegrierenden Momenten entfalten eine Wechselwirkung. Damit knüpft der Ansatz zwar an die Spill-over-Konzeption des Neofunktionalismus an, relativiert jedoch die Annahme einer stetigen prodynamischen europäischen Integrationsentwicklung (Abschn. 3.1.2.1).

Das zweite in diesem Buch vorgestellte Forschungspapier, das an die zu den „Grand Theories" zählende Forschungsrichtung des Neofunktionalismus anknüpft, ist der von Schimmelpfennig im Folgenden bezeichnete Ansatz „Explaining Variation in Crisis" (Abschn. 3.1.2.2). Während sich der Forschungsbeitrag von Bergmann und Niemann auf die Eurokrise bezieht, nimmt Schimmelpfennig einen Vergleich der Eurokrise mit der Schengen- bzw. Migrationskrise ab 2015 vor. Bei der Beantwortung der Frage, warum es in beiden Krisen zu unterschiedlichen Politikergebnissen der (Des-)Integration kommt, rekurriert der Ansatz auf das Konzept institutioneller Pfadabhängigkeit. Erklärende Faktoren sind demnach der Grad transnationaler Interdependenz der relevanten Akteure und die supranationale Macht und Leistungsfähigkeit der europäischen Institutionen.

- Intergouvernementalismus:
  1. Jones, Keleman und Meunier (2015): „Failing Forward?"
  2. Hodson und Puetter (2019): „The European Union in Disequilibirum"

Der in diesem Band mit dem Kurztitel „Failing Forward?" vorgestellte Forschungsbeitrag von Jones, Keleman und Meunier (Abschn. 3.2.1.1) analysiert ebenfalls die Eurokrise. Dabei steht ein intergouvernementaler Erklärungsansatz im Vordergrund, der mit einem (neo-)funktionalen Spill-over-Erklärungselement verbunden wird. Seine These lautet: Da die EU-Mitgliedstaaten dazu neigen, sich bei Integrationslösungen auf den kleinsten gemeinsamen Nenner zu einigen, kommt es immer wieder zu suboptimalen (institutionellen) Lösungen. Es entstehen zwar Integrationsfortschritte; diese sind aber nie optimal, sondern folgen einem „Failing Forward"-Muster.

Die neofunktionalistische Vorstellung, dass die EU immer einem Gleichgewichtszustand zustrebe und Krisen nur ein „spill-back"-Phänomen seien, stellen Hodson und Puetter in Frage (Abschn. 3.2.1.2). Ihr im Folgenden als „The European Union in Disequilibrium" bezeichneter Ansatz basiert auf dem Neuen Intergouvernementalismus und sieht die EU in der Post-Maastricht-Phase in einem andauernden Zustand des Ungleichgewichts. Politische, sozioökonomisch bedingte Spannungen in der Bevölkerung und das Erstarken rechtspopulistischer und euroskeptischer Parteien haben demnach zu einem „destructive consensus" in der EU geführt.

- Postfunktionalismus:
  1. Hooghe und Marks (2019): Postfunctionalism – „a flexible body of thought"
  2. Genschel und Jachentenfuchs (2021): „Postfunctionalism reversed"

Hooghe und Marks plädieren in ihrem in diesem Buch vorgestellten Forschungspapier für einen Theorienpluralismus, um die Krisen der EU zu analysieren. Sie nehmen dazu Rekurs auf den Neofunktionalismus und Intergouvernementalismus als integrationsteleologische Ansätze sowie den Postfunktionalismus als integrationspessimistischen Approach. Für die Autoren bietet sich für die (Des-)Integrationsforschung gerade darin ein Mehrwert, dass die unterschiedlichen Perspektiven dieser „Schulen" komplementär für die Formulierung kontroverser wissenschaftlicher Hypothesen und Debatten genutzt werden (Abschn. 3.3.2.1). Entsprechend ihrer Theorien-pluralen Analyse betrachten sie die Zukunft des europäischen Integrationsprozesses angesichts vieler Krisen wie Euro-, Schengen-, Brexit- und Rechtsstaatlichkeitskrise als offen: Das Ergebnis kann die Erhaltung des Integrationsstandes, eine Unterbrechung des Integrationsprozesses, aber auch Desintegration sein.

Die Covid 19-Pandemie steht im Mittelpunkt der postfunktionalistischen Analyse von Genschel und Jachtenfuchs (Abschn. 3.3.2.2). Die Effizienzvorteile, die Nationalstaaten in der gemeinschaftlichen Aufgabenwahrnehmung durch die EU-Institutionen sehen, können in Krisen zugunsten nationaler Sicherheitsüberlegungen in den Hintergrund treten. In der so genannten Corona-Pandemie wurde der „Tradeoff" zwischen den funktionalen Größenvorteilen der EU-Governance und den identitätsstiftenden Vorteilen der Nationalstaaten in Frage gestellt. Die Autoren analysieren aber auch die unterschiedlichen Reaktionen der EU-Partner zur Bewältigung der Eurokrise auf der einen Seite und der Coronakrise auf der anderen Seite: Wie wirken sich Vorstellungen nationaler und europäischer transnationaler Identität und Solidarität blockierend oder fördernd auf gemeinsame Problemlösungen der EU-Staaten aus?

In Kap. 4 werden drei theoretische Ansätze dargestellt, die nicht zu den klassischen (Des-)Integrationstheorien zählen. Gemeinsam ist diesen, dass sie an Kritikpunkten der bisherigen einschlägigen Forschung ansetzen und neue, ungewohnte Sichtweisen auf den Untersuchungsgegenstand der europäischen Desintegration in den wissenschaftlichen Diskurs einbringen. Dabei beziehen sich die folgenden Ansätze auf Krisenphänomene im Allgemeinen bzw. die Gleichzeitigkeit von Krisen in der EU. Mit ihnen wird weiterer Forschungsbedarf für ihre empirische Anwendung sowie wissenschaftstheoretische Erklärungskraft und Weiterentwicklung sichtbar.

- Konzept der Eingrenzung (Schimmelpfennig, 2019)
- Evolutorischer Institutionalismus (Patzelt, 2007 ff.)
- Feministische Ansätze und europäische Desintegration (Lombardo & Kantola, 2019)

Schimmelpfennig rückt in seinem im Folgenden als „Konzept der Eingrenzung" dargestellten Ansatz die aus seiner Sicht bis dato in der Integrationsforschung vernachlässigten EU-Außengrenzen neben die Binnengrenzen in den Mittelpunkt der Analyse (Abschn. 4.1). Die möglichen Auswirkungen der Polykrise auf die Gemeinschaft der 27 Mitgliedstaaten modelliert er in einem Konzept vier unterschiedlicher (Des-)Integrationszustände. Dabei wird die Dichotomie aus Integration und Desintegration aufgehoben, indem auch Entwicklungen des Rückbaus oder der Verwässerung von erreichten Integrationsgraden mit bedacht werden. Dies hängt davon ab, ob sich die supranationale Gemeinschaft für eine Beseitigung interner (Binnenmarkt)-Grenzen mit oder ohne Entgrenzung nach außen entscheidet. Der Ansatz von Schimmelpfennig zielt neben der Erklärung von Krisen und desintegrativen Entwicklungen in der EU darauf ab, Handlungsempfehlungen für europäischen Akteure zu entwickeln.

Der Ansatz des Evolutorischen Institutionalismus wurde mit Bezug auf die biologische Evolutionstheorie von Patzelt und Lempp entwickelt und fragt nach der Genese und dem Wandel von Institutionen. Die Autorin bezieht diesen ideenorientierten Approach im Folgenden auf die EU und das Beispiel der ökonomischen EU-Governance, um seine wissenschaftlich-theoretischen Möglichkeiten insbesondere zur Beschreibung, Analyse und Erklärung europäischer (Des-)Integration auszuloten (Abschn. 4.2). Der Ansatz des Evolutorischen Institutionalismus ist auf eine holistische dynamische Analyse von Institutionen in ihrer Nische und einer komplexen Umwelt hin ausgerichtet. Dabei stellt sich die Frage, ob die Institution EU über institutionelle Fitness und Anpassungsfähigkeit verfügt, um auf exogene Ereignisse wie Krisen und endogene, sich inkrementell und langsam vollziehende Veränderungen zu reagieren und ihre Existenz zu sichern.

Auch feministische Ansätze beschäftigen sich zunehmend mit dem Thema der europäischen Desintegration. Lombardo und Kantola konstatieren in ihrem hier vorgestellten Forschungspapier, dass die europäische Integrationsforschung geschlechtsspezifische Machtverhältnisse und intersektionale Dynamiken als erklärende Variable für (Des-)Integration vernachlässigt (Abschn. 4.3). Feministische Forschungsansätze beziehen dagegen soziologisch-psychologische Kategorien wie nationalistisch-ausgrenzende Diskurse und benachteiligende Handlungspraktiken aufgrund des Geschlechtes und anderer Merkmale als analytische und methodologische Dimensionen in die Integrationsforschung mit ein.

Um hervorzuheben, welche Faktoren der jeweilige Forschungsbeitrag als bedeutsam für den europäischen (Des-)Integrationsprozess betrachtet, orientiert sich die Darstellung der Ansätze an der folgenden Gliederungsheuristik:

Verortung in Ereignisgeschichte

- Welche sind die ereignisgeschichtlichen/aktuellen Rahmenbedingungen für Beginn des integrationstheoretischen Ansatzes?
- Werden besondere ereignisgeschichtliche/aktuelle Auslöser für die Entstehung des Ansatzes genannt?

Verortung in Integrationsforschung

- Welche Defizite des bisherigen Forschungsstandes werden identifiziert?
- Wo verorten sich die Autor/innen mit ihrem Ansatz in der Integrationsforschung (zum Beispiel Wissenschaftsdisziplin, bestehende Denkschule/Theorie)?

Konzeption (Des-)Integration

- Welche Konzeption/Vorstellung/Definition des Begriffs Integration liegt dem Ansatz zugrunde?
- Gibt es eine explizite Konzeption/Vorstellung/Definition des Begriffs Desintegration?

Funktionieren von (Des-)Integrationsprozessen

- Welche Funktionsweisen von (Des-)Integrationsprozessen werden identifiziert?
- Welche sind die als zentral betrachteten Akteure und ihre Motive für die Ausweitung oder Reduktion des erreichten Integrationsstandes (zum Beispiel Institutionen oder individuelle Akteure, supranationale Ebene der EU oder Mitgliedstaaten, Politiker oder zivilgesellschaftliche Akteure)?

Wissenschaftlich-funktionale Dimensionen des Ansatzes

- Welche wissenschaftlich-funktionalen Dimensionen soll der Ansatz erfüllen?
- Liegt dem Ansatz eine empirische Anwendung bzw. Prüfung zugrunde?

Einige Quellen und Literatur werden zum Teil in mehreren Kapiteln verwendet und jeweils mit ihren vollständigen bibliografischen Angaben im entsprechenden Kapitel zitiert.

Literatur

Algieri, F., Emmanouilidis, J. A., & Maruhn, R. (2003). *Europas Zukunft. 5 EU Szenarien.* Centrum für angewandte Politikforschung.

Berghahn, V. (2021). *Englands Brexit und Abschied von der Welt: Zu den Ursachen des Niedergangs der britischen Weltmacht im 20. und 21. Jahrhundert.* Vandenhoeck und Ruprecht.

Burkard, K.-J. (2021). *Europäische Integration: Strukturen, Prozesse, Probleme und Perspektiven der EU.* Springer.

Churchill, W. (1946). *Rede an die akademische Jugend vom 19. September 1946*, Zürich. http://www.europa-union.de/fileadmin/files_eud/PDF-Dateien_EUD/Allg._Dokumente/Churchill_Rede_19.09.1946_D.pdf. Zugegriffen am 26.04.2021.

Eppler, A., & Scheller, H. (Hrsg.). (2013). *Zur Konzeptionalisierung europäischer Desintegration. Zug- und Gegenkräfte im europäischen Integrationsprozess.* Nomos.

Eppler, A., & Scheller, H. (2014). *European disintegration – Non-existing phenomenon or a blind spot of European integration research? Preliminary thoughts for a research agenda* (Working paper 2). Institute for European Integration Research.

Europäische Kommission. (2017). *Weißbuch zur Zukunft Europas. Die EU der 27 im Jahr 2025 – Überlegungen und Szenarien (COM(2017) 2025).* Europäische Union. https://ec.europa.eu/info/sites/default/files/weissbuch_zur_zukunft_europas_de.pdf. Zugegriffen am 11.05.2021.

Gänzle, S., Leruth, B., & Trondal, J. (Hrsg.). (2019). *Differentiated integration and disintegration in a post-Brexit era.* Routledge.

Giering, C. (1997). *Europa zwischen Zweckverband und Superstaat. Die Entwicklung der politikwissenschaftlichen Integrationstheorie im Prozeß der europäischen Integration.* Europa Union Verlag.

Hodson, D., & Puetter, U. (2019). The European Union in disequilibrium: new intergovernmentalism, postfunctionalism and integration theory in the post-Maastricht period. *Journal of European Public Policy, 26*(8), 1153–1171.
Hooghe, L., & Marks, G. (2019). Grand theories of European integration in the twenty-first century. *Journal of European Public Policy, 26*(8), 1113–1133.
Jones, E., Kelemen, R. D., & Meunier, S. (2015). Failing Forward? The Euro Crisis and the Incomplete Nature of European Integration. *Comparative Political Studies, 49*(7), 1–25.
Klein, J. (2017). Europapopulismus – ein genuines Phänomen im europäischen Krisenkontext. *Integration, 4*, 283–303.
Knipping, F. (2010). Die „Méthode Monnet" der europäischen Integration: Mythos und Realität. In W. Baumann, U. Braukmann, & W. Matthes (Hrsg.), *Innovation und Internationalisierung. Festschrift für Norbert Koubek* (S. 363–379). Gabler.
Kuhn, T. (2019). Grand theories of European integration revisited: Does identity politics shape the course of Europeanintegration? *Journal of European Public Policy, 26*(8), 1213–1230.
Lombardo, E., & Kantola, J. (2019). European integration and disintegration: Feminist perspectives on inequalities and social justice. *Journal of Common Market Studies, 57*(1), 62–76.
Loth, W. (2014). *Europas Einigung. Eine unvollendete Geschichte.* Campus.
Loth, W., & Wessels, W. (2001). Auf dem Weg zur Integrationswissenschaft. In W. Loth & W. Wessels (Hrsg.), *Theorien europäischer Integration* (S. 7–15). Leske und Budrich.
Niemann, A., & Bergmann, J. (2013). Zug- und Gegenkräfte im Spiegel der Theorien der europäischen Integration. In A. Eppler & H. Scheller (Hrsg.), *Zug- und Gegenkräfte im europäischen Integrationsprozess* (S. 45–70). Baden-Baden: Nomos. Hier in Vorabversion. https://international.politics.uni-mainz.de/files/2012/10/Zug-und-Gegenkräfte-im-Spiegel-der-Integrationstheorien_NiemannBergmann_8-3-2013_final_end.pdf. Zugegriffen am 28.05.2021.
Obwexer, W., Bußjäger, P., Gamper, A., & Happacher, E. (Hrsg.). (2018). *Integration oder Desintegration? Herausforderungen für die Regionen in Europa.* Nomos.
Patzelt, W. J. (2007). *Evolutorischer Institutionalismus. Theorie und exemplarische Studien zu Evolution, Institutionalität und Geschichtlichkeit.* Ergon.
Ribbe, D., & Wessels, W. (2020). Vertiefung, Erweiterung und Differenzierung im Zeichen der Krisen: Ein Vier-Stufen-Modell europäischer Integration. In A. Grimmel (Hrsg.), *Die neue Europäische Union. Zwischen Integration und Desintegration* (S. 261–289). Nomos.
Rosamond, B. (2016). Brexit and the problem of European disintegration. *Journal of Contemporary European Research, 12*(4), 864–871.
Schimmelpfennig, F. (2019). Von der Entgrenzung zur Eingrenzung: Krise und Wandel der europäischen Integration. *Integration, 4*, 247–261.
Schimmelpfennig, F. (2020). Theorien der europäischen Integration. In P. Becker & B. Lippert (Hrsg.), *Handbuch Europäische Union* (S. 3–27). Springer VS Wiesbaden.
Schulz, G., & Spoerer, M. (Hrsg.). (2019). *Integration und Desintegration Europas: Wirtschafts- und sozialhistorische Beiträge* (VSWG Beiheft 244). Franz Steiner.
Tekin, F. (2016). Was folgt aus dem Brexit? Mögliche Szenarien differenzierter (Des-)Integration. *Integration, 3*, 183–197.
Webber, D. (2014). How likely is that the European Union will disintegrate? A critical analysis of competing theoretical perspectives. *European Journal of International Relations, 20*(2), 341–365. https://doi.org/10.1177/1354066112461286
Welfens, P. J. J. (2017). *BREXIT aus Versehen: Europäische Union zwischen Desintegration und neuer EU.* Springer.

2 Grundlagen der europäischen (Des-)Integration

Was können theoretische Ansätze für das Verständnis und den Umgang mit Phänomenen europäischer (Des-)Integration leisten? Die Denkschulen zur Untersuchung der europäischen Integration bilden mehr oder weniger das Fundament für die verschiedenen Ansätze europäischer Desintegration. Es folgt die Darstellung der Einführung, Theoriegeschichte und Systematisierungsmöglichkeiten der „Theorien der europäischen Integration" und darauf aufbauend die der Untersuchungsansätze europäischer desintegrativer Phänomene und von EU-Krisen.

2.1 Begriffe

2.1.1 Europäische Integration

Der Begriff der „Integration" stammt vom lateinischen Wort „integer" und dem griechischen Wort „entagros" (unversehrt, ganz, unberührt) und kann mit „Herstellung eines Ganzen" übersetzt werden. Weder über den Begriff „Europa" noch über den der „europäischen Integration" besteht geografisch und inhaltlich-systematisch Einigkeit (Weidenfeld, 2020, S. 21). Die Konturen Europas als Kontinent sind andere als die sich aus der Mitgliedschaft verschiedener europäischer Organisationen wie zum Beispiel des Europarates, der Europäischen Union (EU), des Euroraumes oder der Europäischen Freihandelsassoziation (European Free Trade Association, EFTA) ergebenden. Auch wenn der Beginn der europäischen Integration nicht eindeutig festgelegt ist, wird der Begriff in der integrationstheoretischen Betrachtung auf den Zusammenschluss von Staaten nach dem Zweiten Weltkrieg bezogen und auf die Entwicklung der heutigen EU fokussiert.

S. Treude, *Europäische Desintegration in Zeiten multipler Krisen*,
https://doi.org/10.1007/978-3-658-44039-8_2

Der Begriff „europäische Integration“ hat eine statische und eine dynamische Komponente. Wird Integration zu einem bestimmten Zeitpunkt betrachtet, handelt es sich um eine punktuelle Bestandsaufnahme des Integrationszustandes beispielsweise in einem Politikfeld der EU wie etwa der Wettbewerbspolitik. Wird ein Zeitraum wie etwa die frühe Integrationsphase im ersten Jahrzehnt nach der Gründung der EWG unter integrationsanalytischen Aspekten untersucht, liegt eine dynamische Betrachtung des Integrationsprozesses vor.

Regionale wirtschaftliche Integration bezieht sich auf den freien Austausch von Waren, Dienstleistungen und Produktionsfaktoren. Dabei nimmt die Intensität der Marktintegration von der Präferenzzone, über die Freihandelszone und Zollunion bis hin zur Errichtung eines gemeinsamen Marktes zu. Marktintegration kann mit der Schaffung gemeinsamer Institutionen einhergehen, sodass die Grenze zur politischen Integration fließend ist. Verbinden sich Staaten zu einer Wirtschafts- und/oder Währungsunion werden auch ordnungs-, struktur- und prozesspolitische Bereiche harmonisiert. Die Einführung einer gemeinsamen Währung bedingt die Abstimmung einer gemeinsamen Währungs- und Geldpolitik (vgl. Ohr, 2013, S. 17 ff.) (Abb. 2.1).

Wirtschaftliche Integration kann also unterschiedliche Grade aufweisen, die von der Aufhebung der Binnenzölle in einer Freihandelszone bis hin zur vollständigen ökonomischen Integration mit einer Harmonisierung bestimmter Politikfelder in den Mitgliedstaaten reichen kann (vgl. Balassa, 2011, S. 2). Aus dieser Perspektive entwickelte sich der europäische Integrationsprozess in aufeinander aufbauenden Stufen. Daraus ergibt sich das Stufenmodell in Abb. 2.2. Darin wird deutlich, wie sich die 1957 gegründete EWG zu einer Wirtschafts- und Währungsunion mit immer mehr integrierten Politikfeldern entwickelt hat, während die EFTA eine Freihandelsassoziation geblieben ist.

Abb. 2.1 Formen (wirtschaftlicher) Integration

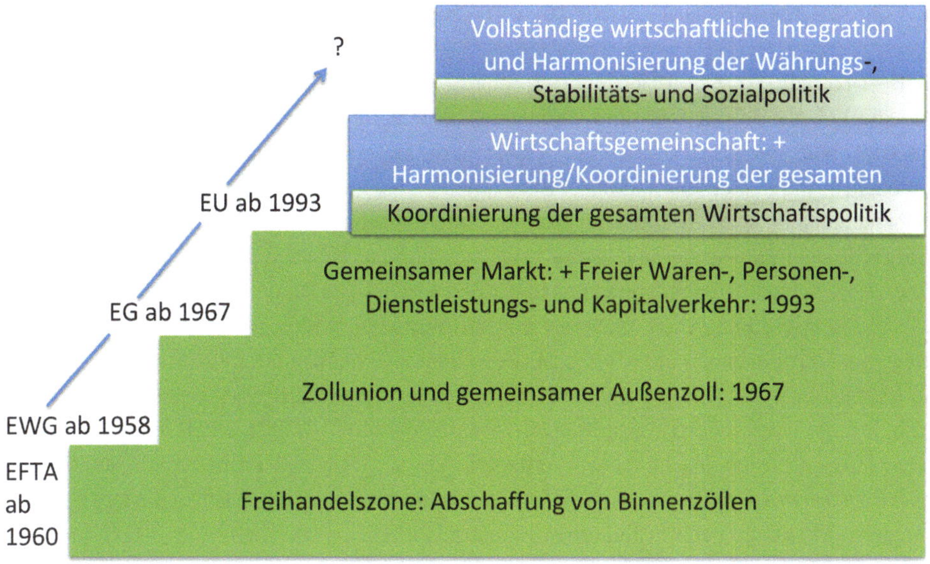

Quelle in Anlehnung an: Schmidt, Siegmar; Schünemann, Wolf J. (2013): Europäische Union. Eine Einführung , 2.Auflage, Baden-Baden: UTB: 139.

Abb. 2.2 Stufen europäischer Integration

Das Themenfeld der „europäischen Integration“ wird von verschiedenen Wissenschaftsdisziplinen mit ihren jeweils unterschiedlichen Fächerkulturen und Scientific Communities bearbeitet. Wird nach Motiven und Antriebskräften für die europäische Integration nach dem Zweiten Weltkrieg gefragt, können diese zum Beispiel nach politischen, wirtschaftlichen und zivilgesellschaftlichen sowie kulturellen Aspekten systematisiert werden (vgl. Thiemeyer, 2010, S. 9 ff.). Die unterschiedlichen fachwissenschaftlichen Zugänge und Kulturen spiegeln sich in einem Fragen-, Hypothesen- und Methodenpluralismus. Da es viele fachwissenschaftliche Zugänge zu dem Thema gibt, kann Wissen (ontologische Dimension) durchaus auf Basis unterschiedlicher erkenntnistheoretischer Zugänge und wissenschaftlicher Methoden gewonnen werden (epistemologische Dimension). Normative Schlüsse und Handlungsempfehlungen können sich je nach fachwissenschaftlicher und/oder interdisziplinärer Perspektive in Bezug auf Ziel, Inhalt, Fokus und Umfang unterscheiden. Auch wegen der Zusammenarbeit verschiedener Disziplinen wie der Wirtschafts-, Rechts-, Politik-, Sozial- und Rechtswissenschaften handelt es sich um ein interdisziplinäres Forschungs- und Arbeitsfeld.

Integrationstheorien sind eingebettet parallel zum europäischen Integrationsprozess im Rahmen der politikwissenschaftlichen Integrationsforschung entstanden. Diese wiederum hat sich seit den 1950er-Jahren aus dem Themenfeld der „Internationalen Beziehungen“ heraus mit der Fokussierung auf die regionale europäische Integration verselbstständigt.

2.1.2 Supranational – intergouvernemental

In Bezug auf die Form und Tiefe der (wirtschafts-)politischen Integration Europas geht es v. a. um die EU als Beispiel für eine supranationale Integrationsform. Die Kategorien „supranational" und „intergouvernemental" werden für die Beschreibung der Organisation und institutionellen Architektur internationaler Zusammenschlüsse und Organisationen verwendet. Mit Supranationalität wird die partielle Abgabe von nationalstaatlicher Souveränität seitens der Mitgliedstaaten an gemeinsame Institutionen auf einer „supranationalen", also überstaatlichen Ebene, bezeichnet. Dies bedeutet, dass in der EU verbindliche Beschlüsse durch Verfahren der Mehrheitsentscheidung auch gegen den mitgliedstaatlichen Willen gefasst werden können. Im Gegensatz dazu behalten die Mitgliedstaaten intergouvernementaler Organisationen die Entscheidungskompetenzen. Entscheidungen und Beschlüsse werden zwischen den Regierungen, also „intergouvernemental", ausgehandelt (Weidenfeld, 2020, S. 22). Die EU beruht auf von allen Mitgliedstaaten geschlossenen Verträgen, dem so genannten Primärrecht. Damit ist sie eine Rechtsgemeinschaft und durch ein Nebeneinander von supranationalen und intergouvernementalen Merkmalen und Institutionen gekennzeichnet (Europäische Union, 2021). Der Vertrag von Lissabon ist das aktuell gültige Primärrecht der EU, auf dessen Grundlage Sekundärrecht wie beispielsweise Richtlinien, Verordnungen, Entscheidungen oder Empfehlungen von den EU-Organen geschaffen wird. Die EFTA hingegen ist ein Beispiel für eine intergouvernementale Integrationsform, bei der die Mitgliedstaaten ihre Souveränität behalten. Eine weitere intergouvernementale internationale Organisation ist der 1949 gegründete Europarat mit Sitz in Straßburg. Der Europarat ist auf die Förderung der Demokratie sowie den Schutz der Menschenrechte und der Rechtsstaatlichkeit in Europa ausgerichtet (Europarat, 2021).

2.1.3 Europäisierung

Vom Begriff der europäischen Integration, der je nach integrationstheoretischem Ansatz oder Konzept unterschiedlich konnotiert wird, ist der Begriff der Europäisierung abzugrenzen. Dieser ist seit den 1990er-Jahren im Rahmen der systematischen wissenschaftlichen Beschäftigung in der Politikwissenschaft konkretisiert worden. Europäisierungsansätze beschäftigen sich mit den Auswirkungen des europäischen Integrationsprozesses auf die EU-Mitgliedstaaten und ihre Akteure und sind Teil eines eigenen Forschungsgebietes geworden. Nichtsdestotrotz wird häufig kaum zwischen den Begriffen „europäische Integration" und „Europäisierung" unterschieden. Jedoch fokussiert Europäisierung den Mitgliedstaat und nicht in erster Linie das politische Projekt Europa und dessen (Des-)Integrationsmechanismen. Die Integration von Staaten in der EU und die daraus resultierende Institutionenbildung sind vielmehr die Voraussetzung und der Ausgangpunkt für die Untersuchung von Europäisierungsprozessen (vgl. Fischer, 2017, S. 33).

Transnationale Fragestellungen beziehen den Einfluss nicht-staatlicher Akteure wie beispielsweise wirtschaftlicher Lobbygruppen oder zivilgesellschaftlicher Interessengruppen in Europa mit ein. Aus der Interdisziplinarität und den damit verbundenen unterschiedlichen fachlichen Perspektiven ergeben sich multiple Dimensionen der europäischen Integration und deren Interdependenzen wie Ziele, Akteure, Inhalte oder zeitliche Betrachtungen. Das multidimensionale Integrationskonzept von Giering etwa umfasst als mögliche Hauptdimensionen die gemeinsame politische Entscheidungsfindung, die gemeinsame internationale Interdependenz, die gesellschaftliche Verflechtung und das gemeinsame Bewusstsein (vgl. Giering, 1997, S. 22). Integration kann in diesem Kontext verstanden werden als die politisch unprogrammatische Delegation staatlicher Kompetenzen an eine multilaterale regionale Organisation.

Im Folgenden wird der Begriff „europäische Integration" verstanden als der freiwillige und friedliche Zusammenschluss europäischer Staaten und transnationaler Akteure mit dem Ziel des Aufbaus und Gestaltung gemeinsamer politischer Entscheidungsfindung, gemeinsamer internationaler Zusammenarbeit, gemeinsamer gesellschaftlicher Verflechtung und gemeinsamen Bewusstseins (vgl. Giering, 1997, S. 26).

2.1.4 Europäische Desintegration

Als Gegenbegriff zur „Integration" von Staaten wird häufig die Begrifflichkeit der „Desintegration" verwendet. Es gibt zwar keine allgemeingültige Definition. „Desintegration" wird aber häufig im Sinne der Spaltung in einzelne Teile und Infragestellung oder Auflösung eines Integrationszustandes verwendet. Ein in diesem Sinne durch Desintegration bewirkter Zustand als Folge des Zerfalls der EU liegt zum Beispiel im nach dem EU-Austritt Großbritanniens verkleinerten EU-Binnenmarkt vor. Europäische Desintegration kann auch auf nicht vollzogene Integration wie beispielsweise im Falle von Opt-out-Klauseln in gemeinschaftlichen Vertragswerken bezogen werden. Desintegration in diesem Sinne liegt zum Beispiel in der Euro-Währungszone vor, in der nicht alle EU-Mitgliedstaaten den Euro als Währung und Zahlungsmittel einsetzen.

Der Begriff der „europäischen Desintegration" ist in der Integrationsforschung nicht eindeutig definiert, sondern vielmehr explizit oder implizit integraler Teil der theoretischen Ansätze. Börzel stellt kritisch fest, dass die Gleichsetzung von mehr Integration mit erfolgreicher Problemlösung darauf zurückzuführen ist, dass einflussreiche integrationstheoretische Schulen wie der (Neo-)Funktionalismus, der liberale Intergouvernementalismus und der Sozialkonstruktivismus ihre Ursprünge als Theorien der internationalen Beziehungen haben. Deren Ziel ist es, die Kooperation von Staaten auch in internationalen Organisationen zu erklären (vgl. Börzel, 2019, S. 477). Sie plädiert dafür, die pro-integrationistische Tendenz zu überwinden und stellt fest, dass „no (further) integration is not the same as disintegration" (Börzel, 2019, S. 482).

Europäische Integration wäre demnach als abhängige kontinuierliche Variable mit zwei gegensätzlichen Extremen zu konzeptionalisieren: volle Integration versus volle Desintegration. Desintegration kann aber in graduellen Abstufungen in Zuständen und Prozessen von weniger, mehr oder keiner Integration bzw. Stagnation auftreten. Liegt keine differenzierte Integration vor, ist dies nicht mit Desintegration gleichzusetzen. Europäische

Integration ist aus dieser Perspektive eine zeit- und problembezogen veränderliche abhängige Variable (Börzel, 2019, S. 482), die auch in Phasen der Stagnation oder sogar Desintegration nicht den Zerfall oder das Ende der EU bedeuten muss.

2.1.5 Theorie und ihre Funktionen

Der europäische Integrationsprozess ist seit dem Ende des Zweiten Weltkrieges von theoretischen Diskursen und der Entstehung von Denkschulen begleitet worden. Diese auch als „Integrationstheorien“ bezeichneten Ansätze erfüllen in unterschiedlichem Maße wissenschaftliche und handlungsorientierte Ziele.

Der Begriff der „Theorie“ stammt vom griechischen Wort „θεωρία“ (theoría), was mit Anschauung, Überlegung, Einsicht und wissenschaftliche Betrachtung übersetzt werden kann. Da sie in der Regel Ursache-Wirkungszusammenhänge herstellen, können Theorien mit ihren Aussagen und Sätzen Referenzpunkte wissenschaftlicher Untersuchungen bilden. An eine Theorie werden im Vergleich zu einem Modell, Konzept oder Leitbild hohe formale, semantische, methodologische und wissenschaftstheoretische Anforderungen gestellt. Formal sollten Theorien logisch korrekt, widerspruchsfrei und konsistent sein sowie durch einen generalisierten Charakter potenziell auf verschiedene Phänomene eines Erkenntnisobjektes anwendbar sein (Reichweite). Semantische Anforderungen an Theorien beziehen sich auf die sprachliche Exaktheit, einheitliche Interpretation von Begriffen, Operationalisierbarkeit und Erklärungstiefe der Terminologie. Aus methodologischer Sicht sollten Theorien bzw. die damit verknüpften Hypothesen falsifizierbar, einfach aufgebaut und testbar sein sowie mit wenigen Grundbegriffen auskommen. Messbar sind Theorien wissenschaftstheoretisch-funktional daran, inwieweit sie es ermöglichen, einen Gegenstand im jeweiligen Forschungskontext zu beschreiben, zu analysieren und zu erklären. Theorien können auch auf Basis ihrer Möglichkeiten evaluiert werden, Prognosen und Handlungsanleitungen zu entwickeln sowie eine kritische intellektuelle Auseinandersetzung und neue Forschungsfragen zu fördern (vgl. Kornmeier, 2007, S. 96 f.; Rosamund, 2000, S. 9).

Theoretische Ansätze dienen also dazu, Phänomene der (Des-)Integration von Staaten im Allgemeinen und der EU-Integration im Besonderen

- auszuwählen, zu begrenzen: Selektionsfunktion
- zu beschreiben: Beschreibungsfunktion
- zu analysieren: Analysefunktion
- zu erklären: Erklärungsfunktion
- zu prognostizieren: Prognosefunktion
- mit Handlungsempfehlungen zu verbinden: handlungsempfehlende Funktion
- mit normativen Zielen und Implikationen zu verbinden: normative Funktion
- in Modellen und theoretischen Ansätzen abzubilden und diese empirisch anzuwenden: wissenschaftstheoretische Funktion

Theorien haben einen praktischen Wert, indem sie die Komplexität der Realität reduzieren und Hilfen für die Strukturierung und Systematisierung wissenschaftlicher Fragen geben. Typische Fragestellungen sind zum Beispiel: Wer sind die Akteure und ihre Motive in welchen europäischen, nationalen und globalen Strukturen und Prozessen? Welche integrationsfördernden, -hemmenden und -umkehrenden Faktoren gibt es? Wie wandelt sich Staatlichkeit in Europa? Wie ist die demokratische Verfasstheit der europäischen Institutionen?

Von Theorien im strengen Sinne lassen sich idealtypische Modelle, Konzepte für die weitere Theorie- und Modellbildung und Leitbilder als Zielaussagen unterscheiden (vgl. Giering, 1997, S. 14 f.). Der Theoriebegriff soll hier in einem erweiterten Sinne und synonym mit den Begriffen „theoretischer Ansatz" und „Approach" verwendet werden. Damit ist in diesem Buch ein Forschungsansatz gemeint, der insbesondere die Beschreibung und Erklärung und gegebenenfalls Prognose, Bewertung und wissenschaftstheoretische Weiterentwicklung der Phänomene der europäischen (Des-)Integration ermöglicht. Ein solcher Ansatz verwendet in Kenntnis des aktuellen Forschungs- und Wissensbestandes wissenschaftliche Methoden der Wissensgewinnung und eine einschlägige Fachterminologie.

2.1.6 Verhältnis von Theorien zueinander

Viele Theorien stehen im Wettbewerb um den plausibelsten Erklärungsansatz für Phänomene europäischer (Des-)Integration (Theoriekonkurrenz). Zu nennen sind beispielsweise die Großtheorien oder Grand Theories wie der (Liberale) Intergouvernementalismus, der nationalstaatliche Interessen und innerstaatliche Präferenzbildung und das Primat des Nationalstaats thematisiert, während der (Neo-)Funktionalismus den Fokus auf supranationale Institutionen richtet. Andererseits können sie sich ergänzen (Theoriekomplementarität) oder ohne gegenseitigen Einfluss sein (Theorieindifferenz). Dies kann besonders auf „Teiltheorien" mit begrenzter inhaltlicher Perspektive zum Beispiel mit Fokus auf ein Politikgebiet oder auf „Theorien mittlerer Reichweite" mit begrenzter Zeit- und Raumperspektive zutreffen. Während zum Beispiel der Föderalismus zentrifugale und zentripetale Kräfte föderaler Gebilde untersucht, beschreibt der Multi-Level-Governance-Ansatz die EU als Mehrebenensystem. Hier liegt zunächst einmal eine Theorieindifferenz vor. Wenn die Forschungsfrage lauten würde, wie in der EU als Zwischenstufe der Transformation vom Nationalstaat in einen europäischen Föderalstaat regiert wird, könnten die Erkenntnisse aus der EU-Governance-Forschung als empirische Befunde in die Föderalismusforschung einfließen (Zielkomplementarität). Theoretische Ansätze der Integration nehmen je länger die theoretische Auseinandersetzung mit ihrem Gegenstand andauert, umso häufiger Bezug aufeinander, „so dass die Theorienlandschaft durch komplexe Verzweigungen und Schichtungen charakterisiert ist" (Bieling & Lerch, 2012, S. 13). Die Vielfalt der theoretischen Ansätze reflektiert den Pluralismus wissenschaftstheoretischer Auseinandersetzung und Positionen sowie die Multidimensionalität des Themas europäische Integration.

Eine einzige, alles umfassende und allseits akzeptierte Integrationstheorie gibt es jedenfalls bis heute nicht. In den letzten Jahren sind keine neuen Großtheorien wie der Intergouvernementalismus oder (Neo-)Funktionalismus mit allumfassendem Geltungsanspruch mehr entwickelt worden. Vielmehr wurden die „etablierten Theorien“ ausdifferenziert und modular auf einzelne Probleme und Aspekte der europäischen Integration fokussiert. Insbesondere die „Polykrise“ der Europäischen Union habe zu einem „bemerkenswerten Comeback der traditionellen Integrationstheorien“ und dem Heranziehen bisheriger Nischenansätze wie zum Beispiel der Theorie der hegemonialen Stabilität geführt, konstatiert Schimmelpfennig (Schimmelpfennig, 2019, S. 249). Nichtsdestotrotz gibt es keinen umfassenden Ansatz zur wissenschaftlichen und handlungsorientierten Auseinandersetzung mit Phänomenen der Krisen und Desintegration in der Europäischen Union.

2.2 Theoretische Ansätze der europäischen Integration

2.2.1 Einführung

Verschiedene wissenschaftliche Disziplinen behandeln mit ihren jeweils eigenen fachlichen Zugängen und Perspektiven Fragen der europäischen Integration. Im internationalen Sprachgebrauch wird dafür häufig der Begriff „European Studies“ verwendet. Theorien und Modelle sind in der Regel nicht statisch, sondern entwickeln sich dynamisch durch Ergänzungen und gegenseitige Bezugnahmen immer weiter. Somit entsteht im Laufe der Zeit entweder kontinuierlich-evolutionär oder diskontinuierlich-revolutionär eine eigene Theoriegeschichte (vgl. Kornmeier, 2007, S. 101 f.). Im Laufe des Integrationsprozesses in Europa entstanden vor allem historische, politik-, rechts- und wirtschaftswissenschaftliche sowie soziologische Ansätze zur Beschreibung und Erklärung europäischer Integration.

Der multidisziplinäre Charakter des Themas „Europa“ und „europäischer Integration“ hat bereits ein breites Spektrum von Approaches aus unterschiedlichen Wissenschaftsdisziplinen entstehen lassen, auch wenn in der frühen Nachkriegszeit die politikwissenschaftlichen Denkschulen besonders einflussreich waren. In verschiedenen Integrationsphasen, in denen jeweils unterschiedliche Hauptfragen und Ziele im Vordergrund der Theoriebildung standen, ist eine vielfältige, multidimensionale und schwer überschaubare „Theorienlandschaft“ entstanden (vgl. etwa Bache et al., 2020, S. 5 ff.). Theoretische Ansätze werden zum Teil aus anderen Disziplinen oder Theorien regionaler Integration auf den komplexen und dynamischen Untersuchungsgegenstand der europäischen Integration bezogen. Verknüpfungen, so genannte „Brückenschläge“ zwischen theoretischen Ansätzen aus unterschiedlichen Entstehungsphasen der Denkschulen der europäischen Integration erweitern das wissenschaftliche Untersuchungsspektrum der facettenreichen Integration Europas.

Beklagt wird das Fehlen eines Ansatzes der europäischen Desintegration, der die vorhandenen Ansätze in „an overarching theoretical framework“ zu bringen in der Lage ist (Jones, 2018, S. 440).

2.2.2 Theoriegeschichte der europäischen Integration

Die Theoriegeschichte muss in engem Zusammenhang folgender Entwicklungen gesehen werden (vgl. Schimmelpfennig, 2020, S. 4):

- Entwicklung des europäischen Integrationsprozesses insbesondere seit dem Zweiten Weltkrieg bis in die Gegenwart
- Entwicklung der wissenschaftlichen Beschäftigung mit dem Themengebiet insbesondere in der Politikwissenschaft und darin wiederum den Internationalen Beziehungen
- Entwicklung der regionalen Integrationsforschung wirtschaftlicher Zusammenarbeit von Staaten
- Entwicklung der eigenständigen europäischen Integrationsforschung mit Fokus auf die EU und ihre Vorgängerinstitutionen, mit der sich neben der Politikwissenschaft auch Disziplinen wie Rechts-, Geschichts- oder Kulturwissenschaften beschäftigen

1920er- bis 1940er-Jahre Aufgrund seiner Erfahrungen im Ersten Weltkrieg gründete Richard Coudenhove-Kalergi 1924 die europäische Einigungsbewegung „Paneuropa-Union", deren Prinzipien von Freiheit, Frieden, Wohlstand und Kultur noch heute zum Selbstverständnis Europas gehören. Bereits seit den 1920er-Jahren gab es Überlegungen, wie ein dauerhafter Friedenszustand in Europa geschaffen werden konnte. Der Ansatz des Föderalismus beinhaltete die Vision eines föderalen Europas, während David Mitrany im Funktionalismus die transnationale Kooperation von Eliten als Voraussetzung für eine höhere Wohlfahrt und dauerhaften Frieden durch Integration ansah (vgl. Mitrany, 1943). Beide Ansätze hatten einen normativ-präskriptiven Charakter.

1950er- bis 1970er-Jahre Nach dem Zweiten Weltkrieg entstand die Integrationsforschung als politikwissenschaftliches Teilgebiet der Internationalen Beziehungen. Die Arbeiten von Deutsch et al. beinhalteten einen Vergleich von zehn Integrationsvorgängen von Sicherheitsgemeinschaften im nordatlantischen Raum wie EGKS und der EWG mit dem Europarat. Dieser interdisziplinäre Ansatz identifizierte Strukturmerkmale und Prozessmechanismen für Integrationsprozesse auf dem Weg zu einer Sicherheitsgemeinschaft über Kommunikation und Lernprozesse von sozialen Gruppen (vgl. Deutsch et al., 1957). Die in der Präambel der Römischen Verträge von 1957 zur Gründung der EWG niedergelegte Bekundung, „die Grundlagen für „einen immer engeren Zusammenschluß der europäischen Völker zu schaffen" prägte den Untersuchungsgegenstand der Integrationsforschung, die sich zu einer wissenschaftlichen Gemeinschaft entwickelte (Vertrag, 1957, S. 13). Die Ansätze dieser Phase, der Neofunktionalismus und Intergouvernementalismus, haben einen empirisch-analytischen Charakter mit dem

Ziel, die treibenden Kräfte und Gründe des Integrationsfortschritts in Europa herauszuarbeiten (vgl. Haas, 1958, 1964). Ernst B. Haas knüpfte mit dem Neofunktionalismus an das Spill-over-Konzept des Funktionalismus an und begründete die mit der EGKS und der EWG begonnene Integration mit eigenen Dynamiken eines einmal eingesetzten politischen Prozesses. Der Neofunktionalismus wurde „mehr und mehr zum Gravitationszentrum der integrationstheoretischen Diskussion" (Bieling & Lerch, 2012, S. 22), blieb aber „eine Prozessbeschreibung für sektorale wirtschaftliche Integration" ohne generelle Geltungskraft des politischen Spill-over (Giering, 1997, S. 74).

Das Veto des französischen Präsidenten de Gaulle gegen den britischen EWG-Beitritt und die französische Blockade der Entscheidungen zur gemeinsamen Agrarpolitik im Ministerrat schien die supranationale Eigendynamik der Gemeinschaft zu belegen. Stanley Hoffmann sah dies als empirische Evidenz für das Scheitern der neofunktionalen Integrationslogik. Der von Hoffmann begründete Intergouvernementalismus erklärte die Integrationsbereitschaft der Mitgliedstaaten mit deren nationalen Interessen und dem Primat der Nationalstaaten (vgl. Hoffmann, 1966). Auch wenn bereits in den 1960er-Jahren Grenzen des Integrationsfortschritts sichtbar wurden, änderte dies nichts am zugrunde liegenden wissenschaftlichen Paradigma – verstanden als umfassendes Wissenschaftsprogramm zur Erklärung und Lösung von Problemen – des Integrationsfortschritts. Jedoch setzte sowohl in der Ereignis- als auch in der Theoriegeschichte der europäischen Integration in den 1970er-Jahren eine gewisse Krisen- und Stagnationsphase bis in die frühen 1980er-Jahre ein. Ernst B. Haas und andere betrachteten die Integrationsforschung zunehmend als Teil der Forschung internationaler Interdependenz (vgl. Haas, 1975, S. 86 f.). Dabei thematisierte Haas Mitte der 1970er-Jahre, dass auch die Zusammenarbeit mit gemeinschaftsexternen Akteuren eine Rolle bei desintegrativ wirkenden Entwicklungen im europäischen Einigungsprozess spielt (vgl. Haas, 1976, S. 176). Die Europäische Gemeinschaft wurde auch als politisches System analysiert (vgl. Lindberg & Scheingold, 1970).

1980er-Jahre Parallel zur sich vertiefenden und erweiternden EG und EU erlebte die Integrationsforschung seit den 1980er-Jahren wieder einen Aufschwung. Die fünf Vertragsreformen der ursprünglichen EWG-Gründungsverträge in dieser Zeit sollten die EU angesichts der Erweiterungsrunden und des Anwachsens der Mitgliedstaaten von 9 auf 27 durch umfassende institutionelle Reform handlungsfähig und demokratischer machen. Insbesondere die mit der Einheitlichen Europäischen Akte (1986) wiederbelebte Idee des Binnenmarktes und die mit dem Vertrag von Maastricht (1991) beschlossene Wirtschafts- und Währungsunion spiegeln die neuen Integrationsimpulse dieser Phase wider. Dazu kamen neue politische Handlungsspielräume wie etwa in der Sozialpolitik, die intergouvernementale Zusammenarbeit in der gemeinsamen Außen- und Sicherheitspolitik und der Innen- und Justizpolitik sowie institutionelle Neuerungen wie die Schaffung des beratenden Ausschusses der Regionen. Parallel erhielt auch die integrationstheoretische Debatte ein neues Momentum. Vorhandene Ansätze wurden neu reflektiert, revidiert oder miteinander verbunden. Auf dem Neofunktionalismus baute der Supranationalismus auf, der transnationale Austauschprozesse als grundlegend für zunehmende supranationale

Integration betrachtet (vgl. Stone Sweet & Sandholtz, 1997). Einzelne Politikfelder in der EU wurden erforscht (vgl. etwa Wallace et al., 1983).

Auch der Intergouvernementalismus erhielt neue Impulse: Milward vertrat die Auffassung, dass die europäische Integration nach dem Zweiten Weltkrieg die Nationalstaaten gerettet habe (vgl. Milward, 1994). Moravcik fügte im Ansatz des Liberalen Intergouvernementalismus den Blick auf die Interessen innerstaatlicher Interessengruppen und ihre politische Präferenzbildung hinzu (vgl. Moravcsik, 1998). Verhandlungen machtvoller nationaler Regierungen und deren ökonomisches Eigeninteresse bestimmen demnach Umfang und Geschwindigkeit der europäischen Integration.

Außerdem nahmen neue Konzepte der Differenzierung und Flexibilisierung auch die Möglichkeit in den Blick, dass Mitgliedstaaten in unterschiedlichem Maße integrationsfähig oder -willig sein könnten. Diskutiert werden seither mögliche Teilmitgliedschaften, unterschiedliche Geschwindigkeiten oder Formen der Kooperation auf Basis des Gemeinschaftsrechts als gemeinschaftlichem Besitzstand an Verträgen und Rechtsakten, des Acquis Communautaire.

Seit den 1990er-Jahren Bieling und Lerch sehen die Ausdifferenzierung des Theorieangebots in der Phase seit den 1990er-Jahren als eine Kombination aus Perspektivenwechsel, Perspektivenirritation und Perspektivenerweiterung (vgl. Bieling & Lerch, 2012, S. 23 ff.). Stärker in den Blick rückten Perspektivenwechsel wie etwa Formen des Regierens in der EU (vgl. etwa Jachtenfuchs & Kohler-Koch, 2003) und die Analysen einzelner Politikfelder (Policy-Analyse) sowie die Rückwirkungen europäischen Regierens auf die Mitgliedstaaten in der Europäisierungsforschung (vgl. etwa Radaelli, 2000). Konstruktivistische Betrachtungen, die auch Ideen, Identitäten und Diskurse auf nationaler und europäischer Ebene wie zum Beispiel im historischen Institutionalismus und im Neo-Gramscianismus berücksichtigen, traten dabei neben die rationalistischen Ansätze (Perspektivenirritation). Insbesondere die Wechselwirkungen von europäischer Integration und der demokratischen Politik, die sich im Wählerverhalten und nationalen euroskeptischen Widerständen widerspiegeln, werden in der postfunktionalistischen Theorie erforscht (vgl. Hooghe & Marks, 2009).

Der interdisziplinäre Austausch und das Entstehen eigener europäischer Wissenschaftsgebiete (zum Beispiel europäische Rechtsgeschichte, europäische Wirtschaftspolitik) löst zunehmend die politikwissenschaftliche Dominanz der integrationstheoretischen Debatten auf (Perspektivenerweiterung). Gründe dafür sind die Dynamik der Entwicklungen und Ereignisse in der EU im globalen Kontext, die Ausdifferenzierung der Wissenschaft und eine zunehmende Anzahl an Forschungsprojekten in verschiedenen Wissenschaftsdisziplinen. In der integrationstheoretischen Begleitung werden zwei Entwicklungen in der Wissenschaft deutlich: Einerseits nimmt die Spezialisierung in jeder Wissenschaftsdisziplin zu. Andererseits findet eine disziplinübergreifende wissenschaftliche Auseinandersetzung mit historischen, aktuellen und zukünftigen Fragen Europas statt. Diese Tendenzen und die Verbindungen zwischen theoretischen Ansätzen, so genannte „Brückenschläge“, führen dazu, dass die Theorienlandschaft zunehmend vielfältiger wird.

2.2.3 Systematisierung der Integrationsforschung

Wie können sich die im Laufe der Jahrzehnte entwickelten und modifizierten Ansätze, die in immer mehr Scientific Communities über die Politikwissenschaft hinaus diffundierten, systematisiert werden? Im Folgenden werden Systematisierungsmerkmale bzw. die Kombination aus diesen entwickelt:

- ereignisgeschichtlich-diachrone Dimension: In welchem ereignisgeschichtlichen Kontext ist der Ansatz entstanden oder modifiziert worden, zum Beispiel: Welche historischen Ereignisse und Entwicklungen beeinflussen die Theoriegeschichte (vgl. etwa Giering, 1997; Rosamond, 2000)?
- theoriegeschichtlich-synchrone Dimension: Sind Phasen der Entwicklungsgeschichte der integrationstheoretischen Ansätze abgrenzbar, zum Beispiel: Sind Paradigmen und Paradigmenwechsel bzw. Hauptfragen erkennbar?
- ontologische Dimension: Welcher Ausschnitt der Realität wird mit welchen wissenschaftlichen Annahmen behandelt, zum Beispiel: Liegt der Fokus der Erklärung von Integration auf Akteursverhalten oder den organisationalen Kontextstrukturen? Sollen etwa Ursachen, Mechanismen, Auswirkungen von Integration im Vordergrund stehen?
- epistemologische Dimension: Wie gelangt eine Wissenschaft zu überprüfbaren Erkenntnissen, zum Beispiel: Sollte Wissenschaft wertfrei sein?
- wissenschaftlich-funktionale Dimension: Welche Funktion/en erfüllt ein Ansatz, zum Beispiel: Beschreibung, Erklärung, Prognose?
- wissenschaftlich-disziplinorientiere Dimension: Welcher/n wissenschaftlichen Disziplin/en ist der Ansatz zuzuordnen, zum Beispiel: Politikwissenschaft, Soziologie (vgl. etwa Loth & Wessels, 2001; Bieling & Lerch, 2012)?
- Theorie-orientierte Dimension: Welcher Ebene und welcher theoretischen Schule kann der Ansatz zugeordnet werden, zum Beispiel 1. Meta-Ebene, den anderen Theorien übergeordnete Ebene, zum Beispiel Rational Choice oder (Sozial)-Konstruktivismus; 2. Groß-Theorie (Grand Theory) mit umfassendem Erklärungsanspruch, zum Beispiel (Neo-) Funktionalismus oder Liberaler Intergouvernementalismus; 3. Theorie mittlerer Reichweite mit Fokus auf bestimmte Aspekte, zum Beispiel eine institutionelle Perspektive beim Neoinstitutionalismus oder Multi-Level Governance (vgl. etwa Wolff, 2015, S. 69 ff.)?
- integrationsdynamische Dimension, zum Beispiel: Handelt es sich um eine Phase der Verstärkung bzw. Vertiefung der Integration oder um eine Phase krisenhafter Entwicklungen der Integration bzw. der Desintegration?
- Institutionen- oder Politikfeld-bezogene Dimension, zum Beispiel: Welche Rolle spielen einzelne EU-Institutionen wie die Europäische Kommission? Inwieweit und wie findet europäische Integration in Politikbereichen wie der Wettbewerbspolitik, Sozialpolitik oder Gesundheitspolitik statt (vgl. etwa Riddervold et al., 2021)?

Die aufgezeigten Dimensionen, die dabei unterstützen können, theoretische Ansätze der europäischen (Des-)Integration zu systematisieren, sind sicherlich nicht abschließend. Diese stehen zum Teil auch in engem Zusammenhang miteinander.

Tab. 2.1 zeigt stark aggregierend und kursorisch die Theorieentwicklung zum Thema „Europäische Integration“ seit den 1920er-Jahren in Phasen und die jeweils im Vordergrund stehenden Forschungsfragen und theoretischen Ansätze in thematisch-chronologischer Sys-

Tab. 2.1 Phasen der Theorieentwicklung

Phase	Zeit	Forschungsfragen	Theoretischer Ansatz bzw. Approach
Friedenssicherung durch Integration	Seit 1920er-Jahren	Wie kann Frieden in Europa geschaffen und gesichert werden? Wie kann Nationalismus überwunden werden?	Föderalismus Funktionalismus
Erklärung von Integration	Seit 1950er-Jahren	Wie kann der Integrationsprozess erklärt werden? Welche sind die treibenden Kräfte der europäischen Integration?	Neofunktionalismus (späte 1950er-Jahre) Intergouvernementalismus (1960er-Jahre) Liberaler Intergouvernementalismus (1990er-Jahre) Postfunktionalismus (seit späten 2000er-Jahren)
Analyse der EU als politisches System	Seit 1990er-Jahren	Wie erfolgt Regieren in der EU? Wie arbeiten die EU-Institutionen? Welche Art des politischen Systems liegt in der EU vor? Wie können politischen Prozesse beschrieben werden?	Neoinstitutionalismus Policy-Netzwerke Governance-Ansätze Regieren im Mehrebenensystem (Multi-Level Governance) Regieren in der EU Differenzierte Integration
Analyse der Auswirkungen der EU	Seit 1990er-Jahren	Welchen Einfluss hat die EU auf die Mitgliedstaaten? Welche Auswirkungen hat die EU auf Demokratie und Recht? Könnten wachsende Auseinandersetzungen über die EU zu ihrem Auseinanderbrechen führen?	Europäisierung Politisierung Euroskeptizismus Normative/demokratische Theorien Ansätze der Desintegration
Kritik an der EU und/oder theoretischen „Mainstream“-Ansätzen	Seit 1990er-Jahren	Welche Ideen/Ideologien dominieren in der EU? Wie und warum? Wie sind die Machtverhältnisse in der EU? In welchem Interesse agiert die EU und mit welchen politischen und sozialen Auswirkungen?	Sozialkonstruktivismus Kritische Integrationstheorie Kritische Politische Ökonomie Kritische Sozialtheorie Gender und feministische Ansätze Poststrukturalistische Ansätze Evolutorischer Institutionalismus

Quelle: in Anlehnung an: Bache et al. (2020, S. 3), in eigener Übersetzung und mit eigenen Ergänzungen.

tematisierung. Somit orientiert sich die Darstellung ohne Anspruch auf Vollständigkeit an der theoriegeschichtlich-synchronen Dimension. Angemerkt werden muss, dass die Phaseneinteilung relativ grob ist und sich die Phasen teilweise überschneiden.

Die theoretische Auseinandersetzung mit dem Thema europäische Integration ist geprägt von einer Vielzahl objektiver, intersubjektiver und subjektiver Faktoren. Eine realitätsbezogene Beschäftigung mit dem Integrationsprozess seit dem Zweiten Weltkrieg ist nur möglich, wenn Theorie- und Modellbildung einerseits und Empirie andererseits miteinander verklammert werden. Der jeweilige ereignis- und politisch-gesellschaftliche historisch-reale Kontext ist der grundlegende Referenzpunkt theoretischer Integrationsforschung (objektive Faktoren) und ist der zu erklärende Gegenstand, das explanandum, und das Erklärende, das explanans, zugleich.

So standen in der unmittelbaren Nachkriegszeit etwa bei frühen Integrationstheorien wie dem Föderalismus und Funktionalismus das Motiv der Friedenssicherung und die Frage, wie man dauerhaft zu einer friedlichen Nachkriegsordnung Europas kommen könnte, im Vordergrund. Auch der jeweilige öffentliche und wissenschaftliche Diskurs- und Interpretationsraum sowie die „Theoriegeschichte" prägen die jeweils aktuelle akademische Debatte (intersubjektive Faktoren). Dies wird zum Beispiel bei Weiterentwicklungen bestehender Ansätze der Integration wie dem Neofunktionalismus oder dem Liberalen Intergouvernementalismus deutlich. Es ist zudem davon auszugehen, dass den Ansätzen der europäischen Integration und Desintegration nicht immer das gleiche Theorieverständnis der jeweiligen Autor/innen mit unterschiedlichen fachwissenschaftlichen und individuellen Forschungsprägungen zugrunde liegt (subjektive Faktoren). Der Einfluss dieser biografischen und fachlichen Orientierungen und Prägungen der Wissenschaftler/innen auf die Theoriebildung ist jedoch schwer messbar (vgl. Bieling & Lerch, 2012, S. 18 ff.).

2.3 Theoretische Ansätze der europäischen Desintegration

2.3.1 Einführung

Bereits zu Beginn des 21. Jahrhunderts vermissten Integrationswissenschaftler eine kritische Selbstreflexion des Großteils politikwissenschaftlicher Ansätze zur Erklärung des Einigungsprozesses. Die Kritik bezog sich auf deren affirmativen Charakter und „normativen Bias" (Faber & Wessels, 2005, S. 355). Der Historiker Patel konstatierte, dass Desintegration weder empirisch noch normativ wirklich vorgesehen sei. Er sieht eine zu starke Orientierung der Forschung an den von der EU und ihren Vorgängerinstitutionen selbst generierten Narrativen. Damit Wissenschaft ihrer Funktion angemessen nachkomme und der Brexit und andere Fragen der (Des-)Integrationsgeschichte wirklich erklärt werden können, fordert er einen „Exit aus dem Deutungskosmos der EG/EU" und ein Angebot alternativer Interpretationen (vgl. Patel, 2017, S. 115).

Joerges und Kreuder-Sonnen stellen fest, dass sich die politikwissenschaftlichen Beiträge meist nicht über die bisherigen Theorien hinaus mit Möglichkeiten des europäischen Krisenmanagements beschäftigen. Gleichzeitig böten aber auch die Rechtswissenschaften keine normativ überzeugenden, theoretischen Paradigmen, sondern richteten sich nach den funktionalistischen Folgerungen des Europäischen Gerichtshofs aus. Allerdings werden auch „kritische Peripherien in beiden Disziplinen“ erkannt, die „verdeutlichen, dass die Notwendigkeit für eine grundlegende Neuorientierung der europäischen Integration sowohl in Theorie als auch in der Praxis unabweisbar ist“ (Joerges & Kreuder-Sonnen, 2016, S. 2).

Die in der EU seit Anfang des 21. Jahrhunderts immer deutlicher zu Tage getretenen und lang andauernden Krisen werden als Polykrise oder multiple Krisen bezeichnet. Dabei sind Ursachen und Auswirkungen zum Teil interdependent und verstärken sich gegenseitig. Noch vor der breiteren Diskussion über die Multikrisen der EU wurde 2003 das „Titanic“-Szenario einer substanziell gefährdeten EU als einer von fünf möglichen „Entwicklungspfaden“ thematisiert (vgl. Algieri et al., 2003, S. 1 ff.): Eine durch die beschlossene Erweiterung auf 25 Mitgliedstaaten und „inhaltliche Überdehnung“ überforderte EU wäre zu schwach, um der Auflösung der Gemeinschaft entgegenzuwirken. Verstärkt würde die Abwärtsspirale durch überforderte nationale politische und soziale Systeme und den zunehmenden Einfluss von populistischen und außerparlamentarischen europakritischen Kräften.

Eine Zäsur in der europäischen Integrationsgeschichte stellt der Austritt Großbritanniens, eines der wirtschaftlich bedeutendsten Mitgliedsländer, aus der EU im Jahr 2020 dar. Das britische Referendum, in dem 2016 die Mehrheit der Briten für den Brexit stimmte, spiegelt die Unzufriedenheit in Teilen der europäischen Bevölkerungen mit gemeinsamen EU-Politiken wider. Herausforderungen von Flüchtlingsbewegungen, die ungelösten Probleme des Außengrenzregimes der EU, die Haushaltsprobleme einiger Mitgliedstaaten der Eurozone, die infolge der globalen Finanz- und Wirtschaftskrise 2008 deutlich zu Tage traten, haben sozioökonomische Probleme und die Europaskepsis bei vielen Europäern verstärkt. Der Wertekonsens, der in den EU-Verträgen niedergelegt ist, gerät ins Wanken und wird etwa in der Verzerrung des Rechtsstaatlichkeitsbegriffs in mittel- und osteuropäischen Staaten augenfällig. Die sozio-ökonomischen Folgen der Covid 19-Pandemie, des Ukrainekrieges und der Klimakrise verstärken den permanenten Krisenmodus der EU, die sich als Akteur inmitten der sich rasch verändernden Konstellation neuer und alter Großmächte positionieren muss.

2.3.2 Theoriegeschichte der europäischen Desintegration

Die Krisen der EU haben zu einer erhöhten Aufmerksamkeit und einem verstärkten Comeback der integrationstheoretischen Forschungen beigetragen. Theoriehistorisch ist dies eine neue Phase, nachdem angesichts der stabil erscheinenden Integrationsdynamik der 1980er- und 1990er-Jahre das Funktionieren der EU interessierte und Desintegration allenfalls Stagnation, nicht aber Rücknahmen des „Acquis Communautaire“, bedeutete.

Die folgende Darstellung der Historie analytischer Ansätze zum Umgang mit Krisen und desintegrativen Entwicklungen in der EU ist kursorisch und kann aufgrund der vielfältigen internationalen Beschäftigung mit der Thematik keine Vollständigkeit bieten. Da sich zudem unterschiedliche wissenschaftliche Disziplinen aus ihrer jeweiligen fachlichen Perspektive mit der EU-Integration und -Desintegration beschäftigen, ist die einschlägige interdisziplinäre Publikationstätigkeit schwer überschaubar.

Anstelle von oder im Zusammenhang mit dem Begriff der europäischen Desintegration gibt es vielfältige Begrifflichkeiten für die Bezeichnung und Beschreibung von Krisen in der EU (vgl. etwa Grimmel 2020a, b, S. 19 ff.). Einzelne Krisen und die Summe der Einzelkrisen, multiple Krisen oder Polykrise, im politischen und sozioökonomischen Bereich weltweit, in Europa und/oder in der EU sowie Europaskeptizismus werden als Ursachen, Zustände oder Folgen von desintegrativen Prozessen in der EU thematisiert. Die den jeweiligen theoretischen Ansätzen zugrunde liegenden begrifflichen Konzeptionen werden bei der Vorstellung der Ansätze in Kap. 3 und 4 skizziert.

1960er- bis 1990er-Jahre Krisenphänomene im Verlauf des europäischen Integrationsprozesses wie die „Politik des Leeren Stuhls" Mitte der 1960er-Jahre und die „Eurosklerose" in den 1970er-Jahren in Ansätzen der europäischen Integration sind nicht neu. Die Krisen wurden in den klassischen Integrationstheorien des Liberalen Intergouvernementalismus und des Neofunktionalismus meistens als Facetten der (voranschreitenden) Integration betrachtet. Die großen Erklärungslinien verliefen häufig entlang der Frage, ob die Mitgliedstaaten ihren intergouvernementalen oder die EU und deren Vorgängerinstitutionen ihren supranationalen Einfluss geltend machen oder vergrößern konnten.

Ende der 1990er-Jahre Im Zusammenhang mit dem Maastricht-Vertrag fokussierte sich die integrationstheoretische Forschung auf die Frage, ob die darin geregelten Integrationsschritte erfolgreich umgesetzt würden. McKay analysierte aus eher politikwissenschaftlich-theoretischer Perspektive die Bedingungen für die Entwicklung der monetären Integration. Als kritische Faktoren für eine langfristig starke europäische Währung in pluralistischen Staaten werden eine starke europäische Identität und europäische Parteien betrachtet (vgl. McKay, 1999). Sollte der Euro soziale Friktionen aufgrund von Verteilungskonflikten auslösen, könnte dies populistische Strömungen stärken (vgl. auch Dyson & Featherstone, 1999). Das Ausbleiben eines neuen größeren Integrationsprojektes in der Post-Maastricht-Phase wurde in neofunktionalistischer und intergouvernementaler Perspektive unter dem Aspekt nachlassender Dynamik des nicht in Frage stehenden Integrationsprozesses betrachtet (vgl. Mattli & Stone Sweet, 2012; Moravcsik, 2012).

Seit den 2000er-Jahren Die Entstehung eigenständiger theoretischer Ansätze der europäischen Desintegration ist insbesondere seit den Krisen der 2000er-Jahre zu beobachten und damit ein relativ junger Zweig der Theoriediskurse der EU-Forschung. Bereits bei der Einführung des Euro zweifelten einige Integrationswissenschaftler die Stabilität und optimistischen Szenarien der Folgen einer einheitlichen europäischen Währung an. Vor allem aber seit Mitte der 2000er-Jahre ist in der Integrationsforschung eine deutliche Verstärkung der Auseinandersetzung mit den Krisen der EU festzustellen. Dies steht nicht zuletzt auch in Zusammenhang mit der Ablehnung des EU-Verfassungsvertrages in den Referenden in Frankreich und den Niederlanden 2005 und in Irland 2008.

Die Frage, wie die EU in der Post-Maastricht-Phase zum neuen starken Zentrum werden kann, wurde Anfang der 2000er-Jahre aufgeworfen. Bartolini etwa sah dafür bestimmte Voraussetzungen in der EU als nicht gegeben an. Es mangele ihr an sich selbstverstärkenden Kräften, Kräfte, die aus einer entsprechenden systembildenden europäischen Verfasstheit erwachsen. Bei diesem Prozess europäischer Systembildung entstehen dann auch formale europäische Akteure wie europäische Parteien, Gruppen und Bewegungen sowie informelle Phänomene wie eine europäische Identität, Loyalität und Solidarität (vgl. Bartolini, 2005).

Nach dem Beitritt von zehn neuen Mitgliedstaaten in die EU setzte sich die integrationstheoretische Debatte verstärkt mit der Frage auseinander, ob Diversität der erweiterten EU zur Desintegration führen würde (vgl. Zielonka, 2006). Die so genannte „Imperiums"-Diskussion untersucht, ob die EU den Merkmalen eines Imperiums entspreche und gegebenenfalls auch wie andere Imperien zerfallen wird. Ein „innereuropäisches Zentrum-Peripherie-Modell" bzw. „ein Europa der „konzentrischen Kreise", innerhalb dessen die zentrifugalen Tendenzen an Bedeutung gewinnen", macht Bieling angesichts der Finanz-, Staatsschulden- und Eurokrise aus (Bieling, 2013, S. 43 f.).

Bartolini and McKay identifzierten starke Distributionskonflikte als Ursache für die Destabilisierung in der EU als ein Machtzentrum, in dem die nationalen Identitäten zulasten einer gemeinsamen europäischen Identität dominierten. Die EU-Verfassungsreferenden beflügelten den Diskurs über den Zusammenhang zwischen der öffentlichen Meinung, Wahlen, politischen Parteien und Referenden und desintegrativen Phänomenen in der EU. Auch die klassischen Integrationstheorien des Liberalen Intergouvernementalismus und des Neofunktionalismus werden auf ihre Erklärungskraft von Desintegration in Europa untersucht. Wirtschaftliche und politische Eliten, die die handelspolitische EU-Integration fördern, stehen im Mittelpunkt der Betrachtung. Ein zugrunde liegender sozio-ökonomischer und institutioneller Determinismus verstärkt aus dieser Sicht desintegrative Tendenzen in der EU.

Auch wenn sich Vollaard knapp eine Dekade später der pessimistischen Einschätzung von Bartolini anschließt und feststellt, dass es in der Geschichte viele Beispiele für die Desintegration von Staaten gab, hält er doch abgesehen vom Austritt des Vereinigten Königreichs weitere Austritte aus der EU für unwahrscheinlich (vgl. Vollaard, 2014, S. 1123). Die europäische Integration verstärkende Faktoren sind aus seiner Sicht fehlende Alternativen für die Mitgliedstaaten angesichts des mangelnden Vertrauens in ihre nationalstaatliche Wirkstärke. Anstelle der vollständigen Desintegration der EU hat aus dieser Perspektive ein Prozess differenzierter Desintegration begonnen (vgl. Vollaard, 2014).

Eine Zäsur in der theoretischen Erforschung der europäischen Desintegration markiert der Ansatz des Postfunktionalismus von Hooghe und Marks (vgl. Hooghe & Marks, 2009). Es handelt sich um „the first genuine, albeit fairly implicit, theory of European *dis*integration" (Kursivschrift im Original, Webber, 2019, S. 1149). Im Gegensatz zur integrationsoptimistischen Grundaussage des Intergouvernementalimus und Neofunktionalismus stellt der Postfunktionalismus politischen Protest als integrationsgefährdende Variable in den Vordergrund: Die Sicht in Teilen der Bevölkerung, dass die EU nicht ausreichend politisch legitimiert sei, wird von euroskeptischen Akteuren und Parteien genutzt, um die Bevölkerung für parteipolitische, antieuropäische Ziele zu mobilisieren. Der „permissive consensus" entwickele sich zu einem ‚constraining dissensus' (Hooghe & Marks, 2009, S. 5).

Auch die Erklärungspotenziale anderer Ansätze der europäischen Integration für Ursachen und Auswirkungen von desintegrativen Entwicklungen in der EU wurden für die Analyse zwischen Ursachen und Auswirkungen ausgelotet. Der Neue Intergouvernementalismus beispielsweise sieht wie die früheren Ansätze dieser Forschungsrichtung primär die nationalstaatlichen Regierungen und nicht die supranationalen Institutionen als die integrationstreibenden Kräfte. Auch wenn bei diesem Ansatz die Phase nach dem Maastricht-Vertrag als eine der Integrationsverstärkung gilt, berücksichtigt er auch Spannungen zwischen den Interessen von Eliten einerseits und denen der nationalstaatlichen Vertreter. Bickerton et al. modellieren den Zustand krisenhafter Entwicklungen in der EU als den eines Ungleichgewichts. Ursächlich dafür ist die Dysbalance, die aus der gesellschaftlicher Politikverdrossenheit einerseits und dem dafür nicht sensibilisierten, auf Integrationsfortschritt ausgerichteten politischen EU-System andererseits, resultiert (vgl. Bickerton et al., 2015, S. 36 f.).

Hodson und Puetter knüpfen an die Idee eines gestörten Gleichgewichtszustandes der EU an. Der Befund ihrer Untersuchung, wie die EU- und die mitgliedstaatliche Ebene mit euroskeptischen Parteien umgeht, ist nicht „a constraining consensus but a destructive one" (Hodson & Puetter, 2019, S. 1166). Dieser hat aus ihrer Sicht das EU-Ungleichgewicht vergrößert. Berücksichtigt die EU-Politik die Bedenken und Bedürfnisse der Wähler europaskeptischer Parteien nicht, vergrößert sich demnach das „political disequilibrium". Das Fortbestehen dieses gestörten Gleichgewichts hat das „potential to unwind disruptively" (Hodson & Puetter, 2019, S. 1153).

Neuere Ansätze werfen die Frage auf, ob insbesondere die Polykrise der EU in den 2010er-Jahren als Summe vieler sich überlappender und teils interdependenter Einzelkrisen wie der Eurokrise ab 2010, Schengenkrise ab 2015, der Brexit ab 2016 nicht ein Symptom für einen insgesamt zum Stillstand geratenen Integrationsprozess oder gar für Auflösungserscheinungen der Gemeinschaft ist (vgl. Grimmel, 2020a, b, S. 293 f.). Hodson und Puetter betonen, dass gerade die Krisen in den 2010er-Jahren „underlined the continued importance of integration theory, albeit in ways that go beyond classic debates" (Hodson & Puetter, 2019, S. 1153).

Auch die Gleichzeitigkeit integrativer und desintegrativer Zustände und Entwicklungen beschäftigte zunehmend die Integrationsforschung. Webber untersucht die Frage, wie sich Integration und Desintegration in verschiedenen Politikfeldern gleichzeitig entwickeln, und konstatiert, dass die optimistischen Integrationstheorien die aktuellen Krisen nicht erklären könnten. Sein „hegemonic-stability-theoretical approach to the EU's crises" (Webber, 2019, S. 1134) kann hier stellvertretend für integrationstheoretische Ansätze angeführt werden, die EU-Krisen nicht nur beschreiben und erklären, sondern auch Handlungsempfehlungen geben. Webber entwickelt aus seiner Analyse der EU-Krisen in der Eurozone, den Ukrainekrieg, die Schengen- und Flüchtlingskrise sowie des Brexit Handlungsoptionen, um den politischen Integrationsgrad der EU aufrecht zu erhalten: Fehlen machtvolle supranationale Akteure, könnte ein hegemonialer Staat oder eine Koalition solcher Staaten den zentrifugalen Kräften entgegenwirken, die sich aufgrund von national-populistischen Bewegungen und möglichen neuen Krisen ergeben (vgl. Webber, 2019).

Eppler und Scheller stellten 2014 fest, dass die theoretische Debatte der europäischen Desintegration noch in einer frühen Phase sei, die politikwissenschaftliche Perspektive sich aber ökonomisch-sozialen Dimensionen öffnen müsse. Ihre Forschungsagenda umfasst die Frage, wie Integrations- und Desintegrationsentwicklungen interagieren und ob es einen Desintegrationsmechanismus gebe. Dazu seien empirische Forschungen der Kausalzusammenhänge zwischen institutionellen, ökonomischen, territorialen and legitimatorischen Dimensionen des europäischen Integrations- and Desintegrationsprozesses notwendig (vgl. Eppler & Scheller, 2014, S. 33 f.).

Der Integrationsoptimismus, dass auf Phasen der Stagnation oder des Rückschritts regelmäßig Phasen der Integration folgen, wird nach dem Krisenjahrzehnt der 2010er-Jahre in der Integrationsforschung zunehmend aufgegeben (vgl. Grimmel, 2020a, b, S. 21 f.)

Verschiedene Integrationswissenschaftler streben einen Theorienpluralismus an. So verstehen Ioannou et al. unterschiedliche Ansätze, die zur Analyse und Erklärung (des-)integrativer Phänomene in der EU angewendet werden, eher als komplementär denn als miteinander konkurrierend. Die Analyse der Wirtschafts- und Finanzkrise aus Sicht des Liberalen Intergovernmentalismus, Neofunktionalismus, Historischen Institutionalismus, der Kritischen Politischen Ökonomie, der Normativen Theorie und des public opinion approach etwa sucht nach „a productive coexistence of the various perspectives“ (Ioannou et al., 2016, S. 3).

Daneben gibt es Bemühungen, theoretische Ansätze der europäischen Desintegration in einen übergreifenden theoretischen Rahmen einzuordnen. Jones strebt mit dem „cumulatively causal model“ an, die existierende Forschungsliteratur zu strukturieren und neue Forschungsgebiete zu empfehlen (vgl. Jones, 2018). Das Modell helfe zu erklären, wie Integration und Desintegration „interact at different levels of aggregation“ (Jones, 2018, S. 449). Seine Analyse kommt zu dem Ergebnis, dass Diskriminierung bzw. Chancenungleichheit von EU-Mitgliedstaaten die Ursache desintegrativer Prozesse sei. Seine Diagnose und Prognose desintegrativer Prozesse in der EU ist: „If there is some spectacular collapse, it will most likely result from the isolation of one-or-more member states from the rest of the Union“ (Jones, 2018, S. 449).

Modelle differenzierter Integration sind in der Desintegrationsforschung auch zum Ausgangspunkt geworden, um daraus praxisorientierte Politikempfehlungen abzuleiten (vgl. Ribbe & Wessels, 2020). Ribbe und Wessels betrachten Krisen als nicht notwendigerweise „als direkte Gefährdung eines fortschreitenden, differenzierten Integrationsprozesses, sondern als wesentlichen Bestandteil desselben“ (Ribbe & Wessels, 2020, S. 263). Differenzierte Integration im Sinne des schnelleren Voranschreitens integrationswilliger Staaten im Sinne einer „europäischen Avantgarde“ kann in dieser Sicht dazu beitragen, Blockaden zu lösen (Ribbe & Wessels, 2020, S. 284).

Insgesamt wird deutlich, dass sich unterschiedliche Erkenntnisinteressen in kritischer Perspektive zu den bisherigen Forschungsleitbildern der europäischen Integration positionieren (vgl. hierzu auch die jeweils aktuelle Ausgabe des seit 1980 jährlich erscheinenden Jahrbuchs der europäischen Integration zu aktuellen Entwicklungen in der EU, vgl. etwa Raphael et al., 2022, S. 25 ff.).

Desintegration – eigenes Wissenschaftsprogramm und Paradigmenwechsel? Die theoretische Analyse der Krisen und desintegrativen Tendenzen in der EU sowie die kritische Sicht auf bestehende theoretische Ansätze hat zwar seit den 1990er-Jahren zu einer Ausdifferenzierung des einschlägigen Theorieangebots geführt. Ob es sich bei der „Desintegrationsforschung" um ein eigenes Wissenschaftsprogramm und gar einen Paradigmenwechsel handelt, ist nicht geklärt. Ein Paradigmenwechsel läge vor, wenn sich die Erklärungskraft des bisherigen Integrationsparadigmas der EU als „ever closer union" mit zunehmend vertikaler Integration „erschöpft" hätte und das alte durch ein neues Paradigma ersetzt würde (Kornmeier, 2007, S. 104).

Ein neues, von einem hinreichend großen Teil der Scientific Community getragenes Paradigma, das der Desintegration oder zumindest das der Gleichzeitigkeit von Integration und Desintegration, würde dann die „Anomalien" des bisherigen als relativ geradlinig angenommenen Integrationsverlaufs erklären und neue Problemlösungen aufzeigen können. Ob es sich im Sinne Kuhns um eine „Revolution" handelt, nach der Wissenschaftler „are responding to a different world" und mit neuen Denkinstrumenten und -modellen Problemlösungen aufzeigen, bleibt abzuwarten (vgl. Kuhn, 2012, S. 111). Die Theoriedynamik der Integrationsforschung ist eher durch eine evolutionäre Entwicklung als durch kurze, revolutionäre Prozesse charakterisiert, in denen „neue Erkenntnisse im Rahmen kurzer, revolutionärer Prozesse die bestehenden Modelle und Theorien verändern oder gar völlig ersetzen" (Kornmeier, 2007, S. 103).

Aus empirischer und „theorieevolutiver" Perspektive plausibler ist daher die Annahme, dass die Integrationsforschung mittlerweile von mehreren Paradigmen gleichzeitig geprägt ist. Das Konzept von Anders et al. etwa beinhaltet die Vorstellung, dass Prozesse der europäischen Integration und Desintegration gleichzeitig, also zweidirektional, und multidimensional in einer politischen, wirtschaftlichen und sozialen Dimension stattfinden können. Empirisch betrachtet hat sich wirtschaftliche Integration schneller als die soziale Dimension entwickelt und befindet sich auf einem höheren Integrationsniveau (vgl. Anders et al., 2016, S. 209 ff.). Es gilt demnach, das Optimum aus einer angemessenen Anzahl aussagekräftiger Indikatoren für statische und dynamische Phänomene europäischer (Des-)Integration zu finden und wesentliche Wechselwirkungen zwischen den Dimensionen und den Indikatoren herauszuarbeiten.

Ob sich ein Paradigma der „Desintegration" oder eines der Gleichzeitigkeit von integrativen und desintegrativen Entwicklungen in der EU als vorherrschende Auffassungen unter Integrationswissenschaftlern etabliert, kann (noch) nicht beurteilt werden. Als

Zwischenfazit kann festgehalten werden, dass neben das optimistische Fortschrittsparadigma der europäischen Integration seit den 1990er-Jahren und verstärkt durch die Krisen der EU seit Beginn des 21. Jahrhunderts durch kritische Perspektiven und Paradigmen getreten sind. Insofern ist parallel zu den multiplen ereignisgeschichtlichen Krisen in der EU ein entstehender Paradigmenpluralismus und -wettbewerb in der begleitenden theoretischen Debatte zu beobachten.

2.3.3 Systematisierung der Desintegrationsforschung

Wie können die vorliegenden Arbeiten der Desintegrationsforschung mit Fokus auf Europa bzw. die EU systematisiert werden? Theoretische Ansätze der europäischen Desintegration befassen sich genauso wie die Untersuchungsansätze der Integration mit der EU oder ihren Vorgängerinstitutionen in statisch-punktueller oder dynamisch-prozessualer Perspektive.

Grundsätzlich könnten die oben genannten Dimensionen für die Gruppierung der „Integrationstheorien" auch zur Systematisierung „desintegrationstheoretischer Ansätze" herangezogen werden. Interessant ist die Frage, ob die Ansätze zur Analyse von europäischer Desintegration nicht nur unterschiedliche Blickwinkel auf das gleiche Phänomen im Sinne eines „Acquis Académique" sind (vgl. Giering, 1997, S. 11).

Auch eine Unterteilung entlang der Dimension „(Traditionelle) Ansätze der Integration und ihre Erklärungskraft für Desintegration" einerseits und „(Neue) eigenständige Ansätze der Desintegration" andererseits bietet eine inhaltlich schlüssige Unterteilung. Die aktuelle Forschungslandschaft ist denn auch durch zwei Entwicklungen gekennzeichnet: Erstens werden bestehende Theorien und Erklärungsansätze der europäischen Integration auf ihre mögliche Aussagefähigkeit zu Aspekten der Krisen und Desintegration überprüft. Zweitens sind in den letzten Krisenjahrzehnten der EU auf der Basis von Beobachtung und Hypothesen über Ursache-Wirkungs-Beziehungen auch neue theoretische Ansätze und Konzepte europäischer Desintegration entstanden.

Der bereits oben erwähnte, von Eppler und Scheller herausgegebene Sammelband beschäftigt sich mit „Zug- und Gegenkräften" im europäischen Integrationsprozess (Eppler & Scheller, 2013) und prüft die Analysefähigkeit traditioneller Integrationstheorien für desintegrative Phänomene in der EU. Tab. 2.2. zeigt Ansatzpunkte wichtiger traditioneller Theorieansätze der Integrationsforschung für die Analyse und Vorhersage von Desintegration in der EU.

Darüber hinaus können bei den theoretischen Ansätzen der europäischen Desintegration auch die oben genannten Systematisierungsmöglichkeiten der Denkschulen der europäischen Integration angewendet werden (vgl. auch Webber, 2019). Auch die Häufung lang anhaltender Krisen und deren Einfluss auf die theoriebildende Entwicklung sind von Erkenntnisinteresse.

Tab. 2.2 Ansatzpunkte bestehender Integrationstheorien für die Analyse von Desintegration in der EU

<table>
<tr><th colspan="2">Integrationstheoretische Basis</th><th>Fokus</th><th>Ansatzpunkte für die Analyse von Desintegration</th></tr>
<tr><td colspan="2">Föderalismus</td><td>strukturorientiert (Konstitutionalisierung, Subsidiarität)</td><td>Zentrifugale und zentripetale Kräfte bei der Entstehung föderaler Gebilde, Ziel: Bundesstaat (Function follows Form)</td></tr>
<tr><td colspan="2">(Liberaler) Intergouvernementalismus</td><td>nationalstaatsorientiert (Institutionalisierung, Kooperation, Bargaining)</td><td>Nationalstaatliche Interessen, innerstaatliche Präferenzbildung, Ziel: Primat des Nationalstaats</td></tr>
<tr><td colspan="2">(Neo-)Funktionalismus</td><td>prozessorientiert (Institutionalisierung, transnationale Kooperation, Spill-over-Effekte)</td><td>Supranationale Institutionen, subnationale Eliten, Interessenverbände, Ziel: (Form follows Function)</td></tr>
<tr><td colspan="2">EU als Mehrebenensystem/Multi-Level Governance-Ansatz</td><td>struktur-, prozess- und inhaltlich orientiert</td><td>Deskription des Mehrebenenssystems EU als Analysebasis</td></tr>
<tr><td colspan="2">Europäisierungsansätze</td><td>transformationsorientiert</td><td>Auswirkungen europäischen Regierens auf die Mitgliedstaaten, insbesondere euroskeptische und antieuropäische Positionen innerstaatlicher Akteure</td></tr>
<tr><td colspan="2">Policy-Netzwerk</td><td>interaktions- und interessenorientiert</td><td>Lobbyismus, Interessenforschung, Interaktion organisierter Akteure im Politikprozess</td></tr>
<tr><td rowspan="4">(Neo-)Institutionalismus</td><td>Rational Choice Institutionalismus</td><td>akteursorientiert</td><td>Unzufriedenheit der Akteure infolge unzureichender Effizienz gemeinschaftlicher Institutionen</td></tr>
<tr><td>Historischer Institutionalismus</td><td>historisch orientiert</td><td>Eigendynamiken und nicht-intendierte Folgen im komplexen EU-Institutionengeflecht</td></tr>
<tr><td>Soziologischer Institutionalismus</td><td>werte- und normenorientiert</td><td>Institutionen als gesellschaftliche Legitimität und Identität stiftend</td></tr>
<tr><td>Evolutorischer Institutionalismus</td><td>ideenorientiert</td><td>Änderung von Leitideen (europäischer) Institutionen sowie interner und externer Faktoren in „Nische" von Institutionen</td></tr>
<tr><td colspan="2">Konstruktivismus</td><td>erkenntnistheoretisch orientiert</td><td>Werte und Normen von Akteuren</td></tr>
<tr><td colspan="2">Flexibilisierungskonzepte</td><td>flexibilitätsorientiert</td><td>Unfähigkeit der Nationalstaaten zur Vertiefung und/oder Erweiterung der EU, unterschiedliche Integrationsgrade</td></tr>
</table>

Quelle: in Anlehnung an Treude 2017, S. 41.

Literatur

Algieri, F., Emmanouilidis, J. A., & Maruhn, R. (2003). *Europas Zukunft. 5 EU Szenarien.* Centrum für angewandte Politikforschung.

Anders, L. H., Eppler, A., & Tuntschew, P. (2016). Europäische Integration: zweidirektional und mehrdimensional. *Integration, 3*, 198–212.

Bache, I., Bulmer, S., George, O., Parker, O., & Burns, C. (2020). *Politics in the European Union.* Oxford University Press.

Balassa, B. (2011). *The theory of economic integration.* Routledge.

Bartolini, S. (2005). *Restructuring Europe: Centre formation, system building, and political structuring between the Nation State and the European Union.* Oxford University Press. Crossref.

Bickerton, C. J., Hodson, D., & Puetter, U. (2015). The new intergovernmentalism and the study of European integration. In C. J. Bickerton, D. Hodson, & U. Puetter (Hrsg.), *The new intergovernmentalism. States, supranational actors, and European politics in the Post-Maastricht era* (S. 1–48). Oxford University Press.

Bieling, H.-J. (2013). Die krisenkonstitutionalistische Transformation des EU-Imperiums: zwischen autoritärer Neugründung und innerem Zerfall. *Das Argument, 301*, 34–46.

Bieling, H.-J., & Lerch, M. (2012). Theorien der europäischen Integration: ein Systematisierungsversuch. In H. J. Bieling & M. Lerch (Hrsg.), *Theorien der europäischen Integration* (S. 9–31). Springer VS.

Börzel, T. A. (2019). Researching the EU (Studies) into demise? *Journal of European Public Policy, 25*(3), 475–485.

Deutsch, K., Burrell, S. . A., & Kann, R. A. (Hrsg.). (1957). *Political community and the North Atlantic area: International organization in the light of historical experience.* Princeton University Press.

Dyson, K., & Featherstone, K. (1999). *The road to Maastricht.* Oxford University Press.

Eppler, A., & Scheller, H. (Hrsg.). (2013). *Zur Konzeptionalisierung europäischer Desintegration. Zug- und Gegenkräfte im europäischen Integrationsprozess.* Nomos.

Eppler, A., & Scheller, H. (2014). *European disintegration – Non-existing phenomenon or a blind spot of European integration research? Preliminary thoughts for a research agenda* (Working paper no. 02). Institute for European Integration Research.

Europäische Union. (2021). *Europäische Union.* https://europa.eu/european-union/index_de. Zugegriffen am 27.04.2021.

Europarat. (2021). *Europarat.* https://www.coe.int/de/. Zugegriffen am 27.04.2021.

Faber, A., & Wessels, W. (2005). Die Verfassungskrise der EU als Krise „der" Integrationstheorie? Plädoyer für eine Neufokussierung der theoretischen Debatte. *Zeitschrift für internationale Beziehungen, 12*(2), 353–359.

Fischer, C. (2017). *Die Energiewende und Europa. Europäisierungprozesse in der deutschen Energie- und Klimapolitik.* Springer Fachmedien.

Giering, C. (1997). *Europa zwischen Zweckverband und Superstaat. Die Entwicklung der politikwissenschaftlichen Integrationstheorie im Prozeß der europäischen Integration.* Europa Union Verlag.

Grimmel, A. (2020a). Einleitung: Die neue Gleichzeitigkeit von Integration und Desintegration in der Europäischen Union. In A. Grimmel (Hrsg.), *Die neue Europäische Union. Zwischen Integration und Desintegration* (S. 19–30). Nomos.

Grimmel, A. (2020b). Funktionale Differenzierung und europäische Integration: Perspektiven eines neuen Forschungsfelds. In A. Grimmel (Hrsg.), *Die neue Europäische Union. Zwischen Integration und Desintegration* (S. 291–304). Nomos.

Haas, E. B. (1958). *The uniting of Europe. Political, social, and economic forces*. Stanford University Press.
Haas, E. B. (1964). *Beyond the nation-state. Functionalism and international organization*. Stanford University Press.
Haas, E. B. (1975). *The obsolescence of regional integration theory*. Institute of International Studies. University of California.
Haas, E. B. (1976). Turbulent fields and the theory of regional integration. *International Organization, 30*(2), 173–212.
Hodson, D., & Puetter, U. (2019). The European Union in disequilibrium: New intergovernmentalism, postfunctionalism and integration theory in the post-Maastricht period. *Journal of European Public Policy, 26*(8), 1153–1171.
Hoffmann, S. (1966). Obstinate or obsolete: The fate of the nation-state and the case of Western Europe. *Daedalus, 95*, 862–915.
Hooghe, L., & Marks, G. (2009). A postfunctionalist theory of European integration: From permissive consensus to constraining Dissensus. *British Journal of Political Science, 39*(1), 1–23.
Ioannou, D., Leblond, P., & Niemann, A. (2016). European integration and the crisis: Practice and theory. In D. Ioannou, P. Leblond, & A. Niemann (Hrsg.), *European integration in times of crisis: Theoretical perspectives* (S. 1–22). Routledge.
Jachtenfuchs, M., & Kohler-Koch, B. (2003). Regieren und Institutionenbildung. In M. Jachtenfuchs & B. Kohler-Koch (Hrsg.), *Europäische Integration* (S. 11–46). Leske und Budrich.
Joerges, C., & Kreuder-Sonnen, C. (2016). *Europe and European studies in crisis. Inter-disciplinary schisms in legal and political science* (WZB discussion paper SP IV 2016–109). Wissenschaftszentrum Berlin für Sozialforschung. https://ssrn.com/abstract=2847115 or https://doi.org/Z10.2139/ssrn.2847115. Zugegriffen am 28.05.2021.
Jones, E. (2018). Towards a theory of desintegration. *Journal of European Public Policy, 25*(3), 440–451.
Kornmeier, M. (2007). *Wissenschaftstheorie und wissenschaftliches Arbeiten. Eine Einführung für Wirtschaftswissenschaftlicher*. Physika-Verlag.
Kuhn, T. S. (2012). *The structure of scientific revolutions*. The University of Chicago Press.
Lindberg, L. N., & Scheingold, S. . A. (1970). *Europe's would-be polity: Patterns of change in the European community*. Prentice-Hall.
Loth, W., & Wessels, W. (2001). Auf dem Weg zur Integrationswissenschaft. In W. Loth & W. Wessels (Hrsg.), *Theorien europäischer Integration* (S. 7–15). Leske und Budrich.
Mattli, W., & Stone Sweet, A. (2012). Regional integration and the evolution of the European polity: On the fiftieth anniversary of the journal of common market studies'. *Journal of Common Market Studies, 50*(S1), 1–17.
McKay, D. (1999). The political sustainability of European Monetary Union. *British Journal of Political Science, 29*(3), 463–485.
Milward, A. M. (1994). *The European Rescue of the Nation State*. Routledge.
Mitrany, D. (1943). *A working peace system. An argument for the functional development of international organization*. The Broadwater Press.
Moravcik, A. (1998). *The choice for Europe. Social purpose and state power from Messina to Maastricht*. Cornell University Press.
Moravcsik, A. (2012). Europe after the crisis: How to sustain a common currency. *Foreign Affairs, 91*(3), 54–68.
Ohr, R. (2013). *Fit für die Prüfung. Europäische Integration. Lernbuch*. UTB.
Patel, K. K. (2017). (BR)EXIT. Algerien, Grönland und die vergessene Vorgeschichte der gegenwärtigen Debatte. *Zeithistorische Forschungen/Studies in Contemporary History, 1*, 112–127.

Radaelli, C. M. (2000). Whither Europeanization? Concept stretching and substantive changes. *European Integration Online Papers, 4*(8), 1–25.
Raphael, C., Ribbe, D., & Wessels, W. (2022). Die Europapolitik in der wissenschaftlichen Debatte. In W. Weidenfeld & W. Wessels (Hrsg.), *Jahrbuch der europäischen Integration 2022* (S. 25–44). Nomos.
Ribbe, D., & Wessels, W. (2020). Vertiefung, Erweiterung und Differenzierung im Zeichen der Krisen: Ein Vier-Stufen-Modell europäischer Integration. In A. Grimmel (Hrsg.), *Die neue Europäische Union. Zwischen Integration und Desintegration* (S. 261–289). Nomos.
Riddervold, M., Trondal, J., & Newsome, A. (Hrsg.). (2021). *The Palgrave handbook of EU crises*. Palgrave Macmillan.
Rosamund, B. (2000). *Theories of European integration*. Palgrave Macmillan.
Schimmelpfennig, F. (2019). Von der Entgrenzung zur Eingrenzung: Krise und Wandel der europäischen Integration. *Integration, 4*, 247–261.
Schimmelpfennig, F. (2020). Theorien der europäischen Integration. In P. Becker & B. Lippert (Hrsg.), *Handbuch Europäische Union* (S. 3–27). Springer VS.
Stone Sweet, A., & Sandholtz, W. (1997). European integration and supranational governance. *Journal of European Public Policy, 4*, 297–317.
Thiemeyer, G. (2010). *Europäische Integration. Motive – Prozesse – Strukturen*. utb.
Treude, S. (2019). Entwicklungsdynamiken in der EU. Theoretische Ansätze der Desintegration. *WIST – Wirtschaftswissenschaftliches Studium, 2–3*, 36–43.
Vertrag zur Gründung der Europäischen Wirtschaftsgemeinschaft. (1957). Rom, den 25. März 1957. Dokument 11957E/TXT. https://eur-lex.europa.eu/legal-content/DE/TXT/PDF/?uri=CELEX:11957E/TXT&from=DE. Zugegriffen am 07.05.2021.
Vollaard, H. (2014). Explaining European disintegration. *Journal of Common Market Studies, 52*(5), 1142–1159.
Wallace, H., Wallace, W., & Webb, C. (Hrsg.). (1983). *Policy-making in the European community*. Wiley.
Webber, D. (2019). Trends in European political (dis)integration. An analysis of postfunctionalist and other explanations. *Journal of European Public Policy, 26*(8), 1134–1152.
Weidenfeld, W. (2020). *Die Europäische Union*. UTB.
Wolff, J. (2015). Europäische Integration – politikwissenschaftliche Schlüsseltheorien. In U. Liebert & J. Wolff (Hrsg.), *Interdisziplinäre Europastudien. Eine Einführung* (S. 69–92). VS Springer.
Zielonka, J. (2006). *Europe as empire. The nature of the enlarged European Union*. Oxford University Press.

3 Europäische Desintegration im Spiegel klassischer theoretischer Ansätze

In den wissenschaftlichen Beiträgen und Ansätzen zum Neofunktionalismus und Intergouvernementalismus werden die charakteristischen Merkmale der Denkschulen wie dominante Akteure und (Des-)Integrationsmechanismen unterschiedlich prononciert, sodass man diese je nach betrachtetem „Theoriemerkmal" stärker der einen oder der anderen Großtheorie zuordnen könnte. Berücksichtigung finden in den Untersuchungsansätzen zum Teil auch Elemente oder Erklärungsmuster anderer theoretischer Ansätze europäischer Desintegration.

Mit dem Postfunktionalismus ist eine weitere einflussreiche Denkschule entstanden, die insbesondere negative und euroskeptische Reaktionen auf die europäische Integrationsentwicklung und deren Rückwirkungen auf die Ebene der EU in den Blick nimmt. Dieser Ansatz fußt auf der Annahme, dass sich der europäische Integrationsprozess gleichsam selber von innen aushöhlt. Damit löst er sich vom funktionalistischen und intergouvernementalistischen Paradigma des Integrationsfortschritts.

3.1 Neofunktionalismus

3.1.1 Einführung

Die intellektuellen Wurzeln des Neofunktionalismus gehen auf die Theorien des demokratischen Pluralismus und des Funktionalismus zurück. Beide gewannen nach dem Zweiten Weltkrieg an Bedeutung. Der pluralistische Ansatz spiegelt sich im Neofunktionalis-

S. Treude, *Europäische Desintegration in Zeiten multipler Krisen*,
https://doi.org/10.1007/978-3-658-44039-8_3

mus in der Betrachtung von gesellschaftlichen Akteursgruppen wider, die ihre Interessen durchsetzen möchten. Damit rückt der Ansatz von der Annahme des Realismus ab, internationale Beziehungen seien durch das aggregierte Interesse der Staaten geprägt, ihre Überlebensfähigkeit zu sichern und wirtschaftliche Vorteile zu erlangen (Hooghe & Marks, 2019, S. 1114).

Der Neofunktionalismus baut zudem auf dem Funktionalismus von David Mitrany auf (vgl. Mitrany, 1943). Integration wird als inkrementeller, unpolitisch-pragmatischer Prozess verstanden, in dem die Nationalstaaten aufgrund erfolgreicher funktionaler Integration auf immer mehr Gebieten zusammenarbeiten. Es entsteht durch eine funktionale Verzweigungsdoktrin (Ramification) ein Netzwerk der politischen Zusammenarbeit in transnationalen Institutionen und internationalen Organisationen. Nationale Souveränität tritt „quasi hinter dem Rücken der Mächtigen" gleichsam durch zweckrationale, sektorale Problemlösung und effiziente Zusammenarbeit, bei der immer mehr gemeinsame Kompetenzen auf Institutionen übertragen werden, in den Hintergrund (Giering, 1997, S. 45). Die Integration von Interessen der Nationen führt zur Entspannung von Konflikten und Überwindung von Gegensätzen. Aufgrund der Sachlogik entsteht zunächst eine Föderation der kooperierenden Verwaltungseinheiten und dann eine neue Form der Weltregierung.

Der Funktionalismus ist im Gegensatz zu den frühen Integrationsansätzen, dem Föderalismus und Intergouvernementalismus, eine alternative zwischenstaatlich-prozessuale Integrationsbetrachtung. Kritisiert wurde, dass der Ansatz Mitranys eines Entwicklungsprozesses hin zu einer kooperativen Föderation (Form follows function) eher pragmatisch-normativ und weniger wissenschaftlich-theoretischer Natur sei. Die sektorale Integration in der EGKS und EWG wurden als Beleg für die Überlegungen Mitranys betrachtet.

Insbesondere Ernst B. Haas entwickelte auf Basis der Kritik am Funktionalismus den neofunktionalistischen Ansatz und das Spill-over-Konzept (vgl. Haas, 1968, S. 291 ff.). Anders als bei der Ramification-Doktrin von Mitrany setzt Haas die Integrationsbereitschaft politischer Instanzen für die sachlogische Verknüpfung immer weiterer funktionaler Aufgabenbereiche voraus (funktionaler Spill-over) (vgl. Haas, 1972). Wirtschaftliche Eliten und subnationale Interessengruppen drängen in Erwartung von Wohlstandsgewinnen auf Integrationsvertiefung (politischer Spill-over), während supranationale Institutionen selber durch den funktionalen und politischen Spill-over Einfluss auf die nationalen Regierungen ausüben (kultivierter Spill-over) (vgl. Haas, 1972, S. 106 f.). Aus der historischen Pfadabhängigkeit früher Entscheidungen für Integration und Spill-over-Prozessen entsteht eine progressive Integrationsdynamik.

Haas' Ansatz des Neofunktionalismus fokussierte den eher globalen Ansatz auf den europäischen Einigungsprozess und wurde zu einem der Referenzpunkte in der Integrationsforschung. Der Neofunktionalismus erfüllte vor allem die wissenschaftlichen Funktionen der Erklärung und Prognose des Integrationsprozesses in Europa. Der

Neofunktionalismus beruht auf der Vorstellung eines eurozentrischen Integrationsoptimismus. Implizit wird in den Arbeiten von Haas auch eine normative Aussage für regionale Integration und internationale Kooperation sowie für die Eingrenzung von Nationalstaaten zugunsten der europäischen Integration identifiziert (vgl. Wolf, 2012, S. 62 f.).

Die frühe Phase der europäischen Integration seit dem Zweiten Weltkrieg war durch eine zunehmende funktionale Verflechtung der sechs Gründungsstaaten der EGKS und EWG – Deutschland, Frankreich, Italien, die Benelux-Staaten – gekennzeichnet und schien den „Quasi-Automatismus" des Spill-over-Konzeptes zu bestätigen (vgl. Wolf, 2012, S. 61). Einen ersten Gegenentwurf zur neofunktionalen Sachlogik der sich immer weiter vertiefenden Integration stellte das Leitbild des „Europas der Vaterländer" des französischen Staatspräsidenten Charles de Gaulle dar. Demnach sicherte die intergouvernementale Zusammenarbeit der europäischen Staaten im Bereich der High Politics vor allem bei der Außen- und Sicherheitspolitik den Integrationsfortschritt. Die Integrationsdynamik erlitt durch das Scheitern der Fouchet-Pläne für eine Europäische Politische Union, die in einem Ausschuss unter Leitung von Christian Fouchet erarbeitet worden waren, und den monatelangen Boykott Frankreichs 1965 im EWG-Rat einen Rückschlag. Mit der „Politik des leeren Stuhls" verhinderte Frankreich die vertraglich vorgesehene Einführung des Mehrheitsprinzips im Rat der EWG bis zur Lösung im „Luxemburger Kompromiss" im Januar 1966. Dieser bestand darin, dass ein Ratsmitglied nicht einfach überstimmt werden kann, sondern ein einstimmiges Einvernehmen hergestellt werden müsse, was eine Schwächung der Europäischen Kommission und des Europäischen Parlamentes als supranationale EWG-Organe bedeutete. De Gaulle verhinderte in den 1960er-Jahren zudem zwei Mal den Beitritt Großbritanniens zur EWG.

Die empirische Realität eines stockenden Integrationsprozesses offenbarte methodische Schwächen des Neofunktionalismus, die insbesondere in der ungenau definierten und schwer messbaren abhängigen Variable der regionalen, sich immer vertiefenden Integration begründet sind. Vertreter des Neofunktionalismus fügten dem Integrationsansatz den „Spill-back" als weitere Erklärungskategorie eines nicht linearen, jedoch allenfalls retardierenden europäischen Integrationsprozesses hinzu (vgl. Lindberg & Scheingold, 1970). Auch Überlegungen für weitere Ausdifferenzierungen des „Spill-back" basierten auf der Vorstellung, dass der Integrationsfortschritt nur stagniere, aber in ihm selber wiederum die Lösung für Probleme liege (vgl. Schmitter, 1970). In dieser Phase der Theorieentwicklung wurde der Neofunktionalismus zunehmend zu einem der Realität nachlaufenden deskriptiven Ansatz der Integrationsstagnation. Haas selber sah die supranationale regionale Integration Westeuropas im Lichte der ereignisgeschichtlichen Zäsur der politischen und wirtschaftlichen Polykrise der 1970er-Jahre zunehmend kritisch. Die Ölkrisen infolge des israelisch-arabischen Krieges 1973 mit Lieferboykotten und gesenkten Ölexporten wurden durch den Zusammenbruch der internationalen Währungsordnung verschärft. Hohe Inflations- und Arbeitslosenraten und Staatsverschuldungen infolge der Krisen offenbarten, dass internationale interdependente Probleme nicht notwendigerweise positiv mit (regionalen) Integrationsbemühungen verbunden waren. Haas folgerte daraus, dass die regionale Integrationstheorie obsolet geworden sei und globale Probleme allenfalls auf globaler Ebene gelöst werden könnten (vgl. Haas, 1975).

Vor dem Hintergrund der Integrationskrisen der 1960er- und 1970er-Jahre kritisierten die Vertreter/innen des Intergouvernementalismus die inhärente funktionale Entwicklungslogik des Neofunktionalismus zu einer politischen Union (vgl. Hoffmann, 1964, 1966). Der neofunktionalistische Ansatz wurde erst zu Beginn der 1990er-Jahre aus Anlass der neuen Integrationsschritte auf Basis der Einheitlichen Europäischen Akte (1987) und des Vertrages von Maastricht (1991) weiterentwickelt. Die Integrationsschritte der Vollendung des Binnenmarktes, der Einführung von Mehrheitsentscheidungen im Rat, der Zusammenarbeit in den Gebieten Außen- und Sicherheit, Innen- und Justizpolitik und Währungspolitik schienen die Erklärungskraft des Neofunktionalismus zu bestätigen. Auf Basis des neofunktionalistischen Grundgedankens wurde etwa das Spillover-Konzept auf rechtliche Sachzwänge im gemeinsamen Rechtsraum (vgl. Mattli & Slaughter, 1998) oder auf Akteursinteressen der supranationalen Organe (Supranationalismus) bezogen (vgl. Sandholtz & Zysman, 1989). Die Ausdifferenzierung des Neofunktionalismus zog auch neue Kritik auf sich (vgl. etwa Hix, 1994), als mit der konstruktivistischen Schule und dem Multi-Level-Governance-Ansatz neue integrationstheoretische Strömungen entstanden (vgl. Benz, 2004). Haas überarbeitete seinen Originalansatz mehrmals und machte diesen damit für verschiedene Erklärungsansätze anschlussfähig (vgl. etwa Haas, 2004). Wolf kommt zu dem Schluss, dass unter den Integrationstheorien speziell der Neofunktionalismus wichtig bleibe, „zumindest so lange, wie sich die europäische Integration auch in Zukunft vertieft beziehungsweise erweitert.“ (Wolf, 2012, S. 71).

3.1.2 Beispiele für Ansatzpunkte europäischer Desintegration

3.1.2.1 Bergmann und Niemann: „Zug- und Gegenkräfte der Integration“

Verortung in Ereignisgeschichte Gegenstand vieler (des-)integrationstheoretischer Arbeiten ist die Eurokrise, die etwa in den Ansätzen von Vilpisaukas (2013), Bauer und Becker (2014) oder Niemann und Ioannou (2015) analysiert wird. Der Ansatz von Bergmann und Niemann fragt grundsätzlich nach den Ursachen von Desintegration und nimmt dabei insbesondere auch Bezug auf die Staatsschuldenkrise in der Euro-Währungszone (vgl. Niemann & Bergmann, 2013, S. 1). Die Euro-Finanzkrise trat in der Folge der Finanzkrise 2007 auf und war durch hohe Schuldenstände von Banken und einiger Mitgliedstaaten der Euro-Währungszone gekennzeichnet. Die 19 EU-Länder, die eine gemeinsame Währung, den Euro, eingeführt haben, unterscheiden sich in ihrer wirtschaftlichen Leistungsfähigkeit. Insbesondere exportstarke Länder wie Deutschland produzieren mehr als sie an eigenen und fremden Gütern konsumieren (Leistungsüberschuss), während andere Länder ein Leistungsbilanzdefizit aufwiesen. Nach dem Zusammenbruch der US-amerikanischen Bank Lehman Brothers 2008 wurde die Interdependenz des globalen Finanz- und Kreditwesens deutlich. Der hohe Schuldenstand von Defizitländern weltweit und auch in der Eurozone bei den Überschussländern spiegelte sich in den Bilanzen der Banken wider. In der EU waren Banken in Deutschland, Frankreich, den Niederlanden, Belgien und Österreich in Gefahr, da die globale Finanzkrise das Vertrauen der Anleger in die bisherigen Geldanlagen erschütterte.

Es entstand ein Teufelskreis: Infolge der erschwerten Refinanzierung der Staatsschulden reduzierten die Schuldnerstaaten ihre Staatsausgaben bei gleichzeitig steigenden Sozialausgaben und sanken die Steuereinnahmen. Angesichts der verschlechterten Staatsschuldenquoten stiegen die Zinsen, die die Staaten für ihre Staatsanleihen bezahlen mussten. Infolge des Kursverfalls bei den Staatsanleihen der Schuldnerstaaten mussten Banken hohe Abschreibungen wertloser Anleihen vornehmen und gingen zum Beispiel in Zypern und Griechenland teilweise selber bankrott. Riskante Immobilienspekulationen in den USA, aber auch in Europa wie beispielsweise in Irland und Spanien, machten den Bankensektor zum Mitverursacher und angesichts von Konkursen selber zum Leidtragenden der Krise. Die Zinsen für Staatsanleihen der Länder Belgien, Italien und Frankreich stiegen ebenfalls sehr stark an, auch weil Anleger weiteren Kursverfall erwarteten.

Mario Draghi als Präsident der Europäischen Zentralbank (EZB) trug zu einer gewissen Beruhigung der Finanzmärkte in der Eurozone bei, als er umfängliche Aufkäufe von Staatsanleihen durch die EZB mit seiner Aussage „whatever it takes" avisierte. Die europäischen Organe, insbesondere die EZB und EU-Kommission, reagierten in Zusammenarbeit mit dem Internationalen Währungsfonds (IWF) als so genannte Troika durch Kreditvergaben an vom Finanzmarkt abkoppelte Staaten. Diskutiert wurde auch der temporäre Ausstieg Griechenlands, der so genannte Grexit, aus der EU oder der Euro-Währungszone. Die EZB-Politik führte negative Zinsen ein und kaufte Wertpapiere von Staaten und Unternehmen am Finanzmarkt auf. Insgesamt wurde durch die Maßnahmen der EZB die Liquidität im Wirtschaftskreislauf erhöht und die Zinsen für Staatsanleihen der Krisenstaaten fielen etwa auf das Vorkrisenniveau. Eine Folge der Niedrigzinspolitik der EZB sind niedrige Zinsniveaus nicht spekulativen Anlagen und eine gestiegene Nachfrage nach Aktien und Immobilien. Die EU-Staaten reagierten auf die Finanzkrise in den Euro-Staaten durch die Schaffung von Schutz- und Nothilfemechanismen wie den Europäischer Stabilitätsmechanismus (ESM) 2012 als eine Form „Europäischer Währungsfonds". In den Jahren von 2010 bis 2015 fanden mehr als 4 Treffen des Europäischen Rates statt und es entstanden drei neue intergouvernementale Verträge.

In der Folge der globalen und europäischen Finanz- und Wirtschaftskrise, von der auch viele Unternehmen durch plötzlich gestoppte Kreditvergaben und Nachfragerückgang der Konsumenten, betroffen waren, entwickelte sich eine soziale Krise (vgl. Baldwin & Wyplotz, 2019, S. 475 ff.; Brasche, 2017, S. 251 ff.).

Verortung in Integrationsforschung Niemann und Bergmann kritisieren, dass es vielen Theorien an einer Prozessbetrachtung und an der Herausarbeitung kausaler Mechanismen der europäischen (Des-)Integration mangele. Ihr Ansatz versteht sich als eine Weiterentwicklung des Neofunktionalismus. Bei der Annahme des Funktionalismus, Integration von Staaten entwickele sich auf Basis einer vorhergehenden sektoralen Integration weiter wie etwa von der EGKS zur EWG und bis hin zum Spill-over in Politikfelder mit nationalstaatlicher Dominanz wie der Sozial- oder Wirtschaftspolitik (Form follows Function), setzt die Kritik der Autoren an.

Der Analyserahmen zur „theoretischen Erfassung von Zug- und Gegenkräften" (Niemann & Bergmann, 2013, S. 2) basiert auch auf der Annahme, dass erst die theoretische Einbeziehung von Gegenkräften des Integrationsprozesses Ursache-Wirkungs-Zusammenhänge von Integrationsprozessen deutlich werden lässt. Wenn man differenziert verstehen möchte, wie Integrationsdynamiken als Spill-over-Prozesse funktionieren, müssen divergierende innenpolitische Präferenzen und Souveränitätsaspekte der Mitgliedstaaten als Gegenkräfte analysiert werden. Das Selbstverständnis des Ansatzes ist jedoch nicht das einer umfassenden Theorie. Es handelt sich eher um eine Partialtheorie zur Erklärung der EU-Integration und der Auswirkungen auf den europäischen Integrationsprozess (Niemann & Bergmann, 2013, S. 14).

Konzeption (Des-)Integration Integration wird als „dialektischer Prozess" und als „Produkt aus sowohl integrationsfördernden als auch integrationshemmenden Gegenkräften" verstanden (Niemann & Bergmann, 2013, S. 14). Möglichen Dynamiken für Integration, so genannten Zugkräften, werden Gegenkräfte als divergierende innenpolitische Einstellungen der verschiedenen Akteure und ihrer Interessenvertretungen sowie ein ausgeprägtes Souveränitätsbewusstsein der Mitgliedstaaten gegenübergestellt. Diese Konzeption von Integration und Desintegration baut auf der Konzeption von Eppler & Scheller (2013) auf, in der Zug- und Gegenkräfte als Auslöser und Treiber spezifischer Integrations- oder Desintegrationsentwicklungen in der EU betrachtet werden (vgl. Eppler & Scheller, 2013, S. 11 ff.). Gegenkräfte des europäischen Integrationsprozesses können zukünftige Integrationsschritte verhindern und bereits erfolgte integrierende Maßnahmen zurücknehmen. Sie wirken integrationshemmend auf die als Zugkräfte verstandenen Spill-over-Prozesse.

Grundlage für die Identifikation von Zug- und Gegenkräften ist es, den Grad der Integration zu einem bestimmten Zeitpunkt messen zu können. Dabei unterscheiden sie als Indikatoren für die Messung eines Integrationszustandes erstens die Breite (breadth) und den Umfang (scope) der gegenseitigen Verpflichtungen. Diese können aufgrund der Anzahl der auf supranationaler Ebene bearbeiteten Themen oder Politikfelder erfasst werden. Zweitens wird die Integrationstiefe (depth) und das Niveau der gegenseitigen Verpflichtungen (level) bei Betrachtung des Ausmaßes supranationaler Institutionen und Entscheidungsregeln in einem Politikfeld messbar (vgl. Niemann & Bergmann, 2013, S. 1 f.).

Funktionieren von (Des-)Integrationsprozessen Als treibende Kräfte der europäischen Integration sieht der Funktionalismus technisch-bürokratische Eliten und der Neofunktionalismus (vgl. etwa Haas, 1958; Derselbe, 1964) supranationale Institutionen sowie subnationale politische, gesellschaftliche und wirtschaftliche Akteure und Eliten wie zum Beispiel Unternehmerverbände (Pressure-Groups), die von einer engeren europäischen Zusammenarbeit profitieren wollen. Infolge der zunehmenden Verflechtung der europäischen Gesellschaften und transnationalen Kooperation zwischen politischen, gesellschaftlichen und kulturellen Eliten verliert der Nationalstaat an Bedeutung.

Die im Ansatz von Niemann und Bergmann angenommene dialektische und dynamische Wechselwirkung zwischen integrierenden und desintegrierenden Momenten nimmt hingegen Abstand von der Vorstellung, Spill-over-Effekte seien Ausdruck von Integration und damit der abhängigen Variablen. Demnach gibt es keinen „Quasi-Automatismus von Spill-over-Prozessen" zur Integration in anderen Bereichen wie zum Beispiel in der Sozialpolitik oder Wirtschaftspolitik (Niemann & Bergmann, 2013, S. 15). Spill-over-Prozesse sind vielmehr unabhängige Variablen zur Erklärung von Integration als abhängiger Variable.

Insgesamt werden fünf „unterschiedliche Dynamiken als **Zugkräfte** des europäischen Integrationsprozesses" unterschieden (Niemann & Bergmann, 2013, S. 15):

1.) Funktionaler Spill-over
Das Verständnis des Ansatzes des funktionalen Spill-overs von Niemann und Bergmann weicht in zweierlei Hinsicht von Haas' Vorstellung ab. Erstens findet eine Erweiterung statt. Nicht nur wirtschaftliche Verflechtungen, sondern „alle Formen von endogenen Spannungen, Widersprüchen und funktionalen Interdependenzen" im Zusammenhang mit dem Integrationsprojekt können Integrationsdruck zwischen und innerhalb eines Politikfeldes induzieren. Zweitens wird der funktionale Determinismus einer eigendynamischen funktionalen Integrationsspirale relativiert: Akteure werden zwar durch funktionale Strukturen beeinflusst, können aber, so die erweiterte Annahme, auch selber Strukturen verändern. Es handelt sich insofern um einen „abgeschwächten Funktionalismus" (Niemann & Bergmann, 2013, S. 16).

2.) Kultivierter Spill-over
Die Annahme, dass Akteure in supranationalen Institutionen bemüht sind, effiziente Beziehungen zu relevanten Akteuren wie Interessengruppen und Beamten in den Mitgliedstaaten aufzubauen und zu pflegen, wird als kultivierter Spill-over bezeichnet. In solcher Weise kultivierte Beziehungen erleichtern die Durchsetzung supranationaler Interessen bzw. Kompromisslösungen mit den Mitgliedstaaten. Im Ansatz von Niemann und Bergmann erfährt diese Form des Spill-overs eine Aufwertung, indem

neben der Europäischen Kommission auch die übrigen supranationalen Organe wie zum Beispiel das Europäische Parlament einbezogen werden. Gründe werden darin gesehen, dass diese ein Eigenleben entfalten, ihre Kompetenzen auszuweiten bestrebt sind und institutionelle Strukturen beeinflussen Interessen und Identitäten von Akteuren (vgl. Niemann & Bergmann, 2013, S. 16 f.).

3.) Politischer Spill-over
Politische Eliten sind Adressaten für mit der europäischen Integration verbundene Themen, Probleme und Interessenlagen verschiedener gesellschaftlicher Gruppen. Politiker und Entscheidungsträger, die mit europapolitischen Themen betraut sind, transferieren die nationalen Perspektiven von der nationalen auf die europäische Ebene. Was unter „politischer Elite" zu verstehen ist, wurde in der Theoriegeschichte des Neofunktionalismus durchaus unterschiedlich bewertet. Im originären Ansatz bei Haas handelte es sich um nicht-staatliche Eliten, während Lindberg Regierungseliten besondere Bedeutung beimaß. Im hier vorgestellten weiterentwickelten Ansatz wird eine Präzisierung zugunsten organisierter Interessen auf europäischer Ebene vorgenommen. Das organisierte Interessen auf europäischer Ebene entstehen, ist auf Lernprozesse beispielsweise bei Wirtschaftsverbänden oder Gewerkschaften zurückzuführen. Problemlösungsdruck kann einerseits durch funktionale Interdependenzen innerhalb der EU als auch, so die erweiterte Annahme von Niemann und Bergmann, durch Problemlösungsdruck von außerhalb der EU entstehen (vgl. Niemann & Bergmann, 2013, S. 17 f.).

4.) Sozialer Spill-over (Engrenage)
Die Vorstellung, dass ein sozialer Spill-over existiere und sich fördernd auf die europäische Integration auswirke, geht auf Lindberg zurück. Die multinationale und interdisziplinäre Zusammenarbeit in der EU führt zur Ausprägung einer Dazu tragen Sozialisations- und Lernprozesse v. a. bei Regierungseliten aufgrund der Zusammenarbeit von supranationalen und nationalen Bürokratien. Es kommt zu anreizbasierten und reflexiven Lernprozessen (vgl. Niemann & Bergmann, 2013, S. 18).

5.) Exogener Spill-over
Auch Faktoren, die nicht unmittelbar mit dem europäischen Integrationsprozess verbunden sind, können sich auf dessen weiteren Verlauf auswirken. Diese können ihre Ursachen in verschiedenen Bereichen wie insbesondere der wirtschaftlichen und politischen Rahmenbedingungen und Interdependenzen haben. Auch wenn die exogenen Einflussfaktoren integrationsfördernd und -hemmend wirken können, wird bei Niemann und Bergmann ihre Wirkmöglichkeiten als Zugkräfte der Integration betont (vgl. Niemann & Bergmann, 2013, S. 19).

Es werden zwei **Gegenkräfte** herausgearbeitet, die die Zugkräfte der Integration konterkarieren und damit deren Wirkung hemmen können:

1.) Divergierende innenpolitische Präferenzen und Diversität zw. EU-Mitgliedstaaten
Der Ansatz von Niemann und Bergmann nimmt die Argumentation der intergouvernementalen Schule (vgl. Hoffmann, 1964; Moravcik, 1993) auf, dass die Handlungsfreiheit von Regierungen durch innerstaatliche Interessengruppen beeinflusst und eingeschränkt werden kann. Oppositionspartien, Lobbygruppen, Bürokraten, Medien einerseits und innenpolitische Hemmnisse wie historisch gewachsene, nationale Traditionen andererseits kennzeichnen die Diversität von Staaten. Das damit verbundene Konfliktpotenzial kann dazu beitragen, dass integrationsfördernde Entscheidungen blockiert oder durch Vetos verhindert werden. Damit verbunden sind auch Opportunitätskosten, die in dem Ausmaß entgangener Integrationsfortschritte gemessen werden könnten, besonders dann, wenn nur Entscheidungen auf dem kleinsten gemeinsamen Nenner zustande kommen. Innenpolitischer Druck auf Regierungen, sich gegen integrationsfördernde Entscheidungen zu wenden, kann aus aktuellen Nutzenabwägungen von Interessengruppen und Regierungen der Mitgliedstaaten und aus der strukturellen Verfasstheit der mitgliedstaatlichen Diversität resultieren. Die EU-Erweiterungen von ursprünglich sechs auf 27 Mitgliedstaaten haben den Grad und die Bedeutung von historisch-kulturell gewachsener Diversität als integrationshemmenden Faktor verstärkt (vgl. Niemann & Bergmann, 2013, S. 20 f.).
2.) Nationales Souveränitätsbewusstsein
Nationales Souveränitätsbewusstsein von Politikern, Beamten v. a. in bestimmten Politikfeldern wie Sicherheit, Verteidigung, Migration kann ebenfalls integrationshemmend wirken (vgl. Hoffmann, 1966). Gründe für die Demonstration und das Beharren auf nationalstaatlicher Souveränität können wiederum in einer jeweils aktuellen politischen Konstellation liegen, die womöglich ihren stärksten Ausdruck im Nationalismus finden. Nationalstaatliches Souveränitätsbewusstsein trägt potentiell zu einer integrationsablehnenden Haltung von Staaten bei. Häufig ist dieses eng verbunden mit nationalen historisch-kulturellen Verfasstheiten, die sich in Identitäten und Ideologien äußern. Als Beispiele können der französische Präsident Charles de Gaulle oder der polnische Ministerpräsident Viktor Orbán genannt werden. Insbesondere in Politikfeldern, in denen in der EU der nationalstaatliche Einfluss besonders groß ist, wie in den Bereich Migration, Außen- und Sicherheit und Steuerpolitik, ist die Abgabe von Teilen nationalstaatlicher Souveränität umstritten (vgl. Niemann & Bergmann, 2013, S. 21).

Wissenschaftlich-funktionale Dimensionen des Ansatzes Der weiterentwickelte neofunktionalistische Ansatz von Niemann und Bergmann soll der Beschreibung, Erklärung und so weit wie möglich der Prognose von Integrationsprozessen dienen (vgl. Niemann & Bergmann, 2013, S. 15).

3.1.2.2 Schimmelpfennig: „Explaining Variation in Crisis"

Verortung in Ereignisgeschichte Anlass für die Auseinandersetzung mit der theoretischen Interpretation von Desintegration in der EU sind die Eurokrise und die Schengenkrise. Beide betrafen zentrale Politikfelder der EU und waren, so Schimmelpfennig, sogar „flagship projects of European Integration of the 1990s" (Schimmelpfennig, 2018, S. 969). Der Autor geht der Frage nach, ob die jeweilige Krise zu einem Integrationssprung geführt habe oder nicht. Die leitende Zielsetzung des Ansatzes ist es, die Bedingungen zu verstehen, die in Krisen zu unterschiedlichen Ergebnissen führen.

Neben der bereits in Bezug auf den Ansatz von Niemann und Bergmann beschriebenen Eurokrise zieht Schimmelpfennig insbesondere die Migrationskrise infolge der in der zweiten Jahreshälfte 2015 stark erhöhten Zahl an Flüchtlingen für die Analyse von EU-Krisen heran. Während bereits seit vielen Jahren die Zahl Migranten in den Mittelmeerstaaten anstieg, verlagerten sich 2015 die Routen vom zentralen Mittelmeer zum östlichen Mittelmeer. Die Mittelmeerländer, darunter insbesondere Griechenland, wurden Ziel der Flüchtlinge aus Nordafrika und dem Mittleren Osten und waren mit dem Umgang an den Grenzen und der Bearbeitung der Asylanträge überfordert. Nach Schiffsunglücken im Mittelmeer, bei denen mehrere Tausende Flüchtlinge und Migranten starben, kam in den Jahren 2015 und 2016 mit jeweils über einer Millionen Menschen – überwiegend aus Syrien, dem Irak und Afghanistan – eine gegenüber den Vorjahren deutlich höhere Zahl an Menschen über die Türkei nach Griechenland und von dort aus weiter nach Mittel- und Nordeuropa. Die Zahl der Asylsuchenden in der EU verdoppelte sich 2015 im Vorjahresvergleich auf 1,3 Mio. Menschen (vgl. Engler, 2019).

Ein Großteil der Menschen – viele von ihnen auf der Flucht vor Krieg und Terror in Syrien und anderen Ländern – kam über die sogenannte Balkanroute nach Westeuropa – über Griechenland, Nordmazedonien, Serbien und Ungarn nach Österreich. Einzelne Staaten, die wie Ungarn oder Mazedonien Transitländer waren, reagierten mit dem Bau von Grenzbefestigungen. Der ungarische Ministerpräsident Viktor Orbán baute einen Grenzzaun zu Serbien. Das Dublin III-Abkommen, wonach Flüchtlinge in demjenigen EU-Land registriert werden und einen Asylantrag stellen müssen, das sie als erstes betreten, wurde im August 2015 ausgesetzt: Angesichts der humanitären Situation in Syrien und der Überlastung des Bundesamtes für Migration und Flüchtlinge sollten Flüchtlinge aus Syrien auch ohne Registrierung in einem EU-Land, das sie zuvor betreten hatten, nach Deutschland einreisen dürfen. Nach der Entscheidung der damaligen Bundeskanzlerin Angela Merkel und des österreichischen Bundeskanzlers Werner Faymann, die an der österreichischen Grenze wartenden Flüchtlinge nach Deutschland und Österreich einreisen zu lassen, kamen in der Folge bis zum Sommer 2016 insgesamt etwa 1,4 Mio. Flüchtlinge nach Deutschland (vgl. Herbert & Schönhagen, 2020).

Deutlich wurde das Fehlen supranationaler Organisationen oder der Lastenteilung zwischen den Mitgliedstaaten des Schengen-Abkommens. Die von der Vielzahl an Migranten überforderten Mittelmeeranrainerstaaten konnten viele Ankommende nicht mehr registrieren und deren Asylanträge bearbeiten mit der Folge, dass diese illegal blieben oder weiterreisten. Die EU reagierte mit der Vereinbarung eines Flüchtlingsabkommens mit der Türkei im März 2016. Die EU-Kommission strebt grundsätzlich eine Reform des seit 1999 entwickelten Gemeinsamen Europäischen Asylsystems (GEAS) und der darin enthaltenen europäischen Dublin-III-Verordnung von 2013 an, um mit Gesetzesinitiativen zur Migrations- und Asylpolitik seit Jahren stockenden Verhandlungen zwischen den Mitgliedstaaten wieder in Gang bringen. Auf Basis des Kriteriums der Ersteinreise ist derjenige Staat verpflichtet, das Asylverfahren durchzuführen, in dem die asylsuchende Person zum ersten Mal die EU-Grenzen irregulär überschreitet.

Die Ziele der gemeinsamen Migrationspolitik umfassen die Steigerung der Rückführung abgelehnter Asylbewerber, die Verstärkung der Kontrolle der EU-Außengrenzen, das gezielte Vorgehen gegen Schleuserkriminalität und die Umverteilung von Asylantragstellenden bei gleichzeitiger Gewährleistung des Funktionierens des grenzfreien Schengen-Binnenraums und der Förderung der legalen Zuwanderung von Personen mit in Europa benötigten Qualifikationen (vgl. Europäische Kommission, 2021). Der langfristige Haushalt, der Mehrjährige Finanzrahmen (MFR) der EU, für die Jahre 2021–2027 enthält eine Mittelaufstockung für den Bereich „Migration und Grenzmanagement" und insbesondere für eine Vergrößerung des Personalbestandes der „Europäischen Agentur für die Grenz- und Küstenwache".

Die Verpflichtung der EU, auch auf Grundlage der Charta der Grundrechte und des Vertrages über die Arbeitsweise der Europäischen Union (AEUV), Schutzbedürftigen zu helfen, gerät jedoch aufgrund der Uneinigkeit über den Umgang mit Migranten in den Mitgliedstaaten an Grenzen der Realisierbarkeit. Sowohl der AEUV als auch die Charta nehmen Bezug zum Genfer Abkommen von 1951 über die Rechtsstellung der Flüchtlinge und zum dazugehörigen Protokoll von 1967. Trotz strategischer Leitlinien in der „Europäischen Agenda für Migration" von 2015 und einzelner Maßnahmen zur Bekämpfung von Fluchtursachen und Verbesserung von Zuwanderungsperspektiven fehlt es an einer kohärenten Strategie und Umsetzung einer gemeinsamen Migrations- und Asylpolitik der EU-Mitgliedstaaten.

Verortung in Integrationsforschung Es handelt sich beim Beitrag von Schimmelpfennig (vgl. Schimmelpfennig, 2019) um einen auf dem Neofunktionalismus basierenden politikhistorischen Vergleich zweier Krisen, der Eurokrise und der Schengenkrise. Ein (historischer) Vergleich erfordert eine Vergleichbarkeit des Vergleichsgegenstandes. Diese beruht hier auf der Ähnlichkeit der Krisen in Bezug auf ihre Ursachen und Auswirkungen in den Mitgliedstaaten: Sowohl die Eurokrise als auch die Schengenkrise wurden durch exogene Schocks induziert und zogen Konflikte über die Lastenverteilung auf mitgliedstaatlicher Ebene und innenpolitische Auseinandersetzungen nach sich.

Betrachtet man jedoch die konkreten Politikergebnisse auf Gemeinschaftsebene der EU, so sind die Unterschiede augenfällig: In der Eurokrise blieb nicht nur die gemeinsame Währung, der Euro, erhalten, sondern die Mitgliedstaaten verständigten sich auch auf neue Integrationsprojekte in der gemeinsamen Währungspolitik wie die Schaffung eines dauerhaften Rettungsfonds und die Bankenunion. Hinsichtlich der EU-Grenzpolitik ergab sich infolge der Schengenkrise hingegen seit 2015 ein Bild der Renationalisierung der Grenzüberwachung ohne weitere gemeinschaftliche Integrationsfortschritte in diesem Politikfeld. Schimmelpfennig begründet die wissenschaftliche Vergleichbarkeit der beiden Krisen anhand der folgenden Kriterien (vgl. Schimmelpfennig, 2019, S. 975 ff.):

- Exogene Schocks: Beide Krisen hatten ihren Ursprung in exogenen Schocks, die sich auf die europäische Integration auswirkten: Die Eurokrise geht zurück auf die so genannte Subprimekrise in den USA in den 2000er-Jahren, während die Schengen- und Migrationskrise vor allem eine Folge der bewaffneten und politischer Konflikte im Mittleren Osten sowie sich verschlechternder Bedingungen für die Flüchtenden in benachbarten Aufnahmeländern war (vgl. Schimmelpfennig, 2019, S. 975 f.).
- Endogene Defizite der jeweiligen EU-Policyregime: Beide Krisen legten die Schwächen der jeweiligen integrierten Politikbereiche offen: Der auf die Liberalisierung der EU-Finanzmärkte ausgerichtete Wirtschafts- und Währungsunion mangelte es an makroökonomischer Integration der nationalstaatlichen Fiskalpolitiken und gemeinsamen Regeln und Mechanismen für den Umgang mit in eine substanzielle Krise geratene Mitgliedstaaten und Banken. Staaten mit Refinanzierungsproblemen auf den Kapitalmärkten wie Griechenland waren insolvenzgefährdet. Auch die im Schengenregime vereinbarte Abschaffung der internen Grenzkontrollen zwischen den Mitgliedstaaten und die Dublin-Regeln offenbarten die Schwächen aufgrund harmonisierter Regeln des Asylrechts (vgl. Schimmelpfennig, 2019, S. 976 f.).
- Intergouvernementale Verteilungskonflikte: In beiden Krisen gab es harte Auseinandersetzungen zwischen den Regierungen der EU-Mitgliedstaaten über die Lastenverteilung der Krise und die Reform des Politikbereichs: In der Eurokrise versuchte eine Koalition aus Deutschland, Österreich, Finnland und den Niederlanden, ihre Verpflichtungen zu begrenzen und beharrten auf fiskalischer Haushaltsdisziplin und Austeritätspolitik der Krisenstaaten. Südliche Länder hingegen plädierten etwa für gemeinsame Schuldenaufnahmen und Eurobonds, Rettungsfonds, unbegrenzte Anleiheläufe durch die EZB und einen europäischen Bankenabwicklungsfonds einerseits und gegen Austeritätsmaßnahmen und einen Sanktionsautomatismus. In der Schengenkrise waren die politischen Positionen häufig abhängig von der geografischen Lage der Mitgliedstaaten und damit von der Betroffenheit durch Migranten auf ihrer Route vom ersten Eintreffen in einem EU-Land (zum Beispiel Griechenland und Italien) über den Transit (zum Beispiel Ungarn und Slowenien) bis zum Zielland mit relativ liberalem Asylrecht (zum Beispiel Deutschland und Schweden). Die Staaten formierten Interessenskoalitionen und versuchten, auch in dieser Krise die Lasten der Aufnahme von Flüchtlingen für sich zu minimieren. In beiden Krisen gab es also harte Konflikte bei der Frage, wie die Flüchtlinge und die damit verbundenen finanziellen Belastungen verteilt werden sollten. Da zentrale Mittel zur Unterstützung der am meisten betroffenen Staaten fehlten, versuchten die Staaten, auch mittels Koalitionsbildung die für sie kostenoptimale Lösung durchzusetzen (vgl. Schimmelpfennig, 2019, S. 977 f.).

- Politisierung: In beiden Krisen fand eine starke Politisierung statt, auch weil sowohl die Geld- und Fiskalpolitik als auch die Innen- und Grenzpolitik zu den zentralen staatlichen Souveränitätspolitiken gehören. Beide Themen dominierten die politische Agenda der EU und wurden kontrovers innenpolitisch diskutiert. Die thematische Polarisierung ermöglichte auch in der Eurokrise die Mobilisierung euroskeptischer Parteien gegen finanzielle Unterstützungsmaßnahmen, Bailouts, im Norden und gegen eine strenge Sparpolitik, Austerität, im Süden sowie in der Migrationskrise gegen die Aufnahme von Flüchtlingen und Immigration. Dieser innenpolitische Druck erschwerte Politikern mögliche Kompromisse mit ihren europäischen Partnern (vgl. Schimmelpfennig, 2019, S. 978 f.).

Trotz der Gemeinsamkeiten beider Krisen gab es in der Folge der Eurokrise einen Integrationssprung und in der Schengenkrise nicht. Um diese unterschiedlichen Politikergebnisse der beiden exogen ausgelösten Krisen zu erklären, knüpft Schimmelpfennig an die Vorstellung der institutionellen Pfadabhängigkeit des Neofunktionalismus an. Pfadabhängigkeit ist ein Erklärungsansatz in der sozial- und wirtschaftswissenschaftlichen Forschung und „bezeichnet einen vergangenheitsdeterminierten Prozess relativ kontinuierlicher bzw. inkrementeller Entwicklungen" (Werle, 2012, S. 119). Schimmelpfennig rekurriert bei seiner neofunktionalistischen Analyse auf zwei zentrale Faktoren institutioneller Pfadabhängigkeit, nämlich die der transnationalen Interdependenz und der supranationalen Kapazität, also Macht und Leistungsfähigkeit der supranationalen EU-Institutionen.

Schimmelpfennigs Synthese-Modell vereint die neofunktionalistische Erklärungskraft auf Basis der Pfadabhängigkeit mit Elementen des Liberalen Intergouvernementalismus – mitgliedstaatlicher Präferenzen, Verhandlungsmacht und Interdependenz – und des Postfunktionalismus – Gegenreaktionen durch Massenpolitisierung. Postfunktionalismus und Intergouvernementalismus für sich greifen demnach mit ihrer Sicht auf die Ursachen, Prozesse und Ergebnisse von Integrationskrisen zu kurz. Die Konstellationen der Politisierung als postfunktionalistischer Erklärungsansatz und intergouvernementale Verteilungskonflikte als Erklärungsansatz des Intergouvernementalismus seien, so Schimmelpfennig, in beiden Krisen ähnlich gewesen.

Diese unzureichende Erklärungskraft ist wie folgt begründet: Die Sicht des Liberalen Intergouvernementalismus vernachlässige die Betrachtung der Genese der mitgliedstaatlichen Präferenzen, da der Willen der Euro-Mitgliedstaaten als gegebener exogener Faktor betrachtet wird, ohne die Verhandlungsprozesse zu analysieren. In neofunktionalistischer Sicht hingegen sind die mitgliedstaatlichen Präferenzen endogenes Ergebnis in früheren Integrationsphasen, was durch die die bereits bestehende Interdependenz der Staaten in der Eurokrise zu einer Stärkung supranationaler Integration beigetragen habe.

Die postfunktionalistische Sicht vernachlässigt demnach, dass es auch trotz ähnlich starker Politisierung zu unterschiedlichen Politikergebnissen infolge von EU-Krisen kommen kann. Der Neofunktionalismus biete dagegen folgende Erklärung an: Für einen kosteneffizienten Umgang mit der Migrationskrise hätten die Mitgliedstaaten supranationale Lösungen als nicht notwendig betrachtet (vgl. Schimmelpfennig, 2018, S. 978 f. und 986 f.).

Konzeption (Des-)Integration Der Integrationsbegriff beinhaltet im Verständnis dieses Ansatzes die Dimensionen Integrationstiefe und Integrationsweite. Integrationstiefe (Depth) meint die Zu- oder Abnahme beim Grad der Zentralisierung. Mitgliedschaft bei EU-Politikregimen ist das konstituierende Merkmal von Integrationsbreite (Width) (Schimmelpfennig, 2018, S. 969 f.).

Krisen werden als wesentlicher Bestandteil von Integrationsdynamiken und als vorwiegend durch den Integrationsprozess selber bedingt betrachtet. Aufgrund der Institutionalisierung und Pfadabhängigkeit verstärken diese den Integrationsprozess, wobei Desintegration durch hohe Ist-Kosten der Vergangenheit an und mit einem möglichen Austritt aus gemeinsamen Integrationsarrangements verbundene Kosten der Mitgliedstaaten, endogene Interdependenz aus früheren Integrationsschritten, die Autonomie supranationaler Akteure wie des EuGH und der EZB sowie integrationsfördernde Entscheidungsregeln wie das Einstimmigkeitsprinzip erschwert wird (vgl. Schimmelpfennig, 2018, S. 973 f.).

Funktionieren von (Des-)Integrationsprozessen Der Ansatz Schimmelpfennigs geht der Frage nach, unter welchen Bedingungen es bei Krisen der EU und deren Bewältigung zu unterschiedlichen Politikergebnissen hin zu mehr Integration einerseits oder zu einer signifikant erhöhten Wahrscheinlichkeit von Desintegration andererseits kommen kann. EU-Krisen werden als entscheidungsoffene Situationen verstanden. Zentral ist dabei das neofunktionale **Konzept der Pfadabhängigkeit**: Institutionelle und materielle Pfadabhängigkeiten in Form von Interdependenzen zwischen den Mitgliedstaaten und supranationaler Kapazität, die aus früheren Integrationsentscheidungen stammen, präformieren den Grad transnationaler Interdependenz und Kohärenz.

Es kommt demnach zu einer Integrationsintensivierung, wenn die Art und das Maß mitgliedstaatlicher Interdependenz aus früheren Integrationsprozessen dazu führen, dass individuelle nationale Lösungen einer Krise als zu teuer und die Krisenbewältigung durch supranationale Institutionen als effizienter eingeschätzt werden.

Es werden zwei Hauptfeinflussfaktoren institutioneller Pfadabhängigkeit identifiziert, die unterschiedliche Politikergebnisse der (Des-)Integration infolge von EU-Krisen erklären: 1. transnationale Interdependenz relevanter Akteure und 2. supranationale Macht und Leistungsfähigkeit europäischer Institutionen (Schimmelpfennig, 2018, S. 983).

1.) Transnationale Interdependenz
   Besonders in Situationen, in denen es zu negativen Auswirkungen politischer Entscheidungen oder Maßnahmen auf Dritte, also zu negativen politischen Externalitäten, kommt, steigt der Bedarf an politischer Koordinierung zwischen direkt und indirekt beteiligten Akteuren. In Krisensituationen beziehen politische Akteure verstärkt die mit einer Entscheidung verbundenen Kosten in ihre Überlegungen mit ein. Die Betroffenheit verschiedener gesellschaftlicher Gruppen in Krisen ist in der Regel unter-

schiedlich. Auch die Verteilung möglicher Lasten und Gewinne bei der Problemlösung ist meist asymmetrisch. In intergouvernementalen Verhandlungen gibt es in der Regel sowohl Gewinner und Verlierer bei Lösungen mit einem höheren oder solchen mit einem geringeren Integrationsniveau als vor der Krise.

2.) Supranationale Macht
Staaten sind dann bereit, nationalstaatliche Souveränität an eine supranationale Institution zu delegieren, wenn sie damit ihre Integrationsbilanz, in der mögliche Vor- und Nachteile eines höheren Integrationsniveaus in einem Politikbereich betrachtet werden, optimieren können. Je höher die Vorteile supranationaler Entscheidungsfindung und Kompetenz und je unsicherer nationale Akteure erscheinen, umso wahrscheinlicher ist die Ausstattung supranationaler Institutionen mit Machtbefugnissen.
Ein starkes gemeinsames Interesse der Mitgliedstaaten daran, negative Externalitäten durch Desintegration zu vermeiden, tragen dazu bei, einen erreichten Integrationsstand zu erhalten oder zu intensivieren. Für das Verständnis, wie im neofunktionalistischen Konzept der Pfadabhängigkeit in Krisensituation ein höheres Integrationsniveau erreicht werden kann, bleiben die mitgliedstaatlichen Regierungen zentrale Akteure der Betrachtung. Diese sind nur dann bereit, einen Teil ihrer Autonomie aufzugeben, wenn die mit einer möglichen Stagnation der Integration oder Desintegration verbundenen Kosten untragbar erscheinen (vgl. Schimmelpfennig, 2018, S. 973).
Die neofunktionalistische pfadabhängige Vertiefung oder Erweiterung von Integrationsprozessen findet aber nur dann statt, wenn transnationale Interdependenz und supranationale Leistungsfähigkeit kritische Grenzen überschreiten. Ein hohes Risiko der Desintegration liegt vor, wenn ein niedriges Niveau transnationaler Interdependenz und supranationaler Macht vorliegt. Somit lässt sich schlussfolgern, dass Unterschiede des Niveaus transnationaler Interdependenz und supranationaler Macht relevante erklärende Variablen für (Des-)Integrationsergebnisse infolge von Krisensituationen sind (Schimmelpfennig, 2018, S. 974).

Wissenschaftlich-funktionale Dimensionen des Ansatzes Der Ansatz versteht sich als theoretischer Rahmen für Integrationsphänomene unter krisenhaften Bedingungen. Es handelt sich um eine vergleichende Beschreibung und neofunktionalistische Analyse zweier EU-Krisen. Der empirische Teil verfolgt das Ziel, die Gründe und Zusammenhänge unterschiedlicher Politikergebnisse „from a theoretical and practical perspective" besser zu verstehen und daraus „theoretical and practical lessons" zusammenzufassen (Schimmelpfennig, 2018, S. 970 f.). Somit erfüllt er die Beschreibungs-, Analyse- und Erklärungsfunktion, verbunden mit wissenschaftstheoretischen und handlungsempfehlenden Funktionen.

Die empirische Anwendung des neofunktionalistischen Ansatzes von Schimmelpfennig kommt zu folgenden Ergebnissen:

Eurokrise

Hohe transnationale Interdependenz und supranationaler Einfluss haben ein ausreichendes Maß an Pfadabhängigkeit induziert, um in der Eurokrise die Mitgliedstaaten – wenn auch widerwillig – zu mehr Integration zu bewegen. Die supranationale Kompetenz und Macht der EZB und das Interesse der Mitgliedstaaten der Eurozone, das Integrationsniveau zu erhalten und zu konsolidieren, hatten in der Eurokrise einen stärkeren Einfluss auf das Politikergebnis als die zum Teil vorhandene nationale Politisierung und intergouvernementale Konflikte.

Das vergleichsweise hohe Maß an Interdependenz zwischen den transnationalen Akteuren in der Eurozone, den Finanzmarktakteuren und den Euro-Mitgliedstaaten, und die zum Teil untragbaren Exit-Kosten für deren Mitglieder sowie die supranationale Stärke der EZB sind Erklärungsfaktoren für die Integrationsvertiefung in der Eurokrise. Schimmelpfennig schlussfolgert, dass die Eurozone „has both widened and deepened in the crisis" (Schimmelpfennig, 2018, S. 979): Es gab keine Austritte und die baltischen Staaten traten der Eurozone zwischen 2011 und 2015 bei. Mit dem ESM 2012 als Nachfolger der European Financial Stability Facility (EFSF) wurde eine dauerhafte intergouvernementale Institution für die Krisenunterstützung der Euro-Mitgliedstaaten geschaffen, die auf der Bereitstellung finanzieller Mittel durch dieselben beruht.

Die EZB ergriff Maßnahmen zur Erhöhung der Liquidität und Stützung von Staaten und Banken durch den Kauf von Staats- und Bankanleihen, während Hilfe durch den ESM und die EZB an die neu eingeführte Vorab-Überwachung der nationalen Haushalte die die makroökonomische Überwachung der Euro-Mitgliedsstaaten geknüpft wurde. Die Schaffung einer Bankenunion und des einheitlichen Abwicklungsmechanismus für Banken beinhaltet die Überwachung systemrelevanter Banken durch die EZB, die durch diese neue Kompetenzzuweisung in ihrer supranationalen Rolle gestärkt wurde. Insgesamt, so Schimmelpfennig, sei die Eurozone durch einen Integrationssprung erhalten und konsolidiert worden, indem die Mitgliedstatten gemeinsame finanzielle Verpflichtungen im Rahmen des ESM und den EZB-Programmen eingingen. Dabei nahmen sie auch die Abgabe staatlicher Autonomie und die Zentralisierung der Finanzmarktüberwachung in Kauf. (Schimmelpfennig, 2018, S. 979 f.).

Schengenkrise

Schwache transnationale Interdependenz und relativ wenig supranationaler Einfluss haben kein ausreichendes Maß an Pfadabhängigkeit induziert, um in der Schengenkrise die Mitgliedstaaten – unilaterale Maßnahmen ergreifend – zu mehr Integration zu bewegen. In der Schengenkrise gab es dagegen nur einen geringen Grad an transnationaler Interdependenz und supranationaler Leistungsfähigkeit. Schimmelpfennig führt an, dass Migranten als relevante transnationale Akteure relativ schwach bei der Durchsetzung ihrer Interessen sind, wohingegen selbst schwächere Nationalstaaten ausreichend machtvoll mit unilateralen Maßnahmen dem Migrationsdruck entgegentraten.

Mit dem Schengen-Regime verbundene Exit-Kosten waren im Gegensatz zu denen aus der Eurozone für die betreffenden Mitgliedstaaten relativ gering. Zudem mangelte es den europäischen Organisationen im Rahmen des Schengen-Regimes, der Frontex-Agentur und dem Europäischen Unterstützungsbüro für Asylfragen (European Asylum Support Office, EASO), an ausreichender Autonomie und Ressourcen, um in der Krise selber wirksam supranationale Kompetenzen zu erlangen (Schimmelpfennig, 2018, S. 970 f.). EASO blieb auf die unterstützenden Aufgaben bei der Implementation und Koordinierung der der EU-Asylregeln in den Mitgliedstaaten beschränkt. Frontex erhielt über die Bewertung nationaler Grenzkontrollen hinaus keine Entscheidungskompetenzen. Es gelang nicht, die Dublin-Regeln dahingehend zu reformieren, dass die Verantwortung für die Verteilung von Asylsuchenden unter allen Mitgliedstaaten zum Beispiel mittels eines Quotierungssystems geteilt wird. Stattdessen haben einige Staaten unilaterale Maßnahmen der Wiedereinführung von Grenzkontrollen getroffen und sich intergouvernemental auf die Verhandlungen mit Drittstaaten konzentriert, um Migranten vom Weg zur EU abzuhalten. Die Schengen-Krise hat eher zu einer quantitativen als zu einer qualitativen Vertiefung der EU-Agenturen geführt und zu einer teilweisen Aussetzung der teilweise grundlegenden Regeln (vgl. Schimmelpfennig, 2018, S. 980 ff.).

3.1.3 Kritische Betrachtung

Die Erklärungskraft des Neofunktionalismus für die Krisen im europäischen Integrationsprozess bzw. für desintegrative Phänomene wird kritisch gesehen. Kritikpunkte sind unter anderem die folgenden:

- Theorie des Integrationsfortschritts, nicht der Desintegration: Sowohl der Neofunktionalismus als auch der Liberale Intergouvernementalismus seien aufgrund ihrer entstehungsgeschichtlichen Epochenbezogenheit weitgehend Theorien des Integrationsfortschritts. Frühere Krisen der EWG und ihrer Nachfolgerinstitutionen führten nicht zu Zweifeln an der latenten Fortschrittsteleologie des europäischen Integrationsprozesses. Das Spill-over-Konzept wurde zwar um Integrationsrückschritte abbildende Effekte, insbesondere den Spill-back, ergänzt. Dies veränderte aber nicht die Grundannahme der quasiautomatischen Vertiefung und Erweiterung der europäischen Einigung (vgl. etwa Schimmelpfennig, 2019, S. 250). Jones et al. (2015) identifizieren in unzureichenden Maßnahmen zur Eindämmung von EU-Krisen ein Versagen der Politik, das durch Eigendynamiken zu einer immer tieferen Integration geführt habe.
- Zu starker Binnenfokus des Neofunktionalismus: Anlass zur Kritik ist die starke Fokussierung auf günstige innergesellschaftliche Bedingungen, interne Akteure und die Ab-

schaffung von internen Grenzen zwischen den Mitgliedstaaten bei der Untersuchung von Integrationsfortschritten durch – abgesehen vom geografischen Spill-over – endogene Spill-over-Prozesse. Schimmelpfennig sieht aber gerade die Interdependenz der Polykrisen der EU und der geopolitischen Entwicklungen als Beleg für die mangelnde Plausibilität dieses „Binnenfokus" (Schimmelpfennig, 2019, S. 252).

- Gleichsetzung von Integration und liberaler Programmatik: Insbesondere, so die kritische Perspektive Schimmelpfennigs, sei die Integrationsphase nach dem Maastricht-Vertrag durch eine politische und wirtschaftsliberale Grundorientierung geprägt gewesen. Die EU habe sich „als Avantgarde und Laboratorium einer liberalen Weltordnung" verstanden und gebärdet (Schimmelpfennig, 2019, S. 253). Beispielhaft nennt er die marktliberal geprägte Öffnung der nationalen Märkte zum europäischen Binnenmarkt oder die Evaluierung von neuen EU-Beitrittskandidaten auf Basis der „liberaldemokratischen Konsolidierung ihrer Nachbarstaaten" (Schimmelpfennig, 2019, S. 253).
- Vernachlässigung innerstaatlicher Politisierung der europäischen Integration und das Aufkommen populistischer Parteien und Regierungen.
- Begrenzte Erklärungskraft des Spill-over-Konzepts für unterschiedliche Formen der Integration: Klassische neofunktionalistische Untersuchungen, so Nicoli, seien insbesondere für zu integrierende Politikbereiche, die noch nicht auf einer vertraglichen Grundlage basieren, unzureichend. Kritisiert wird, dass das typische Konzept von Spill-overs auf dem Verständnis beruhe, dass Integration die Vergrößerung sowohl der Autonomie als auch der Kompetenzzuweisung supranationaler Institutionen für ein bestimmtes Problemfeld bedeute.
- Schimmelpfennigs oben beschriebener Ansatz, bei dem er Desintegrationsdynamiken berücksichtigt, die sich aus der Kombination aus transnationaler Interdependenz und bereits bestehender supranationaler Macht ergeben, seien zwar wichtige Untersuchungsfaktoren, ob eine Krise in mehr, keine oder weniger Integration münde. Unterschiedliche Formen von Integration wie zum Beispiel auch intergouvernementale Rettungsfonds in der Eurokrise könnten damit allerdings nicht erklärt werden (Nicoli, 2020, S. 899). Daher schlägt Nicoli einen dynamisierten Ansatz des „Neoneofunktionalismus" auf der Basis des statischen Ansatzes von Schmitter (Schmitter, 1970, 2002) mit fünf möglichen Reaktionen auf Krisen vor: 1. Spill-over: gleichzeitige Zunahme von Grad und Umfang der Integration, 2. Spill-around: Schaffung intergouvernementaler Institutionen, 3. desintegratives Spill-back: gleichzeitige Reduzierung der Autonomie und des Umfangs gemeinsamer Institutionen, 4. schwaches Spill-back: Reduzierung des Umfangs der Integration bei gleichzeitiger Stärkung der gemeinsamen Institutionen, 5. Einkapselung: keine Veränderung der Governance und des Umfangs politischer Integration (vgl. Nicoli, 2020, S. 901). Damit integriert er sowohl Überlegungen des „klassischen" Neofunktionalismus als auch des Intergouvernementalismus und betrachtet den Neoneofunktionalismus damit als „overall theory of crisis-led integration" (Nicoli, 2020, S. 912),

3.2 Intergouvernementalismus

3.2.1 Einführung

Der Ansatz des Intergouvernementalismus zur Erklärung von Integrationsprozessen ist aus der Kritik am Neofunktionalismus entstanden. Während der Neofunktionalismus die europäische Integration als Ergebnis der Kooperation und des Wettbewerbs gesellschaftlicher Akteure betrachtet, nimmt der Intergouvernementalismus nationalstaatliche Regierungen in den Blick.

In der Nachkriegszeit offenbarte der Ost-West-Konflikt zwischen der Sowjetunion und den USA den Bedeutungsverlust europäischer Staaten im veränderten internationalen Mächtegefüge. Europäische Integration diente – so die intergouvernementalistische Sicht – dem Erhalt oder gar der Stärkung nationaler Souveränität (vgl. Hooghe & Marks, 2019, S. 1115). Die vom französischen Staatspräsidenten Charles de Gaulle Mitte der 1960er-Jahre ausgelöste Krise der supranationalen Integration in der EWG bildete Anlass für die Beschäftigung mit intergouvernementalistischen Überlegungen. Stanley Hoffmann griff dabei auf Ideen des Unionismus zurück, dessen Vertreter bereits 1948 auf dem Haager Kongreß, auf dem 750 Politiker aus vielen europäischen Ländern über den Wiederaufbau und eine stabile Nachkriegsordnung berieten. Die Unionisten traten – in Abgrenzung zum Ziel der Föderalisten, einen Bundesstaat zu schaffen – für eine Konföderation aus Staaten ein und sahen die nach Erhalt ihrer Interessen strebenden Nationalstaaten als dominante Akteure (vgl. Giering, 1997, S. 34 f.).

Die Vorstellung eines Staatenbundes als „politische Staatenverbindung mit eigener Völkerrechtssubjektivität" und institutioneller Ausstattung ist auch zentral für den integrationstheoretischen Ansatz des Intergouvernementalismus (Giering, 1997, S. 39). Im Sinne der Vorstellungen internationaler politischer Ökonomie kooperieren Staaten infolge wirtschaftlicher Interdependenz miteinander, wenn sie sich Vorteile davon versprechen (vgl. Hooghe & Marks, 2019, S. 1115). Die Nationalstaaten bleiben eigenständig und verzichten auf ein supranationales Parlament, auch wenn sie Kompetenzen auf gemeinsame Institutionen übertragen. Sie bleiben die souveränen und dominanten Akteure in den internationalen Beziehungen und Verhandlungen. Das präferierte Entscheidungsverfahren in gemeinsamen Institutionen ist das der Einstimmigkeit. Informationsaustausch und konsensorientierte Abstimmungen in den zwischenstaatlichen Institutionen, so die Annahme, verhindern militärische Auseinandersetzungen (vgl. Giering, 1997, S. 40).

Hoffmann entwickelte in den 1960er-Jahren die Vorstellungen der Unionisten über die Form und Möglichkeiten intergouvernementaler Kooperation weiter (vgl. Hoffmann, 1964, 1966). Nationales Bewusstsein, die nationale Situation und der Nationalismus sind die drei von Hoffmann identifizierten Faktoren, die die Stellung und Haltung eines Nationalstaates auf internationaler Ebene maßgeblich beeinflussen. Seine Kritik am Neofunktionalismus setzt bei der Analyse Frankreichs unter der Führung von Charles de Gaulle an, der dazu beigetragen habe, dass sich das französische Nationalbewusstsein verstärkt habe. Die neofunktionalistische Spill-over-Dynamik in der EWG ist demnach in den 1960er-Jahren durch die französischen außen- und sicherheitspolitischen Nationalinteressen widerlegt worden. Politische Integration verläuft in intergouvernementaler Perspektive entgegen der neofunktionalistischen Annahme nicht gleichsam automatisch, sondern erfordert, dass Nationalstaaten Vorteile für sich erkennen und langfristige Ziele und Maßnahmen festlegen. Integration setzt, so Hoffmann, die Existenz integrationswilliger und intergouvernemental kooperierender Nationalstaaten und ihres politischen Führungspersonals voraus. Schwächen sieht Hoffmann im politischen Spill-over des Neofunktionalismus, der nicht notwendigerweise zu supranationaler Integration führt, und in der fehlenden Finalität des Integrationsprozesses, der Bildung eines europäischen Nationalstaates (vgl. Giering, 1997, S. 70 ff.).

Der Ansatz des Intergouvernementalismus, der dem Realismus der internationalen Politik nahesteht, geht davon aus, dass die Regierungen der Nationalstaaten nach nationaler Autonomie und Sicherheit streben. Integration von Staaten in einer interdependenten Welt kann aus Sicht der Nationalstaaten positive Effekte bringen. Regierungen als die relevanten Akteure, die sich auf Integrationsarrangements einigen, werden dies aber nur dann tun, wenn die Bilanz aus damit verbundenen Kosten und Erlösen für ihre nationalen Präferenzen positiv ausfällt. Verhandlungen zwischen Staaten offenbaren das Machtgefüge und mögliche -asymmetrien. Regierungen einigen sich nur dann auf die Gründung supranationaler Institutionen, wenn sie durch die Delegation von Macht und Kompetenzen an eine überstaatliche Ebene Vorteile wie die Überwachung und Durchsetzung von getroffenen Vereinbarungen haben. Die Integrationstiefe nimmt zu, sofern Staaten, ohne eine Integrationsvereinbarung zu treffen, Probleme hätten, ihre Interessen durchzusetzen. Insbesondere schwächere Staaten versprechen sich durch gemeinsame Institutionen und Verfahren die Berücksichtigung ihrer Interessen und die Nivellierung der Machtasymmetrien, selbst wenn sie dafür stärkere Zugeständnisse machen müssen als Staaten mit einer stärkeren Verhandlungsposition. Insgesamt sind Staaten eher zu Integrationsvereinbarungen in Politikbereichen der Low Politics wie etwa im Bereich der Marktintegration bereit als im Bereich der High Politics, also in solchen Politikfeldern wie etwa Innen- und Verteidigungspolitik, die ihre nationale Autonomie und Sicherheit einschränken. Liegt ein hoher Grad an Interdependenz von Staaten sowie ein hohes Maß an Konvergenz hinsichtlich ihrer Präferenzen und Möglichkeiten für Integration vor, wird Integration wahrscheinlicher. Der neofunktionalen Annahme, Institutionen selber könnten ihre Kompetenzen erweitern, steht in der intergouvernementalen Perspektive die Souveränität der Nationalstaaten entgegen. Diese verfügen über die notwendigen Informationen und bestimmen die institutionelle Architektur von EU-Institutionen (vgl. Schimmelpfennig, 2020, S. 8 ff.).

Moravcik entwickelte den traditionellen Ansatz des Intergouvernementalismus mit Rekurs auf die liberale Theorie der internationalen Politik weiter (vgl. Moravcsik, 1991, 1993, 1994, 1995, 1998): Der Liberale Intergouvernementalismus vergrößert die Analyseperspektive des Intergouvernementalismus insofern, als der Einfluss gesellschaftlicher Interessengruppen auf die Regierungen als deren Agenten bei begrenzter Rationalität untersucht wird. Damit wird die „realistische Annahme vom Staat als einem einheitlichen Akteur zugunsten einer „bottom up"-Perspektive aufgegeben" (Steinhilber, 2012, S. 142). Der Staat ist vielmehr das „Produkt gesellschaftlicher Machtverhältnisse" und dient als „Transmissionsriemen" für die Umsetzung der Präferenzen innenpolitischer Akteure (Steinhilber, 2012, S. 145), die strategisch-rational und nutzenmaximierend handeln. Sie versuchen, ihre Präferenzen bei den Regierungen durchzusetzen, damit diese sich für die durchsetzungsstärksten nationalen Produzenten einsetzen. Nähern sich die daraus resultierenden Präferenzsysteme der Staaten einander an oder sind sie komplementär, ist zwischenstaatliche Kooperation wahrscheinlicher als bei konkurrierenden Präferenzen. Der globale und nationale Wettbewerbsdruck der Nationalstaaten bedingt, dass diese miteinander kooperieren und Integrationsvereinbarungen treffen, um ihre Wohlfahrtsniveaus zu steigern. Internationale Interdependenz und innerstaatliche Interessen dominanter Produzenten, nicht aber föderale Ideen oder funktionale Spill-over, können die europäische Integration von Staaten erklären.

Der Ansatz Moravciks ist nicht exklusiv auf die europäische Integration zugeschnitten, sondern soll allgemeiner auch auf andere Formen internationaler Kooperation anwendbar sein. Ziel ist es, die Treiber der europäischen Integration in der liberalen Theorie der Präferenzbildung der gesellschaftlichen Akteure zu identifizieren (Präferenzbildung) und zu erklären, wie diese Präferenzen in zwischenstaatlichen Verhandlungen durchgesetzt werden (Bargaining) und warum Mitgliedstaaten überhaupt bereit sind, einen Teil ihrer Souveränität an internationale Organisationen bzw. eine supranationale Ebene abzugeben (Institutional Choice).

Im Präferenzbildungsprozess wird die Nachfrage nach internationaler Kooperation aufgrund innerstaatlich ausgebildeter Präferenzen definiert, so die auf dem Rationalismus basierende Annahme. Dem Ansatz liegt die Annahme zugrunde, dass kleinere Interessengruppen, die ihre Interessen genau benennen können wie etwa die in Wirtschaftsverbänden organisierten Produzenten des Landwirtschafts-, Industrie- und Dienstleistungssektors, diese am erfolgreichsten politisch durchsetzen können. Wirtschaftliche Kooperation ist annahmegemäß relevanter als Integration aufgrund geopolitischer Ziele (vgl. Steinhilber, 2012, S. 148 f.).

In den anschließenden Verhandlungsprozessen wird das Angebot für die auf Freiwilligkeit beruhende, internationale Koordination aufgrund der von den Regierungen vertretenen Ergebnisse formuliert. Die Realität wird in ihrer Komplexität reduziert, in dem die Präferenzen der innenpolitischen Akteure im In- und Ausland nach Abschluss der vorausgegangenen nationalen Präferenzbildung als unveränderlich angenommen werden. Die Staaten sind damit einheitliche Akteure, die bei relativ hoher Transparenz und niedrigen Transaktionskosten rational und effizient miteinander verhandeln, so die auf dem Realismus basierende Annahme. Die Verhandlungsstärke der Staaten hängt davon, wie sehr sie auf eine zwischenstaatliche Zusammenarbeit angewiesen sind: Schwache Staaten sind eher kompromissbereit als starke Staaten, deren Vetooption bei Entscheidungen per

Einstimmigkeitsverfahren tendenziell zu Lösungen auf dem kleinsten gemeinsamen Nenner führen. Diese Minimallösungen können theoretisch umgangen werden, sofern sich langfristige Vorteile von der internationalen Zusammenarbeit versprechen oder mehrere Verhandlungsgegenstände in Package Deals miteinander verknüpft werden. (vgl. Steinhilber, 2012, S. 150 ff.).

Gemeinsame Institutionen wie supranationale EU-Institutionen können dazu beitragen, die Verhandlungseffizienz zu steigern, so die auf der Regimetheorie basierende Annahme. Nationalstaaten bleiben aber die dominanten und souveränen Akteure bei der Schaffung gemeinsamer Institutionen und der Entscheidung über nationale Souveränitätsabgaben mit dem Ziel, „credible commitments" zu schaffen (Moravcsik & Nicolaidis, 1999, S. 76 f.). Indem supranationale Institutionen bei mitgliedstaatlichen Vereinbarungen bestimmte Funktionen wie die der Sanktionierung, Überwachung oder Verteilung und gegebenenfalls des Agenda-Setting übernehmen, unterstützen sie die Mitgliedstaaten dabei, die Kooperation effizient zu gestalten (vgl. Steinhilber, 2012, S. 152 f.).

Moravcik wendet seinen Ansatz empirisch auf verschiedene bedeutende Integrationsentscheidungen und -vereinbarungen wie die Gemeinsame Agrarpolitik und die Währungsunion an (vgl. Moravcsik, 1998). Normative Implikationen des Liberalen Intergouvernementalismus von Moravcik fußen auf der Annahme rationalistischer Ansätze, dass die Rahmenbedingungen europäischer Politik gegeben und akzeptiert seien: Die EU bietet in dieser Perspektive den Mitgliedstaaten, den Interessengruppen und Bürgern eine pragmatische Möglichkeit der Kooperation. Die Krise der EU ist aus Sicht Moravciks eher eine Krise des Selbstbildes der EU, das auf die politische Finalität der Vereinigten Staaten von Europa ausgerichtet sei (vgl. Steinhilber, 2012, S. 153 ff.).

Die Kritik am Liberalen Intergouvernementalismus ist vielfältig und setzt aus verschiedenen wissenschaftlichen Perspektiven sowohl allgemein metatheoretisch, methodisch, politisch als auch detailorientiert beim analytischen Theoriedesign an. Kritisch betrachtet wird die Knappheit der Theorie Moravciks, die vor allem durch eine geringe Anzahl erklärender Variablen zustande kommt und soziale Faktoren wie Macht- und Herrschaftsverhältnisse im innerstaatlichen Prozess der Präferenzbildung nicht berücksichtigt. Grundlegende Kritik bezieht sich auch auf das induktive Vorgehen, indem ausgewählte Fallbeispiele zur Begründung der Theorie herangezogen werden. Der Anspruch Moravciks, keine normativen ideologischen Grundannahmen in seinem Ansatz zu treffen, ist Gegenstand der wissenschaftlichen Debatte. Die theoretischen Details wie Präferenzbildung auf nationalstaatlicher Ebene mit Fokus auf die Produzentengruppen und Verhandlungsprozesse mit Fokus auf intergouvernementale Konferenzen werden als stark vereinfacht und zu statisch gesehen, da Wechselwirkungen auf verschiedenen Ebenen der EU ausgeblendet werden (vgl. Steinhilber, 2012, S. 155 ff.).

Der so genannte Neue Intergouvernementalismus oder Deliberative Intergouvernementalismus betrachtet den Vertrag von Maastricht als Zäsur im europäischen Integrationsprozess: Die Gemeinschaftsmethode, bei der die Europäische Kommission mit ihren Funktionen des Agenda Setting und der Gesetzesinitiative sowie neben dem EuGH der Überwachung und Umsetzung maßgeblich für die Integrationsdynamik war, prägte die

Zeit vor dem Maastricht-Vertrag. Der Rat der EU und das Europäische Parlament nahmen in dieser Phase vornehmlich ihre Aufgaben der gemeinsamen Entscheidung über die Kommissionsvorschläge wahr. Seit dem Vertragsschluss 1992, so der Erklärungsansatz des Neuen Intergouvernementalismus, gibt es eine neue Integrationsmethode: Der Europäische Rat und der Ministerrat sind die treibenden Kräfte der Integrationsdynamik, die durch konsensorientierte und deliberative Entscheidungsfindung bei den intergouvernementalen Verhandlungen geprägt ist. Die Nationalstaaten haben ein Interesse daran, im Vertrag von Maastricht neu aufgenommene Themen, die wie die Währungspolitik nationalstaatlich-souveräne Politikfelder betreffen, selber zu gestalten (vgl. Puetter, 2014).

Der Neue Intergouvernementalismus sieht insgesamt eine Stärkung der intergouvernementalen Integrationsdynamiken, die sich in der Gründung neuer intergouvernementaler Organisationen und Verträge niederschlägt (vgl. Bickerton et al., 2015). Beispielhaft dafür sind der Vertrag zur Gründung des Europäischen Stabilitätsmechanismus als zwischenstaatliche Einrichtung und der Fiskalpakt. Beide Verträge haben nur eine schwache Verknüpfung mit dem Vertrag von Lissabon. Anstatt die supranationale Integration im Bereich der Geld- und Fiskalpolitik zu stärken, „tragen zahlreiche Reformen, die in der Eurokrise vereinbart wurden, eine intergouvernementale Handschrift" (Schimmelpfennig, 2015a, b). Der Ansatz bleibt zwar grundsätzlich der Annahme verhaftet, dass die Mitgliedstaaten den Prozess der europäischen Integration voranbringen, birgt aber wie der Postfunktionalismus Zweifel an der nachhaltigen Zukunft der EU aufgrund von Spaltungen zwischen den integrationsorientieren Führern und der skeptischen Öffentlichkeit. (vgl. Hooghe & Marks, 2009, S. 9).

3.2.2 Beispiele für Ansatzpunkte europäischer Desintegration

3.2.2.1 Jones, Keleman und Meunier: „Failing Forward?"

Verortung in Ereignisgeschichte Der Ansatz von Jones et al. (2015) behandelt die weiter oben dargestellte Eurokrise. Die Autor/innen konzentrieren sich darin auf die Governance im Bereich der Finanzmärkte und des Bankenwesens. Dabei richtet der Beitrag den Blick bereits auf die Schaffung und Konstruktion der Eurozone, für die keine gemeinschaftliche Bankenregulierung und -aufsicht vorgesehen war. Gleichwohl wurden die Banken auf liberalisierten Finanzmärkten und infolge der grenzüberschreitenden Kapitalmarktintegration des Binnenmarktes immer interdependenter (vgl. Roth, 2017, S. 20 und 54 ff.).

Als Reaktion auf die Konsolidierungsphase im Bankensektor, in deren Folge Mitte der 1990er-Jahre einzelne nationale Banken ins Ausland expandierten, wurde im Maastricht-Vertrag die Möglichkeit vorgesehen, der EZB einstimmig eine führende Rolle bei der Bankenaufsicht zu zuerkennen. Dennoch erhielt die EZB auch bei der Reform der EU-Banken- und Finanzmarktregulierung Anfang der 2000er keine zentrale Rolle bei der Bankenaufsicht. Stattdessen setzte der EU-Ministerrat auf die Selbstregulierung der Unternehmen in Verbindung mit nationaler Aufsichtsregulierung.

Während der durch die mangelnde Besicherung von Hypotheken ausgelösten Finanzkrise in den Jahren seit 2007 gerieten wegen der grenzüberschreitenden Geschäfte und der Kapitalmarktfreizügigkeit auch europäische Banken zunehmend in Mitleidenschaft. Der Zusammenbruch der US-Investmentbank Lehman Brothers destabilisierte das weltweite Bankensystem und führte zu einer auch Vertrauenskrise in Bezug auf die Sicherheit europäischer Banken. Zunächst kam es in der Eurozone zur Kapitalflucht von Anlegern bei irischen Banken, die Geld in den irischen Immobilienmarkt investiert hatten und um die Bankenstabilität fürchteten. Kritisch betrachtet wurde der Zusammenschluss von Staaten mit großen Unterschieden in ihren Leistungsbilanzen in der Eurowährungszone mit einer gemeinsamen Geldpolitik und Währung. Auch die faktische Aufgabe der Fähigkeit zur nominalen Währungsabwertung der Eurostaaten sowie die restriktiven Sparauflagen der Troika wurden als Ursachen für die Ausweitung der Finanzkrise in eine Staatsschuldenkrise in einzelnen EU-Mitgliedstaaten gesehen. Gegenstand von Diskussionen waren Schuldenschnitte der besonders betroffenen GIPS-Staaten, also Griechenland, Italien, Portugal und Spanien, und ein europäischer Marshall-Plan (vgl. Scharpf, 2011, S. 334 ff.).

Einzelne europäische Regierungen versicherten, dass sie die Bankeinlagen der Sparer bis zu einem gewissen Maße garantieren würden, bevor der Betrag der Bankeinlagensicherung erhöht und der Internationale Währungsfonds (IWF) den Auftrag erhielt, Empfehlungen für die Verbesserung der europäischen Finanzmarkt-Governance auszuarbeiten. Diese enthielten die Aufforderung, systemische Risiken durch große interdependente Banken in den Blick zu nehmen. Um einen institutionellen Abzug von Kapital bei irischen Banken und einen Dominoeffekt in der Eurozone zu verhindern, erlaubte die EZB der irischen Regierung nicht, Verluste an die Inhaber von Bankanleihen zu übertragen. Somit kam es wie auch in anderen Ländern zur Erhöhung der Staatsschulden und einer Vergemeinschaftung der Schulden des Privatsektors.

Die Verunsicherungen der Anleger in den Finanzmärkten hielten auch noch an, als die Hilfsfonds, die Europäische Finanzstabilitätsfaszilität (EFSF) und deren Verstetigung in Form des ESM, geschaffen worden waren (Blaß, 2019, S. 75 ff.). EZB-Präsident Draghi erklärte, die unbegrenzten Anleihekäufe mit kurzer Fälligkeit derjenigen Regierungen, die sich am staatlichen Konsolidierungsprogramm der Troika beteiligen würden, seien nötig, um den geldpolitischen Transmissionsmechanismus aufrecht zu erhalten. Sie seien keine Form der monetären Staatsfinanzierung oder staatlicher Rettung als Bruch des EU-Vertrages. Die EU-Kommission, die EZB und die Euro-Staaten begründeten die Rettungshilfen damit, dass die Stabilität der Eurozone erhalten werden müsse. Der funktionale Stabilitätsbegriff der Währung bezieht sich eigentlich auf die Preisniveaustabilität. Jedoch rückte das Ziel, das Ausscheiden eines Landes aus dem Euro zu verhindern, weil es gemäß der dritten Stufe der Währungsunion rechtlich nicht verankert ist, in den Vordergrund. Damit, so Meyer, erhielt „der Stabilitätsbegriff in Abkehr von seinem ursprünglich funktionalen Inhalt einen institutionell-organisatorischen Charakter" (Meyer, 2020, S. 13).

Nachdem sich die Gefahr einer Staatsschuldenkrise in der Wahrnehmung der Bevölkerung abgeschwächt hatte, erhielt die EZB als unabhängiges Organ die Aufgabe der Bankenaufsicht aus europäischer Perspektive im Rahmen des einheitlichen Aufsichtsmechanismus für Banken (Single Supervisory Mechanism, SSM) (vgl. Gören, 2019, S. 100 ff.). Die Bankenkrise in Zypern wurde mittels der Einführung von Kapitalkontrollen durch die zypriotische Regierung eingedämmt. Eurobonds als Möglichkeit zur Vergemeinschaftung eines begrenzten Umfangs von Staatsanleihen wurde von Deutschland, den Niederlanden und Finnland abgelehnt (vgl. Große Hüttmann und Wehling, 2020a, b).

Verortung in Integrationsforschung Um die Reaktionen der EU auf die Eurokrise zu erklären, rekurrieren Jones et al. auf Grundlagen des Intergouvernementalismus und Funktionalismus. Dabei fusionieren sie grundlegende Annahmen über die maßgeblichen Akteure und Mechanismen der europäischen Integration beider Denkschulen zum Ansatz des „Failing Forward" als funktionaler Spill-over. Zugrunde liegt hierbei die aus dem Historischen Institutionalismus stammende Vorstellung der Pfadabhängigkeit, dass Entscheidungen der Vergangenheit nicht-deterministisch zu Kosten und Feedback-Mechanismen führen, die zukünftige Entwicklungen beeinflussen. Diese können annahmegemäß durch politische Entscheidungen umgekehrt oder verändert werden. Jones et al. untersuchen die Hypothese, dass EU-Mitgliedstaaten zu Kompromisslösungen unzureichender Integrationsarrangements neigen, und damit eine Integrationsdynamik hin zu weiteren nicht optimalen institutionellen Lösungen entsteht. In der Vergangenheit hat dieser „mode of institutional development" zu einer Vertiefung der Integration beigetragen, könnte jedoch zukünftig den Integrationsprozess beeinträchtigen und sich als nicht nachhaltig erweisen (Jones et al., 2015, S. 19).

Die Erklärungsmuster des Ansatzes basieren auf intergouvernementen Verhandlungen, die zu politischen Kompromissen, häufig mit dem Ergebnis eines kleinsten gemeinsamen Nenners, der EU-Mitgliedstaaten und der „incomplete governance architecture" etwa bei der Schaffung der Eurozone und der Bewältigung der Eurokrise führten (Jones et al., 2015, S. 2). Staaten mit heterogenen nationalen Interessen einigen sich auf institutionelle Arrangements in der EU, die unzureichend mit Kompetenzen ausgestattet sind. Anstelle umfangreicher Reformen von EU-Institutionen einigen sich die Regierungen der EU-Mitgliedstaaten auf „piecemeal reforms", die auch reformunwillige Staaten bereit sind zu akzeptieren.

Hier sehen die Autor/innen das Wirken eines funktionalistischen Spill-over-Effektes: Selbst wenn ein notwendiger Reformbedarf erkannt wird, werden einige Staaten für solche Lösungen eintreten, die mit geringeren, kurzfristig anfallenden Kosten verbunden sind. Es entwickelt sich ein Zyklus funktionaler Spill-overs, „that perpetuate the cycle of crisis" (Jones et al., 2015, S. 8). In der Verbindung der „dynamics at work in critical junctures" des Liberalen Intergouvernementalismus mit seiner kurzfristigen Erklärungsreichweite und des „mechanism linking one critical juncture ot the next" des Neofunktionalismus mit seiner längerfristigen Perspektive erkennen Jones et al. das Failing Forward-Muster als Charakteristikum für institutionelle Entwicklung im Rahmen der europäischen Integration (Jones et al., 2015, S. 4).

Konzeption (Des-)Integration Dem Ansatz von Jones et al. liegt das Verständnis von mitgliedstaatlicher EU-Integration als Prozess, der zur Schaffung gemeinsamer Institutionen führt, zugrunde. Dabei folgt er der teleologischen Grundannahme des Intergouvernementalismus und Neofunktionalismus, dass europäische Integration immer weiter voranschreite. Krisen sind aus dieser Sicht Störungen des Integrationsprozesses im Sinne eines unterbrochenen Gleichgewichtes, die eine Integrationsdynamik des Spill-overs jedoch nicht grundsätzlich in Frage stellen (vgl. Jones et al., 2015, S. 6). Verschiedene Akteure suchen Antworten darauf, um die europäische Integration weiter zu entwickeln (vgl. Jones et al., 2015, S. 18 f.; Hodson & Puetter, 2019, S. 1156). Der Begriff „Desintegration" wird nicht explizit definiert.

Funktionieren von (Des-)Integrationsprozessen Integration beginnt aus Sicht des „Failing Forward"-Ansatzes bei der unzureichenden Governance-Struktur der EU bzw. einzelner Integrationsbereiche wie der Eurozone, die anfällig für externe Krisen wie z. B. Finanzkrisen ist. Mitgliedstaaten mit unterschiedlichen Interessenprofilen sind. Die zentralen Akteure sind für den Erhalt und die Ausweitung des erreichten Integrationsstandes bzw. für die Krisenbewältigung, wenn sie im Überleben der EU Vorteile für ihre ökonomischen und geostrategischen Interessen sehen. Einige Regierungen, so die Annahmen des Liberalen Intergouvernementalismus, sind aus verschiedenen möglichen innenpolitischen Gründen nicht willens, nationalstaatliche Souveränität an die EU zu delegieren. Manche nationalstaatlichen Führer halten begrenzte Reformen für ausreichend oder möchten umfangreichere Reformen auf einen späteren Zeitpunkt in der Zukunft verschieben, da diese mit unpopulären Auswirkungen sind. Resultat mitgliedstaatlicher Verhandlungen sind daher häufig für die Integrationsentwicklung suboptimale Kompromisse, die einen kleinsten gemeinsamen Nenner widerspiegeln. Wenn mitgliedstaatliche politische Führer in Krisen Schritte in Richtung vertiefter Integration machen, kommen jedoch unzureichende und nicht dauerhaft tragbare Lösungen zustande (vgl. Jones et al., 2015, S. 6 ff.). Unvollständige Reformen bestehender institutioneller Arrangements können eine Krise allenfalls eindämmen, stellen aber keine abschließende Lösung für die Herausforderungen von (zukünftigen) Krisen dar. Die EU-Mitgliedstaaten einigen sich in intergouvernementalen Verhandlungen häufig und immer wieder auf dem geringsten Niveau einer gemeinschaftlichen Entscheidung. Zurück bleibt ein Reformstau der zur Krisenbewältigung notwendigen Veränderungen in der EU-Governance.

Dennoch führen diese schrittweisen Reformen zur Vergrößerung des Umfangs und der Tiefe der Integration. Hier erkennen die Autoren das Muster einer „underlying dynamic" des Integrationsprozesses, des **„‚fail forward' pattern"** (Jones et al., 2015, S. 6). Damit ist die neofunktionalistische Annahme einer eigenen Integrationsdynamik durch funktionale Spill-overs gemeint, die durch unzureichende Governance-Strukturen ausgelöst werden und zum Entstehen zukünftiger Krisen beitragen. Der Integrationsmodus unzureichender Reformen defizitärer gemeinschaftlicher Institutionen bei gleichzeitig abnehmender Unterstützung der Bevölkerung ist langfristig, so die Autor/innen für die EU „self-underminig" und möglicherweise „unsustainable" (Jones et al., 2015, S. 19).

Wissenschaftlich-funktionale Dimensionen des Ansatzes Der Ansatz des „Failing Forward“ von Jones et al. strebt an, die politischen Reaktionen in der EU auf die Bankenregulierung in der Eurokrise zu erklären. Dabei ist die leitende These, dass es ein Muster für die „incomplete policy response to the eurozone crisis“ gab und dass darin ein Integrationsmuster erkennbar sei (Jones et al., 2015, S. 4). Zunächst beschreiben die Autor/innen, wie die Governance in der Eurowährungszone entstanden ist, und analysieren, wie die „imcompleteness of EMU“ als Ursache für die Eurokrise und als charakteristisches Muster der politischen Antworten darauf beigetragen hat. Bei der Analyse der Entstehung der politischen Entscheidungen in der Eurokrise wenden sie den historischen Vergleich an: Das tatsächliche „Muster“ der politischen Reaktionen wird demjenigen Muster gegenübergestellt, das aufgrund der betrachteten Denkschulen des Intergouvernementalismus und Funktionalismus erwartbar gewesen wäre (vgl. Jones et al., 2015, S. 4).

Aus Sicht der Autor/innen hat der von ihnen so beschriebene Ansatz des „Failing Forward“ bisher zur Fortentwicklung der europäischen Integration beigetragen. Jedoch sehen sie für die politische Praxis in der langfristigen Perspektive die Gefahr, dass Integration auf Basis von Zyklen bestehend aus unzureichenden Reformen institutioneller Arrangements in der Eurozone und gefolgt von stärkeren Krisen langfristig die öffentliche Unterstützung für die EU unterminieren kann. Sie warnen daher vor einer nicht nachhaltigen institutionellen Entwicklung in der Zukunft (vgl. Jones et al., 2015, S. 19). Neben diesen Handlungsempfehlungen für die politische Praxis wird die Aufmerksamkeit auf weiteren wissenschaftstheoretischen Forschungsbedarf gelenkt: Die identifizierten Wirkmechanismen des „Failing Forward“-Konzeptes könnten auf andere Bereiche der europäischen Integration angewendet werden (vgl. Jones et al., 2015, S. 18).

Die empirische Anwendung des Ansatzes von Jones et al. (2015) auf das Themenfeld der Bankenregulierung im Rahmen der Eurozone kommt zu folgenden Ergebnissen (Jones et al., 2015, S. 8):

- Mitgliedstaatliche Regierungen führen unzureichende Governance-Strukturen infolge von Verhandlungsergebnissen auf dem kleinsten gemeinsamen Nenner ein.
- Einige nationale Führer zweifeln daran, dass diese Strukturen adäquat sind.
- Die unzureichenden Governance-Strukturen lösen funktionale Spill-over-Effekt aus, die dazu beitragen, dass zukünftige Krisen ausgelöst werden.
- Dieser Zyklus wiederholt sich.

Bereits bei der Gründung der Europäischen Währungszone seien die Gefahren einer Währungsunion ohne finanzwirtschaftliche Integration der Banken und der grenzüberschreitenden Finanzdienstleistungen bekannt gewesen: Die Governance-Strukturen in Bezug auf die Fiskalpolitik, die makroökonomische Steuerung und die Bankenregulierung seien nicht ausreichend gewesen. Es mangelte demnach an einer angemessenen Erhöhung des EU-Budgets und an einem neuen supranationalen Fiskalmechanismus, um eine antizyklische Redistribution von wirtschaftlich boomenden hin zu schwachen Regionen in der

Eurozone zu ermöglichen. Die Defizit- und Verschuldungskriterien im Maastricht-Vertrag und der Stabilitäts- und Wachstumspakt von 1997 sollten die Mitgliedstaaten der Eurowährungszone vor asymmetrischen Schocks schützen. Mit der Offenen Methode der Koordinierung – einem Informationsaustausch zur Koordinierung politischer Entscheidungen zwischen den Regierungen der EU-Mitgliedstaaten – war die optimale makroökonomische und fiskalpolitische Anpassung intendiert (vgl. Große Hüttmann und Wehling, 2020a, b). Jedoch verblieb die Aufsicht über die integrierten Finanzmärkte in nationalstaatlicher Verantwortung, da mitgliedstaatliche Regierungen gegen die Delegation regulativer Kompetenzen an die supranationale Ebene waren.

Auch in dem von Jones et al. im Beitrag von 2015 fokussierten Bereich der Bankenregulierung blieb die Aufsicht über die Banken in nationaler Verantwortung. Als Mitte der 1990er-Jahre aufgrund des erhöhten Wettbewerbs im EU-Binnenmarkt Konsolidierungsprozesse im Bankensektor stattfanden, in deren Folge Großbanken entstanden, erhöhte sich die krisenanfällige Interdependenz im Finanzdienstleistungssektor. Anstatt die EZB mit einer zentralisierten Aufsichtskompetenz auszustatten, entschieden sich die Eurostaaten Anfang der 2000er-Jahre für Selbstverpflichtungen in der Finanzdienstleistungsindustrie und die Koordinierung nationaler Aufsichtsorgane durch den 2003 gegründeten Ausschuss der Europäischen Aufsichtsbehörden für das Bankwesen (Committee of European Banking Supervisors, CEBS). Jones et al. sehen die Entscheidungen der Nationalstaaten für ein dezentralisiertes und im Falle von Krisen ineffektives Regulierungsregime der Banken und gegen eine Zentralisierung der Bankenaufsicht bei der EZB als Beleg dafür, dass sich die Nationalstaaten trotz der möglichen Gefahren bewusst gegen die Vertiefung der europäischen Integration in diesem Bereich entschieden. Mögliche Probleme aufgrund von Finanzmarkinstabilitäten sollten später gelöst werden (vgl. Jones et al., 2015, S. 10 f.).

Die durch die amerikanische Subprime-Krise ausgelöste Finanzkrise ließ die Schwächen der Integration im Banken- und Finanzdienstleistungssektor im EU-Binnenmarkt sowie der europäischen und globalen Vernetzungen europäischer Banken einerseits und der nationalen Regulierung der Finanzmarktaufsicht andererseits deutlich werden: Die Bankenregulierung verhinderte nicht, dass Banken zu hohe Risiken in ausländischen Märkten eingingen, und war für die Krisenprävention und -bewältigung nicht ausreichend. Aufgrund der hohen Interdependenz im Bankensektor zogen Verluste amerikanischer Banken infolge der Hypothekenkrise in den USA auch europäische Banken in Mitleidenschaft. Infolge der Staatsschuldenkrisen in Irland, Spanien und Italien einigten sich die Staats- und Regierungschefs der EU auf Hilfszahlungen aus dem Europäischen Stabilitätsmechanismus an hilfsbedürftige Staaten und den einheitlichen Bankenaufsichtsmechanismus, den Single Supervisory Mechanism. Jones et al. bewerten diese Entscheidung als kleinen gemeinsamen Nenner der Nationalstaaten (vgl. Jones et al., 2015, S. 15).

Die Ankündigung unbegrenzter Käufe von Staatsanleihen durch die EZB wurde an die Teilnahme an den Rettungsprogrammen der Troika gebunden. Mario Draghi erklärte, diese seien nötig, um den monetären Transmissionsmechanismus aufrecht zu erhalten, aber keine Form der monetären Staatsfinanzierung oder der nationalen Staatenrettung. Nach Draghis Aussage, die EZB werde unter seiner Leitung alles tun, um den Euro zu retten, beruhigte sich die Situationen auf den Anleihemärkten, sodass sich das Zinsgefälle zwischen deutschen Staatsanleihen zu von der Staatsschuldenkrise stark betroffenen Staaten wie spanischen und italienischen reduzierte. Statt auf eine umfassende Reform des europäischen Bankensystems einigten sich die Mitgliedstaaten nur auf den einheitlichen Bankenaufsichtsmechanismus, während die Ziele eines einheitlichen Bankenabwicklungsmechanismus und einer gemeinsamen Einlagensicherung nicht umgesetzt wurden. Die europäischen Staats- und Regierungschefs konnten sich nicht auf eine geteilte Verantwortung für die Rettung insolventer Banken und die Schaffung gemeinschaftlicher Staatsschuldenanleihen, so genannter Eurobonds, verständigen. Den Einheitlichen Bankenaufsichtsmechanismus und den Einheitlichen Bankenabwicklungsmechanismus (Single Resolution Mechanism, SRM) der EU-Staaten von 2014 bewerten Jones et al. als „suboptimal solution“ und „minimal response to the Spanish crisis“ (Jones et al., 2015, S. 17).

Das Fallbeispiel der Eurozone dient den Autor/innen als Beleg für ihre Thesen: Ausgehend von einem integrationsteleologisch unzureichenden institutionellen Setting in der Eurozone führten in der Wirtschafts- und Staatsschuldenkrise seit 2008 intergouvernementale Verhandlungen zur Schaffung neuer Partiallösungen in der Eurozone auf Basis eines kleinsten gemeinsamen Nenners. Gerade durch die Suboptimalität entsteht eine neofunktionalistische Spill-over-Dynamik, die zu Krisen führt, jedoch gleichzeitig die Basis für neue weitere Integration ist (vgl. Jones et al., 2015, S. 18).

3.2.2.2 Hodson und Puetter: „The European Union in Disequilibirum"

Verortung in Ereignisgeschichte Der Ansatz von Hodson und Puetter bezieht sich insbesondere auf die Post-Maastricht-Phase seit Mitte der 1980er-Jahre (vgl. Hodson & Puetter, 2019, S. 1155), in der in vielen westeuropäischen Ländern eine als „rechtspopulistisch“ benannte Parteienfamilie mit fremdenfeindlichen Protestparteien wie dem Rassemblement National (RN) in Frankreich, der Lega Nord in Italien, dem Vlaams Blok in Belgien oder der Freiheitlichen Partei Österreichs (FPÖ) entstanden ist. Hodson und Puetter betrachten Herausforderer-Parteien (challenger parties) und Herausforderer-Regierungen (challenger governments). Sie beziehen diese Begriffe auf euroskeptische Parteien und Regierungen, die eine grundsätzliche oppositionelle Haltung gegenüber der EU-Integration einnehmen (Hodson & Puetter, 2019, S. 1159).

Als wissenschaftliche Kategorie wird mit dem Begriff des Populismus „in erster Linie eine Haltung umschrieben, die für das sogenannte „einfache“ Volk und gegen die herrschenden gesellschaftlichen und politischen Eliten Partei ergreift“. Der Begriff „Populismus“, der von der Ende des 19. Jahrhunderts in den USA entstandenen Populist Party stammt, ist eine „Abgrenzungsideologie“ (Decker & Lewandowsky, 2017).

Auch wenn es nationale Besonderheiten für die Erklärung des Erfolges rechtspopulistischer Parteien gibt, so wird in Wissenschaft und Politik nach Erklärungen für die deutliche Zunahme in vielen (europäischen) Staaten gesucht. Für den Aufstieg der (rechts-) populistischen Parteien, Organisationen und Argumentationen gibt es viele Erklärungsansätze. Als Auslöser für den Aufstieg populistischer Parteien werden zu große oder zu schnelle wirtschaftliche und gesellschaftliche Veränderungsprozesse betrachtet, die in Teilen der Bevölkerung Gefühle der Verunsicherung, Zukunftsangst und Desorientierung hervorrufen (vgl. Candeias, 2020, S. 142).

Populismus ist kein neues Phänomen des 21. Jahrhunderts. Langfristige kulturelle Veränderungen in den westlichen Gesellschaften, das Aufkommen grüner Parteien und postmaterialistischer Werte waren Entwicklungen in westlichen Gesellschaften zwischen 1970 und 1990. Seitdem wurde kultureller Wandel in entwickelten Industriegesellschaften auch durch Migration induziert, bei dem andere Sprachen sowie kulturelle und religiöse Diversität neben die traditionellen nationalen kulturellen Werte und Normen der westlichen Gesellschaften traten (vgl. Inglehart & Norris, 2016, S. 29 f.). Populismus ist in dieser Sichtweise zugespitzt die „antithesis of globalization" (Axford, 2021, S. 4) und das europäische Projekt ein Ausdruck für die „emergent and increasingly contested globality" (Axford, 2021, S. 12).

Als Antwort auf das Gefühl der Überforderung gesellschaftlicher Gruppen durch eine diverse plurale Gesellschaft idealisiert der Populismus das Bild eines homogenen Volkes, das sich gegenüber Fremden und Feinden abgrenzt. In der Forschung ist der Begriff des Rechtspopulismus nicht eindeutig definiert; eben so wenig ist geklärt, ob es sich bei den populistischen Parteien um einen eigenständigen Parteientypus oder nur eine besondere Form rechtsradikaler Parteien handelt. Rechtsextreme Parteien wenden sich im Gegensatz zu Rechtspopulisten ausdrücklich gegen die staatliche Ordnung (vgl. Schellenberg, 2018).

Das Selbstverständnis, die Inhalte und Botschaften populistischer Parteien sind zudem uneinheitlich. Eine Differenzierung populistischer Parteien kann nach unterschiedlichen Kriterien vorgenommen werden wie etwa der Organisationsform (z. B. Bewegung oder Partei), der eingesetzten Stilmittel wie etwa Rhetorik (z. B. Verschwörungstheorien, Feindbilder oder Provokation, Tabubruch), der Zuordnung zu nicht-populistischen extremen Rechtsparteien oder zu nicht-extremistischen populistischen Parteien. Parteien des rechten Spektrums grenzen den Volksbegriff von Zuwanderern, politischen Eliten oder dem Islam vor allem aufgrund nationaler Identität ab, während linke Parteien stärker auf soziale Merkmale abheben (Decker & Lewandowsky, 2017).

Unterschieden wird etwa in Politiker wie Trump, die einen rechtspopulistischen Diskurs gegen das Establishment vertreten, von autoritär-nationalistischen Regimen wie den Regierungen in Polen und Ungarn sowie Parteien der radikalen Rechten wie der RN, der Alternative für Deutschland (AfD), der FPÖ, der Lega Nord oder der niederländischen Partij voor de Vrijheid (PVV) (vgl. Candeias, 2020, S. 141). Bis zum Jahr 2000 erstarkte der Rechtspopulismus und übte Einfluss auf Inhalte und Rhetorik der etablierten Parteien wie etwa im Präsidentschaftswahlkampf Nicolas Sarkozys 2012 in Frankreich aus. Nach einem kurzen Zwischentief rechtspopulistischer Parteien traf seit Mitte der 2000er-Jahre „ein kapitalismuskritischer und/oder wohlfahrtschauvinistisch geprägter Sozialpopulismus und ein kulturalistisch unterfütterter Anti-Islam-Populismus" auf dafür offene Teile der Bevölkerung (vgl. Decker & Lewandowsky, 2017).

Bestimmte Bevölkerungsgruppen sahen ihre Interessen nicht mehr durch etablierte gemäßigte Parteien vertreten, die sich inhaltlich zum Teil in der Mitte des Parteienspektrums einander annäherten. Die zunehmende Interdependenz von Staaten und ähnliche gesamtgesellschaftliche Veränderungsprozesse führten dazu, dass in dieser Phase zeitgleich populistische Strömungen und Parteien in vielen Ländern entstanden. Dazu trug auch bei, dass die vertiefte EU-Marktintegration seit den 1980er-Jahren vom Abbau sozialer Leistungen flankiert wurde. Kritisch wird diese Entwicklung mit dem Begriff des „(neo-)liberalen Kosmopolitismus" in Europa beschrieben, mit dem ein Prozess gemeint ist, der tendenziell die globale marktwirtschaftliche Wettbewerbsdynamik bei gleichzeitigem „Abbau kollektiver Sozialrechte" verstetigt (Bieling, 2017, S. 564). Die EU-Osterweiterung als Teil des europäischen Transformationsprozesses nach dem Zusammenbruch der sowjetischen Machthemisphäre wurde von Teilen der Bevölkerung als Bedrohung empfunden. Darauf reagierten diese mit „Besinnung auf kollektive Identitäten, auf nationale Zugehörigkeiten" (Rippl et al., 2007, S. 11). Indem rechtspopulistische Parteien sich als Verteidiger wohlfahrtsstaatlicher Leistungen für eine nationale Volkseinheit gegenüber Migranten und Minderheiten gerierten, konnten sie seit Beginn des 21. Jahrhunderts ihre Wählerbasis erweitern (Panreck & Brinkmann, 2019).

Diese Entwicklung wird insbesondere am Beispiel des Brexits deutlich. Neben einer historisch schon länger bestehenden ablehnenden Haltung in Teilen der britischen Bevölkerung gegenüber den EU-Institutionen und europäischen Gesetzen nahm die UK Independence Party (UKIP) insbesondere die negative Stimmung in der Bevölkerung gegenüber der Personenfreizügigkeit im EU-Binnenmarkt auf. Die UKIP verknüpfte das Thema des Zuzugs vor allem aus Süd- und Osteuropa mit Ängsten vor Kriminalität und der Aushöhlung nationaler wohlfahrtsstaatlicher Leistungen durch Migrant/innen. Verbunden mit der Botschaft des Misstrauens gegenüber den Mainstream-Parteien und einem allgemeinen Zukunftspessimismus gelang es den Befürwortern des EU-Austritts in Großbritannien, beim Brexit-Referendum 2016 mit 52 % der abgegebenen Stimmen die knappe Mehrheit zu erlangen (vgl. Glencross, 2016, S. 35 ff.).

Das Nebeneinander aus regionaler, nationaler, trans- und supranationaler Ebene in der EU hat dazu geführt, dass demokratische Entscheidungen komplexer und intransparenter werden. Rechtspopulistische Parteien verbinden eine allgemeine EU-Skepsis mit einer kulturell-rassistischen Haltung, indem sie globale und europäisch-regionale gesellschaftliche Konflikte einer nationalistischen Lösung zuführen wollen: In der Schengen-Krise forderten die populistischen Parteien die Begrenzung des Einlasses von Nicht-EU-Einwanderern und einige wie z. B. der Front National in Frankreich, die Lega Nord in Italien oder Die Finnen-Partei in Finnland die Wiedereinführung von EU-internen Grenzkontrollen. Dies steht in Verbindung mit der Vorstellung, dass nationale Gesellschaften multikulturell überfremdet werden und ihre nationale Identität verlieren könnten (vgl. Bieling, 2017, S. 563 f.).

Mit dem Schutz vor Kriminalität und der nationalen Leitkultur rechtfertigen rechtspopulistische Parteien die Etablierung autoritärer und diskriminierender Regierungsformen und den Abbau rechtsstaatlicher Einrichtungen und Verfahren (vgl. Becker, 2017).

Diese Eingriffe dienten dem Machterhalt der populistischen Regierungen wie in Ungarn und Polen. In Ungarn stellt die national-konservative, rechtspopulistische Fidesz-Partei (Fidesz – Ungarischer Bürgerbund) seit 2010 unter Ministerpräsident Viktor Orbán die Regierung. In Polen war die polnisch-nationalistische, konservativ-katholische PiS-Partei (Recht und Gerechtigkeit) mehrmals an den Regierungen beteiligt und stellte von 2015 bis 2023 die Regierung (vgl. Schellenberg, 2018). Beide Regierungen übten Einfluss auf die öffentlich-rechtlichen Medien und die Justiz aus, sodass „rechtsstaatliche Garantien – etwa die Meinungs-, Wissenschafts- und Pressefreiheit oder Unabhängigkeit der Justiz – zur Disposition stehen" (Bieling, 2017, S. 564).

Der Rechtspopulismus in West- und Mittelosteuropa richtet sich gegen das politische Establishment, ist aber aufgrund der vielfältigen historischen Entwicklungen nicht einheitlich. Der mittelosteuropäische Rechtspopulismus ist durch Abgrenzung gegenüber eingesessenen nationalen und ethnischen Minderheiten wie Sinti und Roma, stärkere religiöse Bezüge und Sozialprotektionismus gekennzeichnet. Diesem steht der durch Abgrenzung gegenüber zugewanderten Muslimen, eher säkular geprägte und zum Teil wirtschaftsliberale Rechtspopulismus in Westeuropa gegenüber.

Verortung in Integrationsforschung Der Ansatz von Hodson und Puetter beruht auf Annahmen des Neuen Intergouvernementalismus. Die Autoren stellen fest, dass es im Zuge der Integrationsdynamik der 1980er-Jahre zwar eine „wave of theorising about states and supranational institutions" gegeben habe (Hodson & Puetter, 2019, S. 1154). In der Phase nach dem Maastricht-Vertrag wurden aus ihrer Sicht aber Probleme der Integration auch wegen des Fehlens eines großen Integrationsprojektes ignoriert. Neofunktionalismus und liberaler Intergouvernementalismus deuteten Krisen als Verlangsamung des Integrationsprozesses, während Postfunktionalismus und neuer Intergouvernementalismus die mangelnde Legitimität der EU als Ursache für die Krisen der Post-Maastricht-Phase in den Blick nähmen. Die Erklärungskraft des Postfunktionalismus stößt aus Sicht der Autoren jedoch an ihre Grenzen, da politische Spaltungen nicht nur zu einem „constraining consensus" führten, der in der Phase nach dem Maastricht-Vertrag den Integrationsprozess gehemmt habe (Hodson & Puetter, 2019, S. 1154).

An dieser Stelle setzt die Erklärung von Hodson und Puetter auf Basis des Neuen Intergouvernementalismus an: Seither habe sich einerseits die europäische Integration intensiviert, andererseits hätten euroskeptische Parteien und Regierungen die Mainstream-Parteien umgangen. Das Ergebnis sei ein „destructive consensus" (Hodson & Puetter, 2019, S. 1153).

Gegenstand des Ansatzes von Hodson und Puetter ist insbesondere die Vorstellung eines Gleichgewichts, nach dem die EU strebe. Ökonomisches Gleichgewicht wird definiert als eine Balance von Kräften, in der es keine endogenen Treiber für Änderung oder ein Ergebnis gebe, nach dem die Wirtschaft strebe. Die Vorstellung des Neofunktionalismus und des Liberalen Intergouvernementalismus von Gleichgewicht beinhaltet die teleologische Annahme des Strebens hin zu einer finalen Integrationsform (vgl. Hodson & Puetter, 2019, S. 1155 ff.).

Wenn auch der Postfunktionalismus kein explizites Konzept des Gleichgewichts beinhaltet, so lege dieser „a multiple equilibrium conception of European integration" nahe (Hodson & Puetter, 2019, S. 1157), das vom Fortbestehen des Integrationsstandes bis hin zu Unterbrechungen und möglicher Desintegration reiche (vgl. Hooghe & Marks, 2019).

Aus der Perspektive des Neuen Intergouvernementalismus hingegen befindet sich die EU in der Nach-Maastricht-Phase in einem fortdauernden Zustand des Ungleichgewichts. Ursache dafür ist, dass politische Eliten und Herausforderer Entscheidungen trafen, die einerseits weitere Integration ermöglichten, andererseits aber die Art und Weise, wie dies geschah, das Ungleichgewicht der EU vergrößerte.

An diesem Ungleichgewichtskonzept des Neuen Intergouvernementalismus knüpft der Ansatz von Hodson und Puetter an, indem er das Ziel formuliert, über die vorliegenden Beiträge des Neuen Intergouvernementalismus hinaus die Debatte über das EU-Ungleichgewicht weiterzuentwickeln (Hodson & Puetter, 2019, S. 1155). Die Autoren unterstreichen, dass ihr Verständnis von Ungleichgewicht sich von der Vorstellung löst, es handele sich um Krisen und Unterbrechungen oder „Spill-backs" eines ansonsten stabilen Integrationskurses (vgl. Hodson & Puetter, 2019, S. 1166).

Konzeption (Des-)Integration Der Neue Intergouvernementalismus stellt die Annahme in Frage, dass europäische Integration entweder einen Gleichgewichtszustand oder einen Prozess hin zu einem Gleichgewichtszustand meint. Der Ansatz sieht die EU in der Post-Maastricht-Phase vielmehr in einem Zustand des anhaltenden Ungleichgewichts (vgl. Hodson & Puetter, 2019, S. 1157). Kommt es zu Adaptationsprozessen, kann ein solch persistierendes Ungleichgewicht zu Desintegration im Sinne der Rücknahme von Integrationsarrangements in bestimmten Politikbereichen und des Ausscheidens von Mitgliedstaaten aus der EU führen (Hodson & Puetter, 2019, S. 1158).

Funktionieren von (Des-)Integrationsprozessen Der Beitrag von Hodson und Puetter konkretisiert die Vorstellung, dass sich die EU im Zustand eines Ungleichgewichts befinde: **Ungleichgewicht** werde durch wachsende **gesellschaftliche Spannungen im politischen System** ausgelöst. Es gibt zwar einen Konsens für die europäische Integration, jedoch schüren Spaltungen zwischen proeuropäischen politischen Eliten und einer EU-skeptischen Öffentlichkeit einen zerstörerischen Dissens. Dieser zieht die langfristige Existenz der EU in Zweifel (vgl. Hodson & Puetter, 2019, S. 1154 f.).

Die These lautet, das Ungleichgewicht sei ein Produkt aus dysfunktionalen politischen Outputs und dysfunktionalen Inputs: Integrations- und konsensorientierte politische Eliten tendieren dazu, Politikergebnisse zu produzieren, die die Bevölkerung in einer Weise polarisieren, dass die Zukunft der EU in Frage gestellt wird. Entsteht Druck auf die mitgliedstaatlichen Regierungen, miteinander zu kooperieren wie etwa in der Euro-Krise, neigen diese dazu, angesichts von integrationsskeptischen Bevölkerungen, Integration nicht zu begrenzen. Die Nationalstaaten reagieren vielmehr mit der Schaffung neuer Institutionen, die sie dominieren. Es handelt sich aber um „dysfunctional outputs", die das Ungleichgewicht der EU vergrößern, da europaskeptische Wähler zu Politikalternativen außerhalb des

Mainstream-Parteienspektrums tendieren. Es entstehen „dysfunktionale inputs", wenn die Öffentlichkeit die Vorteile der europäischen Integration skeptisch sieht und das Vertrauen in die EU und in die nationalen politischen Systeme abnimmt (Hodson & Puetter, 2019, S. 1157).

Die damit entstehenden systemischen Risiken tragen zur Erosion der normativen Ordnung der EU bei und bedrohen ihre territoriale und politikfeldbezogene Integrität. Ein andauerndes Ungleichgewicht führt dazu, dass es zu systemischen Anpassungsprozessen kommt. Mögliche Folgen wären Desintegrationserscheinungen in bestimmten Politikbereichen und bei bestimmten Mitgliedstaaten der EU wie etwa bei der Diskussion über ein mögliches Ausscheiden Griechenlands aus der Eurozone 2015. Der Ausstieg großer Mitgliedstaaten aus der EU könnte zu einer Kettenreaktion und zum Zusammenbrechen der EU führen (vgl. Hodson und Puetter, S. 1158).

Wissenschaftlich-funktionale Dimensionen des Ansatzes Der Beitrag von Hodson und Puetter zielt darauf ab, auf Basis des Forschungsstandes des Neuen Intergouvernementalismus das Konzept des Ungleichgewichts weiterzuentwickeln. Damit erfüllt der Ansatz die wissenschaftliche Funktion der Theoriebildung. Die Autoren halten es für eine „key challenge" der gegenwärtigen Integrationstheorie, das Fortbestehen und das destabilisierende Potenzial des Ungleichgewichts der EU zu verstehen (Hodson & Puetter, 2019, S. 1153). Das Konzept des Ungleichgewichts wird empirisch auf die Koexistenz von proeuropäischen Mainstream-Parteien und euroskeptischen Herausforderer-Parteien in einer Phase zunehmender Integration angewendet. Neben der Beschreibungs-, Erklärungs- und Analysefunktion lässt sich in dem vorsichtigen Blick auf die zukünftige Entwicklung der EU auch die Prognosefunktion mit einer appellativen impliziten Handlungsempfehlung erkennen: Werden Bedenken der Wähler euroskeptischer Parteien und Regierungen ignoriert, Integration nicht auf Basis der EU-Werte vertieft und das Ungleichgewicht der Gemeinschaft vergrößert, geriete die Zukunft der EU in Zweifel (vgl. Hodson & Puetter, 2019, S. 1167).

Die empirische Anwendung des neofunktionalistischen Ansatzes von Hodson und Puetters kommt zu folgenden Ergebnissen:

Herausforderer-Parteien („Challenger parties")

Die Autoren betrachten die Phase der europäischen Integration in der Phase nach dem Maastricht-Vertrag von 1993. Nichtsdestotrotz markiert, so ihre Sicht, bereits der zweite Platz der Dansk Folkeparti in den dänischen Parlamentswahlen im Dezember 1973 den Anfang des Aufstiegs explizit euroskeptischer Parteien in Europa, die die traditionellen Mainstream-Parteien herausfordern. Als explizit euroskeptische Partei wird eine Partei verstanden, die grundsätzlich gegen die EU und die Integration ist. Gerade der Prozess der Aushandlung und Ratifikation des Maastricht-Vertrages habe „a new transnational cleavage between voters with diametrically opposed but equally intensive preferences on integration" angezeigt (Hodson und Puetter, S. 1159).

Der Ansatz von Hodson & Puetter, 2019 identifiziert zwei Pole dieses Grabens: einerseits die „traditional/authoritarian/nationalist (TAN) parties" wie die britische UK Independence Party (UKIP) und den französischen Front National (FN), seit 2018 Rassemblement National (RN), die ihre EU-Kritik auf Vorstellung von nationaler Souveränität und Selbstbestimmung gründen. Den anderen Pol bilden demnach die „green/alternative/libertarian (GAL) parties" wie die spanische Partei Podemos, die griechische Syriza-Partei oder Macrons Partei La République En Marche!, die trotz scharfer Kritik an bestimmten EU-Politiken grundsätzlich die europäische Integration unterstützen. Das äußerste linke Spektrum der GAL-Parteien wird als kapitalismuskritisch identifiziert. Die EU-skeptischen Parteien hätten vom wachsenden Misstrauen der Bevölkerung gegenüber der EU profitiert, ohne größeren Einfluss auf die Politik zu gewinnen, so Hodson und Puetter. Sie sehen darin ein Ungleichgewicht im Sinne des Neuen Intergouvernementalismus, das kurzfristig nicht den proeuropäischen Grundkonsens in der Post-Maastricht-Phase gefährde. Selbst das Brexit-Referendum war in dieser Sicht ein erfolgloser Versuch des damaligen britischen Premierministers der Konservativen Partei Großbritanniens, David Cameron, den Post-Maastricht-Konsens aufrecht zu erhalten.

Allerdings übten die TAN-Parteien abgesehen von denjenigen in Ungarn, Italien und Polen, die es schafften, Teil von nationalen Regierungen zu werden, eher einen indirekten politischen Einfluss auf traditionelle Parteien aus. Die Mainstream-Parteien übernahmen teilweise eine EU-kritische Tonlage, behielten aber grundsätzlich gegenüber der EU-Integration eine positive Haltung. Trotz des Aufstiegs der Partei AfD in Deutschland oder der niederländischen PVV, die Hilfszahlungen für Mitglieder der Eurozone ablehnten, unterstützten die deutsche Bundeskanzlerin Angela Merkel und der niederländische Premierminister Marc Rutte die Stärkung der Europäischen Bankenunion und finanzieller Hilfsmechanismen von Mitgliedstaaten in der Eurozone. Dennoch vergrößerte sich die Distanz zwischen der politischen Elite und den Interessen der Bevölkerung und damit das Ungleichgewicht der EU (vgl. Hodson & Puetter, 2019, S. 1159 ff.).

Herausforderer-Regierungen („Challenger governments")

Den von Hodson und Puetter betrachteten euroskeptischen Parteien wie der ungarischen Fidesz-Partei mit Premierminister Viktor Orbán oder der polnischen PiS-Partei mit Parteichef Jarosław Kaczyński gelang es, Teil der jeweiligen Regierung zu werden und damit einen maßgeblichen Einfluss auf die Haltung des Landes zur EU auszuüben. Die Autoren stellen fest, dass die Regierungen, anstatt sich radikal gegen die EU auszusprechen, einen „ambivalent Euroscepticism" entwickelten (Hodson & Puetter, 2019, S. 1162). Einerseits stellten sie sich als Verteidiger der nationalen Autonomie gegenüber der EU dar – wie etwa mittels der nationalen euroskeptischen Kampagne „Stop Brussels"-Kampagne der Orbán-Regierung – oder bei Personalentscheidungen der EU-Führungsjobs – wie beispielsweise bei der Weigerung des polnischen Premierministers, die Wiederwahl von Donald Tusk als Präsident des Europäischen Rates zu unterstützen. Andererseits vertreten die Herausforderer-Regierungen keine Exit-Strategie aus der EU, sondern distanzieren sich vom britischen EU-Austritt. Vielmehr sehen sie die Stärkung des Nationalstaates in der EU als notwendige Reform und Voraussetzung für deren Erhaltung an (vgl. Hodson & Puetter, 2019, S. 1162 ff.).

Die Regierungen der übrigen EU-Staaten gerierten sich ebenfalls ambivalent in Bezug auf die Frage, wie mit den sogenannten Herausforderer-Regierungen umzugehen sei. Wenn auch einzelne Regierungen deren EU-skeptische Positionen wie etwa zur EU-Migrationspolitik kritisierten, so gab es mehr Zurückhaltung bei der Forderung eines Parteiausschlusses der Fidesz-Partei aus der Europäischen Volkspartei (EVP) (vgl. Hodson & Puetter, 2019, S. 1164 f.). Den Umgang der europäischen Institutionen mit Herausforderer-Regierungen bewerten Hodson und Puetter als vorsichtig: Sie bestrafen diese je nach Anlass; trotz der Bedrohung grundlegender Werte der EU werden Konfrontationen aber vermieden. Dass beispielsweise nach der Entscheidung des EuGH die polnische Regierung im November 2018 Richter wieder einsetzte, die sie zuvor zwangsweise in den Ruhestand versetzt hatte, sehen die Autoren als Beleg für den „overall trend of avoiding confrontation“ (Hodson & Puetter, 2019, S. 1165). Dies illustriere wiederum die Widerstandsfähigkeit und Enge des Post-Maastricht-Konsenses: Der Aufstieg der Herausforderer-Regierungen habe die Bereitschaft der Mainstream-Parteien erhöht, Verletzungen des normativen EU-Konsenses so lange zu tolerieren, wie diese nicht das alltägliche Funktionieren von Schlüsselbereichen der EU-Politik gefährden. Es entsteht ein Kreislauf aus Vertiefung des EU-Ungleichgewichts und Stärkung der Herausforderer-Regierungen wie der 2018 bei gleichzeitiger Schwächung der sie tolerierenden Mainstream-Parteien (vgl. Hodson & Puetter, 2019, S. 1165 f.).

3.2.3 Kritische Betrachtung

Der Liberale Intergouvernementalismus und der Neofunktionalismus waren in den zwei Jahrzehnten vor den EU-Krisen der 2000er-Jahre zu den dominanten Theorien der europäischen Integration geworden. Trotz ihres grundsätzlichen Fortschrittsoptimismus in Bezug auf den Integrationsprozess, wurden sie auf die verschiedenen EU-Krisen und ihre politischen Lösungsversuche angewendet. Beiden Ansätzen wird durchaus attestiert, „überzeugende Erklärungen für die „Polykrise“ der EU und ihre Ergebnisse“ anzubieten (Schimmelpfennig, 2019, S. 248). Die Theorieverbindungen aus Liberalem Intergouvernementalismus und Neofunktionalismus im Konzept des „Failing Forward“ von Jones et al. bezeichnet Schimmelpfennig als „griffige Formel“ (Schimmelpfennig, 2019, S. 250).

Die Erklärungskraft des Intergouvernementalismus für die Krisen im europäischen Integrationsprozess bzw. für desintegrative Phänomene wird jedoch kritisch gesehen. Kritikpunkte sind unter anderem die folgenden:

- Ansatz zur Erklärung von Integrationsfortschritten: Insbesondere, wenn es um die Analyse nationaler Präferenzordnungen und internationaler Verhandlungen geht, bietet der Liberale Intergouvernementalismus auch für die Analyse von EU-Krisen plausible Auslegungen an. Dennoch bleibt der (Liberale) Intergouvernementalismus genauso wie der Neofunktionalismus ein theoretischer Ansatz, der auf die Erklärung von Integrationsfortschritten ausgerichtet ist.
- Vernachlässigung der innerstaatlichen euroskeptischen Politisierung: Der (Liberale) Intergouvernementalismus genauso wie der Neofunktionalismus beziehe nicht genügend die innerstaatliche Politisierung der europäischen Integration in der Bevölkerung und die Wechselwirkungen zwischen öffentlicher euroskeptischer Meinung und dem Entstehen und der Existenz populistischer, euroskeptischer Parteien als erklärende Variablen für EU-Krisen wie den Brexit mit ein.

3.3 Postfunktionalismus

3.3.1 Einführung

Der theoretische Ansatz des Postfunktionalismus wurde von Hooghe & Marks (2008) entwickelt. Er hat seine Wurzeln in der Analyse politischer Systeme, insbesondere in der vergleichenden Forschung von Parteien, Wahlen, Identitäten und nationalen Konflikten in demokratisch-föderal geprägten Nationalstaaten (vgl. Hooghe & Marks, 2019, S. 1116).

Im Gegensatz zum neofunktionalistischen Integrationsoptimismus aufgrund von Spill-over-Prozessen untersucht der Postfunktionalismus, warum es im europäischen Integrationsprozess zu einer „negativen Integrationsdynamik" kommen kann (Schimmelpfennig, 2015). Die zentrale Analysekategorie ist die Politisierung von Bürger/innen, die insbesondere seit der Realisierung des europäischen Binnenmarktes und dem Vertrag von Maastricht zunehmend durch die europäische Integration tangiert werden. Die Untersuchung von „mass politics" wurzelt in der politischen Psychologie und stellt ein wesentliches Unterscheidungsmerkmal zur rationalistisch-ökonomischen Logik des Neofunktionalismus und Intergouvernementalismus dar (Hooghe & Marks, 2016, S. 1117).

Dem Postfunktionalismus liegt die Annahme der Multi-Level Governance-Forschung zugrunde (vgl. Knodt & Große Hüttmann, 2012, S. 187 ff.). Der Ansatz des Regierens im Mehrebenensystem beschreibt die EU als ein eigenständiges politisches System, in dem verschiedene Funktions- und Kompetenzträgern Entscheidungen auf mehreren Ebenen des Nationalstaates und der EU treffen (vgl. Hooghe & Marks, 2001; Jachtenfuchs & Kohler-Koch, 1996). Postfunktionalistische Ansätze beschäftigen sich mit der Frage, wie sich Menschen in Gemeinschaften und insbesondere in demokratisch verfassten politischen Systemen verhalten. Es handelt sich um einen akteurszentrierten Ansatz, der Gruppen, Organisationen, Individuen betrachtet und nicht Regierungen und Staaten. Ausgangspunkt ist die Annahme, dass der Mensch ein soziales Wesen und sozialisiertes Mitglied solidarischer Gemeinschaften ist. Die kollektive Selbstbestimmung ist eine wesentliche Zielkategorie der Gemeinschaftsmitglieder: Nationale Selbstbestimmung richtet sich gegen Fremdbestimmung durch andere Gemeinschaften und demokratische Selbstbestimmung gegen Fremdbestimmung durch Angehörige der eigenen Gemeinschaft (vgl. Schimmelpfennig, 2020, S. 17 f.). Das Thema der europäischen Integration ist auch Teil des demokratischen Diskurses in den Nationalstaaten geworden und hat sich somit auf nationaler Ebene politisiert. Kollektive Identitäten haben für den europäischen Integrationsprozess an Bedeutung gewonnen (vgl. Kuhn, 2019, S. 1214).

Während aus Sicht des Neofunktionalismus und Intergouvernementalismus „Pareto-improving economic gains" (Hooghe & Marks, 2009, S. 4), also Größen- und Effizienzvorteile, grundlegend für die Gründung großer, transnationaler Organisationen sind, tritt in postfunktionalistischer Perspektive Identität als weiterer entscheidungskritischer Faktor für die juristische Ausgestaltung. Inwieweit identitätsbezogene Interessen die Präferenzen für oder gegen regionale Integration bzw. für deren Ausgestaltung beeinflusst, ist abhängig von der Stärke und dem Ausmaß der Exklusivität territorialer Identität und von der Instrumentalisierung durch euroskeptische Parteien (vgl. Hooghe & Marks, 2008, S. 12 ff.). Gemeinsames Regieren im Mehrebenensystem der EU ist aus postfunktionalistischer Sicht das Ergebnis von Gemeinschaftsbildung, die auf „gemeinsamen Identitäten und Kulturen" gründet (vgl. Schimmelpfennig, 2020, S. 17).

Es kann zu einem Zielkonflikt zwischen den funktionalen Vorteilen der transnationalen Größe einer Institution und den Bedürfnissen nach Gemeinschaft kommen: Wenn Mitglieder einer (subnationalen) Gemeinschaft fürchten, dass ihre Identität und Selbstbestimmung untergraben werden, kommt es zur Mobilisierung integrationsskeptischer Kräfte und Politisierung parteipolitischer Formationen auf der nationalen Ebene. Hooghe und Marks sehen die Ursachen und Effekte der Politisierung in einem dreidimensionalen Analysemodell: Die erste Analysedimension bezieht sich auf das „mismatch between efficiency and the existing structure of authority." (Hooghe & Marks, 2008, S. 2). Aufgrund der wachsenden transnationalen Interdependenz und des daraus resultierenden funktionalen Drucks, Probleme gemeinsam zu lösen, liegt es im Interesse von Nationalstaaten, die Vorteile institutioneller Arrangements zu nutzen, die effiziente Problemlösung auf verschiedenen lokalen, nationalen und internationalen Ebenen ermöglichen.

Eng damit verbunden ist zweitens die Dimension der relevanten Entscheidungsträger bei Phänomenen der Politisierung: Der Postfunktionalismus bezieht neben nationalstaatlichen Führern, Verwaltungen, europäischen Institutionen und Interessengruppen insbesondere den Einfluss von Massenmedien, politischer Parteien und Bewegungen sowie Regierungskoalitionen auf das Phänomen der „mass politics" ein (Hooghe & Marks, 2019, S. 1117). Der Postfunktionalismus misst den Arenen, in denen Debatten und Konflikte stattfinden, eine entscheidende Bedeutung für die Politisierung von Bürger/innen bei. Wenn politische Auseinandersetzung über (europäische) Integration zum Gegenstand der „mass politics" bei Wahlen, Referenden und Parteien wird, kann die Mobilisierung nationaler Identität zum Integrationshindernis werden: Da die Bürger die europäischen Institutionen als zu wenig partizipativ, solidarisch, identitätsstiftend und gemeinschaftsbildend wahrnehmen, stellen sie diese in Frage. Institutionelle Integrationsfortschritte scheitern daran, dass die europäische Integration die gemeinschaftsbildenden Bedürfnisse der Bürger nur unzureichend befriedigt. Die Folgen sind Blockaden und Stillstand des Integrationsprozesses oder Desintegration. Insofern betont der Postfunktionalismus das „disruptive potential of a clash between functional pressures and exclusive identity" (Hooghe & Marks, 2019, S. 1116 f.).

Drittens analysieren postfunktionalistische Ansätze aus verhaltenstheoretischer Perspektive, wie europäische Integration die politische Auseinandersetzung der Wähler und Parteien beeinflusst (vgl. Hooghe & Marks, 2019, S. 1116 f.).

Historisch betrachtet hat die europäische Integration in der Zeit nach dem Zweiten Weltkrieg zunächst eine untergeordnete Rolle in der Wahrnehmung der Bürger und in der politischen Auseinandersetzung gespielt. Die mit „wohlwollender Gleichgültigkeit" gegenüber dem Integrationsprozess beschriebene Haltung der Bürger änderte sich mit der zunehmenden Institutionalisierung des gemeinsamen Europas. Als Gründe sieht der Postfunktionalismus eine unzureichende europäische Identitäts- und Gemeinschaftsbildung auf einer breiten bürgerlichen Basis. Vielmehr handele es sich um einen von Eliten getragenen Prozess. Die postfunktionale Logik (vgl. Hooghe & Marks, 2016) setzte ein: Mangelnde kollektive europäische Identität, Solidarität und Gemeinschaft angesichts zunehmender Globalisierung und Institutionalisierung sind der Ausgangspunkt für Integrationsskepsis und Mobilisierung integrationsskeptischer Akteure in den EU-Mitgliedstaaten.

Ob es zu einem Prozess der Politisierung kommt, ist davon abhängig, ob Parteien vom Spannungsfeld aus nationalstaatlichen Bedürfnissen der Identität und Gemeinschaft und dem gemeinschaftlichen Regieren im Mehrebenensystem verbundenen Themen und Herausforderungen für die Wählergewinnung profitieren. Das Thema europäische Integration ist seit den 1970er-Jahren stärker in den Fokus medialer Öffentlichkeit gerückt. Angesichts der zunehmend komplexeren Umwelt und der Multikrisen der EU konnten populistische, radikale Parteien am linken und rechten Rand Wähler mobilisieren. Während Anfang der 1980er-Jahre Integrationsskepsis sozialdemokratischen und radikalen linken Parteienspektrum formuliert wurde, kam Ende der 1990er-Jahre der Widerstand gegen die europäische Integration aus dem extremen Lager der traditionalism/authority/nationalism (TAN)-Parteien und der green/alternative/libertarian (GAL)-Parteien (vgl. Hooghe et al., 2002, 2006). Vor allem rechtsnationalistische Parteien konnten von dem Einbezug des identitätsbezogenen Widerstandes gegen die europäische Integration in ihre Partei- und Wahlprogramme profitieren. Diese sind im Parteienwettbewerb die „größten Profiteure der Politisierung europäischer Integration" (Schimmelpfennig, 2020, S. 21). Die Stärke der Mobilisierung hängt auch davon ab, wie groß der Einfluss des Politikbereichs für die nationale Identität und Gemeinschaft ist. Insbesondere die Politikfelder Migration und Soziales sind Gegenstand politisierter Auseinandersetzung über transnationale Identitäten und Solidarität sowie den Fortgang der europäischen Integration. Aus dem „permissiven Konsens" („permissive consensus") der Bevölkerungen in den EU-Mitgliedstaaten ist seit den 1990er-Jahren ein „einschränkender Dissens" („constraining dissensus") geworden (vgl. Hooghe & Marks, 2008, S. 5). Wahlen in den Mitgliedstaaten und für das Europäische Parlament spiegeln einerseits die Zustimmung und andererseits Skepsis bzw. Widerstand gegenüber der als Fremdbestimmung wahrgenommenen europäisch-institutionalisierten Integration wider. Volksbefragungen sind zum Seismografen des Politisierungsgrades europäischer Projekte geworden.

Vor dem Hintergrund der Integrationsentwicklung Europas stellt sich die Frage, welche normativen Schlüsse sich für die Gestaltung von Integration aus postfunktionalistischer Perspektive ergeben. Institutionelle Lösungen, bei denen Mitgliedstaaten ein Vetorecht in Bezug auf die Aufgaben- und Kompetenzdelegation behalten, sichern den Erhalt der demokratischen mitgliedstaatlichen Selbstbestimmung und Legitimität der Integration. Staaten, die offen gegenüber dem Nebeneinander einer nationalen und europäischen Identität sind und ähnliche Wertvorstellungen zu Demokratie und Solidarität besitzen, können sich leichter integrieren. Je mehr kulturell heterogene Staaten in den Integrationsprozess einbezogen und je mehr „identitätsrelevante Politikbereiche vertieft werden" (Schimmelpfennig, 2020, S. 20), um so wahrscheinlicher ist die Verstärkung der Politisierung in den Nationalstaaten.

Vom Neofunktionalismus und Intergouvernementalismus lässt sich der Postfunktionalismus mittels der „postfunktionalen Logik" abgrenzen. Während die funktionale Logik darauf gründet, dass größere Institutionen gemeinschaftliche Aufgaben effizienter wahrnehmen als einzelne Staaten, relativiert der Postfunktionalismus diesen Vorteil: Wenn Integrationsfortschritte als nicht ausreichend kompensierte Verluste nationaler Selbstbestimmung und mangelnde europäische Identitätsbildung wahrgenommen werden, können sie zu Hindernissen weiterer Integration werden. Die postfunktionale Sicht löst sich auch insofern von der funktionalen elitenzentrierten Perspektive, als im Verlauf der in der europäischen Integrationsgeschichte auftretenden, polarisierenden Konflikte die Bürger als Akteure mobilisiert wurden. Postfunktionalismus und Intergouvernementalismus stimmen darin überein, dass es integrationskritische Politikfelder gibt. Jedoch sind dies nicht die sicherheitsrelevanten, sondern in der postfunktionalen Sicht die die nationale Selbstbestimmung, Identität und Solidarität betreffenden Politikfelder (vgl. Schimmelpfennig, 2020, S. 17 ff.). Insgesamt sieht der Postfunktionalismus „allgemein einen sich selbst unterminierenden Integrationsprozess" (Schimmelpfennig, 2020, S. 22). Dies steht demnach im Kontrast zur Annahme des Intergouvernementalismus, dass im Mittelpunkt der Analyse nicht das ob, sondern das wie europäischer Integration stehe.

3.3.2 Beispiele für Ansatzpunkte europäischer Desintegration

3.3.2.1 Hooghe und Marks: Postfunctionalism – a flexible body of thought

Verortung in Ereignisgeschichte Der wissenschaftliche Beitrag von Hooghe und Marks nimmt Bezug auf vier Krisen der jüngeren Vergangenheit: die Eurokrise, die Schengenkrise, den Brexit und die Rechtsstaatlichkeitskrise. Bei diesen Krisen handelt es sich in den Augen der Autoren um „episodes of European (dis)integration", die die Dekade seit 2008 geprägt hätten (Hooghe & Marks, 2019, S. 1113).

Verortung in Integrationsforschung Hooghe und Marks beleuchten die drei theoretischen Ansätze – Neofunktionalismus, Intergouvernementalismus und Postfunktionalismus – in Bezug auf ihre jeweilige Erklärungskraft europäischer (Des-)Integration. Sie betrachten die Ansätze als „flexible bodies of thought that resist decisive falisification" und eher als Schulen denn als Großtheorien (Hooghe & Marks, 2019, S. 1113). Keiner der theoretischen Ansätze sei „fundamentally wrongheaded or subject to sweeping disconformation". Indem jede „Schule" Schlüsselakteure, ihre Handlungsarenen und Kausalmechanismen für Ergebnisse institutioneller Arrangements identifiziert, böten diese „a line of sight into European integration" (Hooghe & Marks, 2019, S. 1128).

In ihrem hier behandelten Beitrag behandeln Hooghe und Marks die drei Theorien weder als sich ausschließend noch als Teile einer „super-theory" (Hooghe & Marks, 2019, S. 1113). Dabei geht es ihnen nicht um die Erstellung einer Bestenliste der Theorien europäischer Integration. Ein theoretischer Ansatz könnte aus ihrer Sicht einerseits auf Phänomene wie etwa die EU-Krisen angewendet werden, die nicht im Fokus der Vertreter/innen liege. Andererseits böte sich die Möglichkeit, aus ihnen und anderen Theorien widerstreitende Hypothesen zu gewinnen, die systematisch gegeneinander getestet werden. Damit bewerten die Autor/innen das Verhältnis der drei Denkschulen vielmehr als komplementär denn als konkurrierend (vgl. Hooghe & Marks, 2019, S. 1128 f.).

Konzeption (Des-)Integration Der Verlauf des europäischen Integrationsprozesses wird als „multi-faceted phenomenon" betrachtet (Hooghe & Marks, 2019, S. 1113). Neofunktionalismus und Intergouvernementalismus sehen europäische Integration als kooperativen, auf Effizienzsteigerung ausgerichteten Prozess zwischen Interessengruppen und Regierungen. Wenn diese divergierende Präferenzen haben, kommt es häufig zu Einigungen auf den kleinsten gemeinsamen Nenner. Beim Postfunktionalismus liegt der Fokus auf dem disruptiven Potenzial europäischer Integration, die als konflikthafter Prozess der Neustrukturierung von Zuständigkeiten verstanden wird. Wenn die Akteure unvereinbare Vorstellungen haben, führt dies zu einer tiefgreifenden kulturellen Spaltung. Das Ergebnis kann die Erhaltung des Status Quo des Integrationsstandes oder eine Unterbrechung des Voranschreitens, aber auch Desintegration sein (vgl. Hooghe & Marks, 2019, S. 1117). Die Konzeption von Desintegration wird in Anlehnung an Hodson und Puetter verstanden (2019, vgl. Abschn. 3.2.1.2).

Funktionieren von (Des-)Integrationsprozessen Die Fragen nach dem Ursprung, dem Erklärungsfokus, den betrachteten Hauptakteuren sowie identifizierten Kausalzusammenhängen beziehen Hooghe und Marks auf die Ansätze des Neofunktionalismus, Intergouvernementalismus und Postfunktionalismus.

Im Folgenden stehen die Ausführungen der Autor/innen zum Postfunktionalismus im Vordergrund. Der im Rahmen der vergleichenden Forschung über nationale Identität und innerstaatlichen Protest entstandene Ansatz nimmt eine Analyse und Bewertung der Ursachen und möglichen Auswirkungen von gesellschaftlicher Politisierung auf die europäische Integration in drei Stufen vor (vgl. Hooghe & Marks, 2019, S. 1116 f.):

1.) Europäische Integration und staatliche Konfiguration
Zunehmende funktionale Interdependenz von Staaten führt zur Notwendigkeit, in Form eines Mehrebenensystems gemeinsam Probleme zu bewältigen. Es entsteht ein Spannungsfeld aus der aktuellen Verfasstheit des institutionellen Systems und dem Problemlösungsdruck, dem durch eine Veränderung der Strukturen und Prozesse der staatlichen Zusammenarbeit begegnet werden kann. Indem sich Staaten im europäischen Integrationsprozess „rekonfigurieren", versuchen sie, Vorteile auf der lokalen, nationalen und internationalen Ebene zu erlangen.
2.) Europäische Integration und gesellschaftliche Politisierung
Der Postfunktionalismus bezieht in besonderem Maße die Arenen der Debatten und Entscheidungsfindung in die Betrachtung ein. Neben den Akteuren und Institutionen auf nationaler und europäischer Ebene wird die Bedeutung der „mass politics" untersucht. Zugrunde liegt die Annahme, dass die Fokussierung auf (europa-)politische Themen in Massenmedien sowie in der öffentlichen und politischen Aufmerksamkeit nationale Identitätspolitik beflügelt. Dies wirkt sich hemmend auf die europäische Integration aus.
3.) Euroskeptizismus und politische Disruption
Der dritte Aspekt der Analyse bezieht sich darauf, wie europäische Integration politische Konflikte beeinflusst. Untersucht wird die Interaktion und der Wettbewerb politischer Parteien sowie der Wählerentscheidungen. Insbesondere die infolge von Integrationsprozessen zu beobachtenden Disruptionsprozesse, der sich etablierte Parteien durch das Aufkommen euroskeptischer bzw. die Stärkung radikaler linker und rechter nationalistischer Parteien und Bewegungen gegenüber sehen, führt zur Polarisierung und dauerhaften soziopolitischen Spaltung der Gesellschaften.

Wissenschaftlich-funktionale Dimensionen des Ansatzes Der vergleichende Ansatz von Hooghe und Marks (2019) beschreibt, analysiert und erklärt vier empirische Anwendungsfälle – die Eurokrise, die Migrationskrise, den Brexit und die Rechtsstaatskrise in Ungarn und Polen – mit den theoretischen Ansätzen des Neofunktionalismus, Intergouvernementalismus und Postfunktionalismus. Dabei orientieren sie sich an den Wurzeln, den Leitfragen, dem Erklärungsfokus, den identifizierten Hauptakteuren sowie Kausalzusammenhängen des jeweiligen Ansatzes (vgl. Hooghe & Marks, 2019, S. 1114). Neben der Analyse-, Beschreibungs- und Erklärungsfunktion geben Hooghe und Marks auch Handlungsempfehlungen zur Anwendung der drei verwendeten theoretischen Ansätze: Sie empfehlen deren Anwendung auch auf Phänomene, die in der Entstehungszeit der Ansätze nicht im Vordergrund standen, wie etwa die Analyse dauerhafter EU-Krisen aus neofunktionalistischer Perspektive. Aber auch Tests von widerstreitenden Hypothesen, die aus den Ansätzen abgeleitet wurden, sehen sie als Möglichkeit, um das Verständnis jüngerer EU-Krisen zu fördern (vgl. Hooghe & Marks, 2019, S. 1128).

Die empirische Anwendung des neofunktionalistischen Ansatzes von Hooghe und Marks kommt zu folgenden Ergebnissen:

Eurokrise

Die Eurokrise, die als Staatsschuldenkrise im Rahmen der globalen Finanz- und Wirtschaftskrise seit 2008 immer deutlicher zutage trat, kann je nach gewählter integrationstheoretischer Perspektive unterschiedlich akzentuiert werden. Sie ist ein zwischenstaatlicher Verhandlungsprozess (Intergouvernementalismus), ein integrationsverstärkendes Ereignis (Neofunktionalismus) oder ein Beispiel für integrationshemmend wirkende Politisierung in den Nationalstaaten (Postfunktionalismus). Im Folgenden stehen die Ausführungen von Hooghe und Marks zur postfunktionalistischen Interpretation im Vordergrund (vgl. Hooghe & Marks, 2019, S. 1119 f.).

Im Laufe der Eurokrise wuchs der Widerstand gegen die europäische Integration auf nationaler Ebene. Radikale nationalistische Parteien wurden durch die Berichterstattung und Meinungsbildung bestimmter Medien unterstützt. Regierungen nördlicher EU-Länder folgten nicht Empfehlungen der Weltbank, des Internationalen Währungsfonds und der Obama-Regierung, ihre Handelsbilanz durch eine Steigerung der Binnennachfrage auszugleichen. Stattdessen vertraten sie durch starke Exportorientierung eine „‚me-first' policy" (Hooghe & Marks, 2019, S. 1119). Aus postfunktionalistischer Sicht war dies ein wesentlicher Grund, warum die Eurozone beinahe zusammenbrach.

Die nationalistische Politisierung der Gesellschaft verengte den Spielraum für Reformen. Die ergriffenen Maßnahmen der europäischen Institutionen und Regierungen wie Bailouts, geldpolitische Maßnahmen der EZB sowie verstärkte makroökonomische Steuerung und Bankenaufsicht wurden mit Zeitverzug eingeführt. Wähler von Parteien des politischen Mainstreams wie christdemokratische Parteien, die bereits seit den 1980er-Jahren erodierten, wanderten insbesondere seit der Eurokrise zu nationalistischen und radikalen linken Parteien ab. Sozialdemokratische Parteien, die zu Beginn der Eurokrise in Regierungsverantwortung standen, wurden von den Ereignissen überfahren. Die Eurokrise führte dazu, dass sich nationale Politik als Verteidiger nationaler Solidarität gerierte, die jedoch gegen gemeinsame europäische Lösungen instrumentalisiert wurde. Dies wirkte begrenzend auf die gemeinsame Antwort der EU-Staaten auf die Eurokrise (vgl. Hooghe & Marks, 2019, S. 1119 f.).

Schengenkrise

Auch die Schengenkrise oder Migrationskrise im Jahr 2015, die durch den Zustrom einer großen Zahl an Migrant/innen insbesondere aus Bürgerkriegsgebieten im Irak, in Libyen, Syrien sowie aufgrund politischer Instabilität in mehreren afrikanischen Ländern in die EU gekennzeichnet war, kann integrationstheoretisch unterschiedlich beleuchtet werden. Das gemeinsame Asylsystem der Mitgliedstaaten des Schengenraumes, das Dublin-Abkommen, wurde durch die deutsche Regierung im Sommer 2015 für syrische Flüchtlinge zeitweise ausgesetzt. In der Folge schlossen einige Staaten ihre Grenzen und verweigerten die Aufnahme und Verteilung von Asylbewerbern.

Aus intergouvernementalistischer Sicht rückt das Ausbleiben einer Kompromisslösung der Staaten in den Fokus: Verglichen mit der Eurokrise, in der es um die Rettung des Euro ging, waren weder der Druck durch Menschenrechtsorganisationen so stark noch die ökonomischen Kosten selbst im Falle der Aussetzung des Schengenregimes für die EU-Staaten so hoch, dass sie bei der Verteilung von Flüchtlingen miteinander kooperierten. Stattdessen wurde ein kleinster gemeinsamer Nenner gesucht. In neofunktionalistischem Fokus steht dagegen die supranationale Reaktion auf die Krise: Die Europäische Kommission ergriff 2015 die Initiative zur mittelfristigen Reform des Dublin-Systems, neofunktionalistisch als Spill-over des Schengenabkommens interpretiert, nachdem dessen Dysfunktionalität in der Migrationskrise sichtbar wurde. Die Pfadabhängigkeit durch die Erfolge des EU-Binnenmarktes hatte zuvor verhindert, dass es zu Desintegration kam (vgl. Hooghe & Marks, 2019, S. 1121 f.).

Der Postfunktionalismus wiederum analysiert die Auswirkungen der Krise auf die nationalen Gesellschaften und Parteien, die bereits zuvor in Befürworter eines multikulturellen, offenen Europas auf der einen Seite und dessen Gegner auf der anderen Seite gespalten waren. Die durch Probleme der Zuwanderung, Integration und Handel bedingte soziale und kulturelle Spaltung verstärkte sich durch die Schengenkrise seit 2015. In der Folge verengte sich der Handlungsspielraum der etablierten Parteien, dafür eine gemeinsame Lösung auf EU-Ebene zu finden. Die Forderung nationalistischer Parteien in ganz Europa – so etwa in den Visegrád-Staaten Deutschland, Österreich und Schweden – die Grenzen für Flüchtlinge zu schließen, trug dazu bei, dass selbst in Staaten mit anfangs positiver Einstellung zur Aufnahme von Flüchtlingen aus Kriegsgebieten, die Grenzregimes verschärft wurden. Bereits Anfang 2016 beschloss etwa die Bundesregierung Deutschlands verschärfte Asylgesetze. Außerdem kam es zur Einigung auf das EU-Türkei-Abkommen, das die Aufnahme von Migrant/innen aus benachbarten Krisenregionen durch die Türkei gegen finanzielle Unterstützung von der EU beinhaltet. Neue Grenzzäume wurden etwa in Österreich zu Slowenien gebaut, während die sozialdemokratische Regierung in Schweden wieder Grenzkontrollen einführte und Sozialleistungen für Geflüchtete reduzierte (vgl. Hooghe & Marks, 2019, S. 1122).

Brexit

Aus Sicht des Postfunktionalismus spiegelt das Brexit-Referendum die Spannung zwischen funktionalem Druck für mehr Integration und nationalistischem Widerstand als Teil einer tieferen Spaltung Europas wider. Intergouvernementalismus und Neofunktionalismus betonen hingegen wirtschaftliche Interdependenz als Treiber für Integration, der auch gegen einen „harten" Brexit wirken könne (vgl. Hooghe & Marks, 2019, S. 1123 f.). Die postfunktionalistische Analyse, so Hooghe und Marks, ermögliche ein differenziertes Verständnis des Aufstiegs nationaler Identität, des Aufeinandertreffens von Nationalismus und internationaler Governance sowie der Effekte auf die EU-Politik (Hooghe & Marks, 2019, S. 1124).

Das Ziel des damaligen britischen Premierministers David Cameron, nach der Wahl 2015 ein Referendum durchzuführen, war es, den Aufstieg der UKIP zu bremsen und Geschlossenheit in seiner eigenen Partei herzustellen. Zum zentralen Thema der Polarisierung zwischen den Befürwortern des Verbleibs in der EU, den Remainers, und den Austrittsbefürwortern, den Leavers, wurde die Migrationsdebatte, die durch eine zunehmende Politisierung der Gesellschaft geprägt war. Die Argumente der Remainers wie etwa die erwartete Abwanderung wirtschaftlicher Tätigkeit aus Großbritannien nach dem Ausscheiden aus dem EU-Binnenmarkt, und diejenigen der Leavers, insbesondere die Wiedererlangung nationaler Selbstbestimmung z. B. mittels eigener Freihandelsabkommen, blieben in der öffentlichen Darstellung und Auseinandersetzung häufig vereinfacht und unreflektiert. Die Spaltung der öffentlichen Debatte wurde in der dichotomen Konzeption des Referendums deutlich, das den komplexen Gegenstand der Brexit-Entscheidung mit all ihren sozio-ökonomischen Konsequenzen so weit wie möglich auf die folgende Frage reduzierte: „Should the United Kingdom remain a member of the European Union or leave the European Union?" (European Union Referendum Act, 2015, S. 1). Die Niederlage David Camerons beim Brexit-Referendum sehen Hooghe und Marks als Bestätigung dafür, dass nationale Identität eine zentrale Rolle in der gesellschaftlichen Auseinandersetzung spielt. Insgesamt konstatieren Hooghe und Marks, dass der postfunktionalistische Ansatz „the greatest leverage" habe, um Ursprünge, Verlauf und Auswirkungen des britischen Referendums auf die Brexit-Entscheidung zu erklären (vgl. Hooghe & Marks, 2019, S. 1124).

Rechtsstaatlichkeitskrise

Die Rechtsstaatlichkeitskrise in Polen und Ungarn bewerten Hooghe und Marks als „perhaps the greatest contemporary challenge to the legitimacy of the European Union" (Hooghe & Marks, 2019, S. 1125). Während sich Intergouvernementalismus und Neofunktionalismus damit beschäftigen, wie die EU auf Rechtsstaatlichkeitsverstöße reagiert, untersucht der Postfunktionalismus deren Ursachen. Intergouvernementalistische Perspektiven analysieren die Möglichkeiten, wie die Mitgliedstaaten Sanktionen auf Nationalstaaten verhängen können. Neofunktionalistische Betrachtungen untersuchen die Reaktionen der Europäischen Kommission und des EuGH auf die Gefährdung der Rechtsstaatlichkeit in Polen und Ungarn. Dabei geht es sogar um die Frage, ob diese Krise ein Impetus für Supranationalismus werden könnte.

Postfunktionalistische Ansätze nehmen dagegen verstärkt die Ursachen der Rechtsstaatlichkeitskrise, den Widerstand Ungarns und Polens gegenüber dem Druck von Seiten der EU und von gesellschaftlichen Gruppen aus dem eigenen Land in den Blick. Dabei wird Illiberalismus eng mit konservativen und antielitistischen Diskursen und mit der Wahrnehmung von Ausländern, multinationalen Gruppen und der EU als Bedrohung verknüpft (vgl. Hooghe & Marks, 2019, S. 1127 f.).

Die nationalkonservative, rechtspopulistische Partei Fidesz in Ungarn und die polnisch-nationalistische, konservativ-katholische PiS-Partei mobilisierten nationalistische Anhänger gegen die EU. Nach der Niederlage der Fidesz-Partei in Ungarn im Jahr 2002 wurde Victor Orbán zum Anführer einer Bewegung in Ungarn, die Aktionen und Demonstrationen gegen die Regierung organisierte. Es gelang ihr, sich mit ihrer nationalistischen Botschaft gegen die Parteienkonkurrenz am rechten Rand durchzusetzen. Nach dem Regierungsantritt 2010 unterminierte die Fidesz-Partei in Ungarn liberale Elemente der Demokratie wie die Presse- und Versammlungsfreiheit und die Rechtsstaatlichkeit. Dies führte zur Spaltung der Gesellschaft (vgl. Hooghe & Marks, 2019, S. 1127). Kritik begegnete die Partei mit dem Bezug auf nationale Souveränität und christliche Werte. Im Europäischen Parlament gehörte die Fidesz-Partei zur Europäischen Volkspartei (EVP) und deren Fraktion. Erst im März 2021 kam die Fidesz-Partei mit ihrem Austritt einem nahenden Ausschluss zuvor (vgl. Lang & Ondarza, 2021).

Auf die Frage, wie die EU vor diesem Hintergrund Illiberalismus entgegentreten und Einfluss auf die Regierungen in Polen und Ungarn ausüben kann, sind alle drei integrationstheoretischen Ansätze, so Hooghe und Marks, „not mutually exclusive" (Hooghe & Marks, 2019, S. 1128). Sie unterscheiden sich vielmehr in Bezug auf die fokussierten Akteure: Der Intergouvernementalismus analysiert den Einfluss staatlicher Akteure, insbesondere nationaler Regierungen, hinsichtlich möglicher Sanktionen auf der Basis von Artikel 7 des EU-Vertrages. Der Neofunktionalismus behandelt nicht staatliche Akteure, insbesondere die Kommission und den EuGH. In postfunktionalistischer Sicht liegt das Potenzial für nationale Opposition gegen illiberale Entwicklungen in Staaten bei den transnationalen Akteuren (vgl. Hooghe & Marks, 2019, S. 1128.)

3.3.2.2 Genschel und Jachtenfuchs: „Postfunctionalism reversed"

Verortung in Ereignisgeschichte Der Ansatz von Genschel und Jachtenfuchs beschäftigt sich mit den Auswirkungen der durch das SARS-Cov-2-Virus ausgelösten Pandemie auf das Verhalten und die Reaktion der EU-Mitgliedstaaten in der ersten Hälfte des Jahres 2020 (vgl. Genschel & Jachtenfuchs, 2021, S. 350 f.). Die Autoren betrachten den postfunktionalistischen Ansatz insbesondere vor dem Hintergrund zweier Entwicklungen (vgl. Genschel & Jachtenfuchs, 2021, S. 351): Die EU-Staaten schlossen zeitweilig ihre Grenzen, um die Ausbreitung des Virus zu verlangsamen. Um die sozioökonomischen Belastungen der europäischen Staaten infolge der Pandemie abzumildern, einigten sie sich auf einen gemeinsamen Wiederaufbaufonds, Next Generation EU (NGEU). Dieser wird finanziert, indem die EU Schulden am Kapitalmarkt aufnimmt und die Mitgliedstaaten über ihre geplanten Beiträge zum EU-Haushalt gemeinschaftlich die Haftung für die Schulden des Fonds übernehmen. Der damit „als Zäsur für die europäische Finanzarchitektur" bezeichnete Wiederaufbaufonds sieht die Auszahlung der Mittel in Höhe von 750 Mrd. € vor allem als Zuschüsse an die Mitgliedstaaten vor, die über den EU-Haushalt getilgt werden (Bundesrechnungshof, 2021). Die vergemeinschafteten Schulden beinhalten Haftungsrisiken, da die EU-Fiskalregeln zur Begrenzung der Schulden in den

Mitgliedstaaten nicht für die von der EU aufgenommenen Schulden gelten (vgl. Bundesrechnungshof, 2021).

Die Ende 2019 durch das neuartige Corona-Virus ausgelöste Lungenkrankheit wurde zuerst in der chinesischen Stadt Wuhan festgestellt. Im Januar 2020 starb der erste Mensch im Zusammenhang mit dem Virus und die Weltgesundheitsorganisation rief den internationalen Gesundheitsnotstand aus. Durch den internationalen Reiseverkehr erreicht das Virus im Laufe des Jahres 2020 alle Teile der Welt. Die Pandemie verlief in mehreren Wellen, die durch eine unterschiedlich starke Infektionstätigkeit und staatliche Maßnahmen der Pandemiebekämpfung und des Infektionsschutzes geprägt waren. Während der ersten durch den Urtypus des Virus ausgelösten Welle wurde über die Nützlichkeit von Mund-Nasenmasken als Prävention der Virusverbreitung diskutiert. Diese und andere Schutzartikel wurden aufgrund der starken Nachfrage weltweit zu knappen und verteuerten Gütern. Bis Ende des Jahres 2020 waren Europa und die USA die Regionen mit den höchsten Todesraten mit Ausnahme der Kinder bis 14 Jahre mit einer erhöhten Übersterblichkeit gegenüber den früheren Jahren (vgl. Merlot, 2021, S. 32 ff.).

Viele Staaten reagierten mit Interventionsmaßnahmen in der Wirtschaft und Konjunkturpaketen, die unter anderem Unterstützungsleistungen für Unternehmen und Maßnahmen im Gesundheitsbereich wie kostenlose Corona-Tests, Zahlungen für krankheitsbedingten Arbeitsausfall sowie die finanzielle Unterstützung für die Erforschung der Behandlung und Prävention von Covid-19 umfassten (vgl. Kolev, 2021, S. 158 f.).

Da Reise- und Grenzbeschränkungen bei einem viralen Krankheitsausbruch nur dann besonders wirksam sind, wenn noch kein Infizierter das Land verlassen hat, schlossen viele EU-Staaten in den ersten Monaten des Jahres 2020 ihre Landesgrenzen und verhingen Reiseverbote und -warnungen. Das Ziel war, einen den Infektionsausbruch bzw. die schnelle Ausbreitung des hochinfektiösen Corona-Virus zumindest zu verzögern (vgl. Ferguson et al., 2006). Als Reaktion auf mehrere Infektionswellen verhängten EU-Länder Reisewarnungen für Länder mit starker Infektionstätigkeit und hohen Fallzahlen und deklarierten Risikogebiete. Die Einschränkung der grenzüberschreitenden Mobilität sowie Vorschriften für Quarantäne- und Testregelungen wirkten sich auch auf den Tourismus und die Migration aus (vgl. Berwanger, 2022).

Der unterschiedliche Umgang mit der Pandemie in Staaten mit teildirigistischer Wirtschaftspolitik in China einerseits und in den unterschiedlich starkem Maße regulierten sozialen Marktwirtschaften und liberalen Demokratien in Europa und USA wurde auch als „Wettbewerb des Systeme“ bewertet (Ther, 2021, S. 103 ff.): Während in China der Staat die Einhaltung von Ausgangssperren und Abriegelung ganzer Städte kontrollierte, machte sich in den USA das Fehlen einer allgemeinen Sozialversicherung bemerkbar. Auch in den europäischen Staaten gab es kein einheitliches Pandemiemanagement, sodass die Fall- und Todeszahlen bis auf die kommunal-regionale Ebene zum Teil stark variierten.

Die Verfügbarkeit verschiedener Impfstoffe und deren (Not-)Zulassungen durch nationale und regionale Gesundheitsbehörden seit Ende des Jahres 2021 hatte erheblichen Einfluss auf den Verlauf der Pandemie. Trotz unterschiedlich hoher Impfquoten in einzelnen Ländern konnten schwere Verlaufsformen der SARS-Cov-2-Virus begrenzt werden, die durch eine Abnahme der Krankheitsschwere des Virus in der Omikron-Variante bei Geimpften auch zu niedrigeren Sterbezahlen führte (Stand Frühjahr, 2022).

Verortung in Integrationsforschung Der Artikel von Genschel und Jachtenfuchs ist eine Analyse der Coronakrise auf Basis des postfunktionalistischen Ansatzes. Im Ergebnis ihrer Analyse sehen sie dessen Grundannahme bestätigt, dass Staaten durch gemeinsame Funktionswahrnehmung erhebliche Effizienzvorteile erzielen können. Die demokratische Selbstverwaltung und damit die territoriale Dimension von Gemeinschaft liegen nach wie vor bei den Nationalstaaten. Der postfunktionalistische Ansatz zur Analyse von (Des-) Integrationsprozessen geht von einem grundlegenden „tradeoff between the functional scale of governance and the territorial scope of community" aus (Genschel & Jachtenfuchs, 2021, S. 350). Dieser Ausgleich zwischen Größenvorteilen transnationaler Integrationsarrangements und gemeinschaftsbildenden Vorteile kleiner (sub-)nationaler Einheiten war und ist ein Charakteristikum des europäischen Integrationsprozesses.

Jedoch, so Genschel und Jachtenfuchs, folgen Größenvorteile des Zusammenschlusses von Nationalstaaten zu transnationalen Governancestrukturen einerseits und Vorteile gemeinsam wahrgenommener Identität in territorial begrenzten (sub-)nationalen Einheiten unterschiedlichen Logiken. Diese seien jedoch viel differenzierter als in der postfunktionalistischen Lehrmeinung angenommen (vgl. Genschel & Jachtenfuchs, 2021, S. 365). Ihre Kritik setzt an folgenden Punkten an:

- „Funktionalismus" im integrationstheoretischen Ansatz des Postfunktionalismus: Effizienz als „functional logic" ist nicht der alleinige Treiber von Integration. Vielmehr müssen Sicherheitsbedenken von Staaten berücksichtigt und in Beziehung zu deren Effizienzzielen gesetzt werden. Es ergibt sich eine Relation, die abhängig von den Umweltfaktoren und damit veränderlich ist. Die Autoren betrachten „the rise of neoliberalism and the decline of communism" als ursächlich dafür, dass das Ziel der Effizienz in den 1980er-, 1990er- und 2000er-Jahren handlungsleitend für Regierungen war. Die Coronakrise hingegen machte deutlich, dass das Ziel der Sicherheit in Krisenzeiten ein entscheidungsrelevanter Einflussfaktor für staatliches Handeln ist.
- „Post" im integrationstheoretischen Ansatz des Postfunktionalismus: Gemeinschaftliche Solidarität als „logic of community" ist nicht nur ein Phänomen in nationalen Gesellschaften mit starker kollektiver Identität. Solidarität ist auch ein grenzüberschreitendes Phänomen, das weniger von der jeweiligen nationalen Identität als vielmehr vom jeweiligen Problem- bzw. Politikfeld abhängig ist. In der Eurokrise konzentrierte sich die öffentliche Debatte auf die Thematik der Staatsschulden. Die damit verbundene Mobilisierung nationaler Identitäten und Perspektiven wirkten blockierend auf eine mögliche gemeinsame Solidarität der EU-Staaten. Dagegen war die Schuldenaufnahme zur Bewältigung der Folgen der Pandemie in der Coronakrise möglich, weil eine transnationale Solidarität unter den EU-Mitgliedstaaten entstand.
- Mangelnde Interaktion zwischen „post" und „funktional": Bei der Marktintegration dominiert die „functional logic" der mitgliedstaatlichen Zielkorridore aus Effizienz und

Sicherheit. Als Belege dafür sehen Genschel und Jachtenfuchs die Phase der Entgrenzung der Märkte in den 1980er- und 1990er-Jahren vor der Coronakrise und ebenso bei der erneuten Grenzziehung in der Pandemie im Frühjahr 2020. Die „logic of community" war hingegen in der Fiskalintegration vorherrschend. Evident wurde dies in der Eurokrise, als sich Teile der jeweiligen nationalen Bevölkerung politisierten und exklusive nationale Identitäten reklamierten. Führte dies in der Eurokrise zur fiskalischen Begrenzung gemeinschaftlicher Schuldenaufnahme, war es dagegen gerade der breite national getragene Konsens transnationaler Solidarität, die fiskalische Entgrenzung zur Bewältigung der Folgen der Coronakrise ermöglichte. Die beiden Logiken bleiben aber für jedes Politikfeld relativ unverbunden (vgl. Genschel & Jachtenfuchs, 2021, S. 365 f.).

Konzeption (Des-)Integration Integration wird als Ergebnis eines postfunktionalistischen „Tradeoff" verstanden. Dieser besteht aus den funktionalen Größenvorteilen gemeinschaftlicher Governance einerseits und den Vorteilen kleiner (sub-)national begrenzter Gruppen, die durch Solidarität, Vertrauen und eine gemeinsame Identität geprägt sind, andererseits (Genschel & Jachtenfuchs, 2021, S. 351). Dabei ist Effizienz das Maß für die Funktionserfüllung. Das postfunktionalistische Spannungsverhältnis zwischen den Größenvorteilen gemeinsamer Governance z. B. im gemeinsamen Markt und der demokratischen Selbstverwaltung der Nationalstaaten, so die Autoren, habe maßgeblich die Entwicklung der europäischen Integration beeinflusst (vgl. Genschel & Jachtenfuchs, 2021, S. 350).

Funktionieren von (Des-)Integrationsprozessen In postfunktionalistischer Sicht, so Genschel und Jachtenfuchs, erfolgt Integration in zwei Schritten: Wenn die bestehenden nationalstaatlichen Kompetenzstrukturen als unzureichend wahrgenommen werden, um die Funktionen effizient zu erfüllen, entsteht erstens eine Nachfrage nach Verlagerung von Kompetenzen auf eine höhere Ebene der Governance. Die Nachfrage nach effizienterer funktionaler Aufgabenerfüllung bewirkt zweitens, dass sich subnationale Einheiten auf nationalstaatlicher Ebene oder Nationalstaaten in regionalen oder globalen Organisationen mit gemeinsamen Zuständigkeiten integrieren. Eine solche Organisation ist die EU mit supranationalen und intergouvernementalen Elementen ihrer Konfiguration (vgl. Genschel & Jachtenfuchs, 2021, S. 351 f.).

Gemeinschaft („community") in postfunktionalistischer Sicht beinhaltet das gemeinschaftliche Teilen („common sharing"), welches auf Mitgefühl und Vertrauen basiert. Diese Eigenschaften treten in sozialen Gruppen auf, wenn sich deren Mitglieder als ähnlich wahrnehmen und eine gemeinsame Vergangenheit, Gegenwart und Zukunft haben. Daraus entwickeln sich ein Zusammengehörigkeitsgefühl und gemeinsame Solidarität. Es entsteht eine „identity-based sympathy". Diese Form kollektiver Identifikation zwischen Mitgliedern einer Gruppe ist mit der Ausgrenzung von Außenstehenden verbunden. „Common sharing" kann auch entstehen, wenn Staaten gemeinsame Werte und Ziele teilen. Es entsteht eine „interdependence-based empathy" (vgl. Genschel & Jachtenfuchs, 2021, S. 357 f.).

Das Ergebnis ist ein „**Tradeoff**“ von „scale versus community“ zwischen Effizienzvorteilen („scale“) in größeren Arrangements transnationaler Kooperation und gemeinschaftsstärkenden Eigenschaften wie Solidarität, Vertrauen und kollektive Identifikation („community“) in (sub-)nationalen Einheiten (vgl. Genschel & Jachtenfuchs, 2021, S. 351).

Die Voraussetzung für Integration ist die (partielle) Abschaffung von internen Grenzen, um einen politisch und wirtschaftlich integrierten Raum zu schaffen mit dem Ziel, langfristig Effizienzvorteile zu erzielen. In kurzfristiger Perspektive können Nebeneffekte von Integrationsschritten die Effizienzgewinne („efficiency“) und die Integrationsbereitschaft verschiedener Akteure schmälern: Internationale Handels- und Investitionstätigkeit kann zum Beispiel Wettbewerbsverstöße einzelner Marktteilnehmer und Personenfreizügigkeit beispielsweise Kriminalität oder Spionage nach sich ziehen. Sehen Staaten in kurzfristiger Perspektive ihre Existenz durch militärische Bedrohungen, Pandemien oder wirtschaftliche Schocks bedroht, verzichten Regierungen auf Effizienzvorteile durch gemeinschaftliche Problemlösung und Integration. Nationale Grenzen werden in solchen Krisensituationen deutlicher als Schutz vor der Verwundbarkeit eines einzelnen Staates durch externe Akteure und Ereignisse wahrgenommen und bewertet. Das staatliche Handeln wird dann durch die Sicherung des Überlebens („security“) der nationalen Bevölkerung bestimmt. Somit ist der Sicherheitsaspekt ein begrenzender Faktor der wirtschaftlichen Effizienzvorteile von gemeinschaftlicher Integration (vgl. Genschel & Jachtenfuchs, 2021, S. 352).

Wissenschaftlich-funktionale Dimensionen des Ansatzes Genschel und Jachenfuchs verfolgen mit der Analyse ihres Forschungsbeitrags ein zweifaches Ziel. Erstens möchten sie empirisch die Entwicklung in der EU während der Coronakrise im Jahr 2020 darstellen, die durch „rebordering of the market“ einerseits und „debordering of fiscal solidarity“ andererseits gekennzeichnet war. Diese Phase vergleichen die Autoren mit der vorangegangenen europäischen Integrationsphase seit den 1950er-Jahren. Prägende Merkmale dieser Phase des „scale-community tradeoff“ waren das Auf und Ab markt und fiskalischer Grenzen. Insoweit erfüllt der Ansatz die Beschreibungsfunktion, Analysefunktion und Erklärungsfunktion.

Wissenschaftstheoretisch vertreten Genschel und Jachtenfuchs die These, dass der postfunktionalistische „tradeoff“ zwischen entgrenztem „functional scale of governance“ und begrenztem „territorial scope of community“ kein strukturelles Merkmal europäischer Integration ist. Das Spannungsverhältnis aus unbegrenzter funktionaler Integration und begrenzter politischer Integration sehen sie vielmehr als ein typisches Merkmal der „neoliberal era“ zwischen den 1980er- und 2010er-Jahren. Richtung und Stärke des postfunktionalistischen „Tradeoff“ sind demnach problem- und phasenabhängig: Treten Faktoren auf, die (nationale) Sicherheitsbedenken hervorrufen, kann es zur Einschränkung der gemeinschaftlichen Funktionswahrnehmung in der EU kommen. Stärkend auf Gemeinschaft und Solidarität können beispielsweise Faktoren wirken, die Empathie mit Fremden fördern (Genschel & Jachtenfuchs, 2021, S. 351).

Die empirische Anwendung des postfunktionalistischen Ansatzes von Genschel und Jachtenfuchs kommt zu folgenden Ergebnissen:

1.) Wiedereinführung von Marktgrenzen

- **Entwicklung bis zur Covid-19-Pandemie**

Zum einen hat die EU von der gemeinsamen Funktionswahrnehmung im Binnenmarkt, in der Währungsunion und im Schengenraum profitiert. Zum anderen verbleiben grundlegende Elemente demokratischer Selbstregierung und sichtbare Zeichen für Gemeinschaft wie etwa die Steuerhoheit oder die administrative Infrastruktur bei den Mitgliedstaaten (vgl. Genschel & Jachtenfuchs, 2021, S. 351 f.).

Der postfunktionalistische „tradeoff" aus „scale versus community" hat seit den 1950er-Jahren zur Schaffung eines hoch integrierten Marktes und eines föderalen Gebildes ohne Staatswerdung mit dessen Kernkompetenzen geführt. Die Diskrepanz zwischen wachsender Funktionserfüllung in der EU und dem relativ statischen Niveau politischer Gemeinschaft trug zur Entstehung von Identitätspolitik, Euroskeptizismus und Politikversagen bei. Dies mache, so Genschel und Jachtenfuchs, die EU anfällig für Krisen und Auseinandersetzungen wie die Polykrise der 2010er-Jahre (vgl. Genschel & Jachtenfuchs, 2021, S. 351 f.).

Die Marktintegration war seit Beginn der europäischen Einigung nach dem Zweiten Weltkrieg darüber hinaus geprägt vom Ausgleich zwischen Effizienz und Sicherheit der europäischen Einigung. Die Sicherstellung von Nahrungsmitteln wurde angesichts der Hungererfahrungen großer Bevölkerungsteile im Zweiten Weltkrieg zu einem wichtigen Ziel der gemeinsamen europäischen Agrarpolitik. Diese Form „effektiver Integration" (Schimmelpfennig, 2019, S. 254) war gekennzeichnet durch Subventionierung europäischer Produzenten, also Entgrenzung nach innen, und die Abschottung gegen billige Importe, also Entgrenzung nach außen. In der Folge kam es zu einer landwirtschaftlichen Überproduktion in den 1970er-Jahren, die in den 1980er-Jahren durch eine verstärkte Orientierung hin zu Effizienzzielen im EU-Binnenmarkt abgelöst wurde. Interne und externe Marktentgrenzung, um die Freizügigkeit des Waren-, Dienstleistungs-, Personen- und Kapitalverkehrs zu ermöglichen, kennzeichnen diese Phase „dilutiver Integration" (Schimmelpfennig, 2019, S. 254).

Nach dem Ende des Kalten Krieges rückte das Effizienzparadigma wieder in den Vordergrund. Es schien, als seien schützende Grenzen „relicts of the past" (Genschel & Jachtenfuchs, 2021, S. 353). Gefühlte Bedrohungen durch Terrorismus und angesichts der Flüchtlingskrise in den 2000er- und 2010er-Jahren ließen Sicherheitsüberlegungen wieder stärker in den Vordergrund treten, bevor die Coronakrise die Phase „dilutiver Integration" abrupt beendete, indem externe und interne Grenzen im EU-Binnenmarkt und im Schengenraum wieder errichtet wurden. Die EU-Institutionen verloren in diesem Prozess ihre Kontrollfunktion über die Freizügigkeiten des internen Marktes (vgl. Genschel & Jachtenfuchs, 2021, S. 353). Die Autoren beschreiben den Prozess chronologisch in drei

Stufen inhaltlich „efficiency in retreat" von Januar bis März 2020, „security first" im März 2020 und „more fortress Europe, less fortress nation state" seit April 2020.

- **Entwicklung in der Covid-19-Pandemie**

Januar bis März 2020: „efficiency in retreat"
China meldete Ende 2019 der WHO einen Ausbruch respiratorischer Infektionen in der Stadt Wuhan und Anfang Januar 2020 einen ersten Todesfall im Zusammenhang mit dem Virus. Wurde die Wahrscheinlichkeit, dass das Coronavirus auch nach Europa gelangen könnte, von der European Center for Disease Prevention and Control als gering eingeschätzt, verhängte China bereits im Januar einen Lockdown für Wuhan. Es folgten zwar Flugsuspendierungen nach Wuhan in Italien; jedoch sprach sich noch Anfang Februar eine Mehrheit im Rat der EU dafür aus, die Personenfreizügigkeit in der EU aufrecht zu erhalten. Langfristige Effizienzvorteile waren gegenüber den kurzfristigen Sicherheitsbedenken, Infektionen einzuschleppen noch dominant.

Die Dominanz Chinas bei der Produktion von Schutzausrüstung wie Masken, Schutzhandschuhe, Medikamente und Beatmungsgeräte wurde schnell deutlich. Die Abhängigkeit Europas von externen Lieferanten wurde durch die mangelhaften Bestände in den Mitgliedstaaten verstärkt (vgl. Genschel & Jachtenfuchs, 2021, S. 353 f.).

März 2020: „security first"
In der frühen Phase der Covid-19-Pandemie in Europa wurde eine hohe Infektionstätigkeit in Norditalien festgestellt. Es folgten Reaktionen öffentlicher Behörden wie regionale Schulschließungen, Lockdowns und Absagen öffentlicher Veranstaltungen. Die Bevölkerung reagierte auf die vor allem durch die mediale Berichterstattung ins Bewusstsein gelangende entstehende pandemische Situation mit Maßnahmen der Bevorratung. Die teils über den kurzfristigen Bedarf hinausgehende Nachfrage nach Lebensmitteln und Medizinartikeln zum Schutz vor respiratorisch übertragbaren Viren löste schnell eine Verknappungssituation aus. Es wurde deutlich, dass es auf nationaler Ebene keine Vorräte an Mundnasenmasken, Desinfektionsmitteln und Schutzausrüstung für medizinisches Personal für den Fall einer Pandemie gab. Es folgten nationale Exportverbote zunächst seitens Deutschlands, Polens und der Tschechischen Republik für Schutzartikel, was eine bedarfsbasierte Verteilung im Binnenmarkt konterkarierte. Als auch andere Staaten solche Exportverbote verhingen, kam es sogar zu Konfiszierungen von Schutzgütern in der Logistikkette (vgl. Genschel & Jachtenfuchs, 2021, S. 354).

Die Unterbrechung der EU-internen Lieferketten verstärkte die Konkurrenz der Nationalstaaten um Lieferungen aus dem EU-Ausland wie China sowie die Bemühungen um die Änderung des Produktionsprogramms einheimischer Unternehmen zugunsten von Schutzgütern. Es folgten Mitte März 2020 weitere Grenzschließungen in europäischen Ländern, insbesondere nachdem die WHO Europa zum neuen Epizentrum der Pandemie erklärt und die USA ein Einreiseverbot für Bürger aus dem Schengenraum verhängt hatte. Ende März 2020 hatten 21 EU-Mitgliedstaaten formal Einreiseverbote für Ausländer und Nichtansässige verhängt (vgl. Genschel & Jachtenfuchs, 2021, S. 355).

Zu diesem Zeitpunkt waren also die Grenzen im Binnenmarkt und Schengenraum wieder existent. Damit gab es auch keine Unterscheidung mehr in interne und externe Grenzen des gemeinsamen Marktes: Die Freizügigkeit des Personenverkehrs war für alle unabhängig von der Herkunft aus der EU oder dem Schengenraum genauso aufgehoben wie die Freizügigkeit von Warenexporten in EU-interne oder -externe Zielmärkte. Die Nationalstaaten gerierte sich „security provider of last resort". Die Dominanz kurzfristiger nationaler Sicherheitsinteressen prägte die frühe Phase der Reaktionen der EU-Staaten auf die Covid-19-Pandemie. Insgesamt geriet die EU in den Zustand „defensiver Integration" (Schimmelpfennig, 2019, S. 254), die durch interne und externe Begrenzung gekennzeichnet ist.

Seit April 2020: „more fortress Europe, less fortress nation state"
Die Position der Europäischen Kommission, unkoordinierten Grenzschließungen und Exportrestriktionen entgegenzuwirken, war schwach, so Genschel und Jachtenfuchs. Das europäische Recht erlaubte interne Handelsbeschränkungen, temporäre Grenzkontrollen und Einschränkungen der Personenfreizügigkeit aus Gründen der öffentlichen Sicherheit und Gesundheit. Die Kommission konzentrierte sich dann im März und April auf die Koordination der externen Begrenzung, indem sie Exportrestriktionen und Importerleichterungen für medizinische Ausrüstung verhängte. Außerdem wurden nicht notwendige Reisen beschränkt. Genschel und Jachtenfuchs sehen hierin einen Übergang von „defensiver Integration" zu einer „effektiveren Integration", also zu einer wirksameren Verstärkung der Außengrenzen (vgl. Genschel & Jachtenfuchs, 2021, S. 356). Die Appelle der Europäischen Kommission, die EU-internen Grenzziehungen abzumildern, blieben relativ wirkungslos. Im Endeffekt behielten die Mitgliedstaaten die Hoheit über ihre nationalen Grenzen, die Kommission „as guardian of the efficiencies of a borderless Europe was relegated to a supporting role" (Genschel & Jachtenfuchs, 2021, S. 357).

2.) Entgrenzung der Solidarität

- **Entwicklung bis zur Covid-19-Pandemie**

Der Beginn der europäischen Integration nach dem Zweiten Weltkrieg war nicht von Identität, sondern von Diversität und der Erkenntnis internationaler Interdependenz geprägt. Einig waren sich die Gründungsstaaten der EGKS darin, dass sie Krieg ablehnten und weitere Kriege verhindern wollten. Die Verträge von Paris zur Gründung der EGKS und die Gründungsverträge der EWG wurden von einer „community of strangers" geschlossen. Dennoch begründeten diese Rechtsgemeinschaften mit eigenen Einnahmen und gemeinsamen Ausgaben die Basis für eine „fairly extensive solidarity" zwischen immer noch verfeindeten Mitgliedstaaten. Von sozialpolitischen Ausgaben für die Wiederbeschäftigung von Arbeitnehmer/innen aus dem Europäischen Sozialfonds profitierten etwa der Süden Italiens und von Subventionen für Landwirte im Rahmen der gemeinsamen Agrarpolitik vor allem französische Landwirte (vgl. Genschel & Jachtenfuchs, 2021, S. 358).

Nach dem Ende des Nachkriegsbooms endete die Phase konvergierender Wachstums- und Beschäftigungsziele der Nationalstaaten. Wirtschaftliche Probleme wurden eher als nationales Politikversagen denn als eine Folge mangelnder internationaler Interdependenz interpretiert. Insgesamt nahm in den 1970er- und 1980er-Jahre die gemeinschaftliche Solidarität ab. Insbesondere seit der Ära der britischen Premierministerin Margaret Thatcher, die einen Rabatt für den EU-Budgetbeitrag des Vereinigten Königreichs durchsetzte, traten zunehmend nationale Kosten-Nutzen-Überlegungen des Gemeinschaftsprojekts in den Vordergrund. Der Binnenmarkt, die Währungsunion und der Stabilitäts- und Wachstumspakt sahen keine Fiskalunion vor. In dieser Phase, so Genschel und Jachtenfuchs, entwickelte sich die finanzielle Dimension der europäischen Integration von „effektiver" hin zu „defensiver Integration" (Genschel & Jachtenfuchs, 2021, S. 358 f.).

In der Eurokrise setzte sich das „Maastricht regime of bordered solidarity" fort: Die am stärksten von der Krise betroffenen Staaten erhielten Kredite, die an strenge Auflagen und Austeritätsmaßnahmen geknüpft wurden. Die von den Mitgliedstaaten geschaffenen Rettungsfonds wie EFSF und ESM beruhten auf dem Ziel, den Krisenstaaten Hilfe zur nationalen Selbsthilfe zu gewähren. Das makroökonomische Monitoring wurde durch die Einführung des Europäischen Semesters verschärft. Die Geberländer des Nordens lehnten Eurobonds und gemeinschaftliche Schuldenaufnahme ab, während das EU-Budget keine bedeutende Rolle für finanzielle Hilfen der Defizitländer spielte. Die monetären Maßnahmen der EZB zur Bewältigung der Eurokrise waren von dem Ziel der Rettung der gemeinsamen Währung geprägt. Die EZB kaufte Staatsanleihen der EU-Staaten auf, ignorierte aber die niedrig bewerteten Anleihen Griechenlands. Im Gegensatz zur begrenzten Solidarität in der Eurokrise änderte sich die Haltung der EU-Mitgliedstaaten in der Coronakrise grundlegend: Die Empathie mit den von der Pandemie stark betroffenen Staaten wurde zur Basis für kurz- und langfristiges „common sharing" bei deren Bewältigung (Genschel & Jachtenfuchs, 2021, S. 359).

- **Entwicklung in der Covid-19-Pandemie**

März bis April 2020: „solidarity now"

Obwohl zunächst unter den EU-Mitgliedstaaten keine Einigkeit darüber bestand, dass die Folgekosten der Pandemie von allen getragen werden sollten, einigten sie sich in den Beratungen des Europäischen Rates auf Lockerungen der Maastricht-Kriterien und gemeinsame wirtschaftliche Hilfsmaßnahmen insbesondere für betroffene kleine und mittlere Unternehmen und Sektoren. Die Europäische Kommission schuf die aus Restmitteln des EU-Budgets finanzierte „Corona Response Investment Initiative" (CRII). Die EZB dehnte ihre Politik des „quantitative easing" im Rahmen des „Pandemic Emergency Purchase Programme (PEPP)" aus, das den Aufkauf von Staatsanleihen in Höhe von bis zu 750 Mrd. bis Ende 2020 oder länger vorsah. Im Gegensatz zur Eurokrise drohte in dieser Phase der Pandemie, kein Mitgliedstaat seine Refinanzierungsmöglichkeiten auf den Kapitalmärkten zu verlieren. Die EZB reagierte in der Covid-19-Krise zudem schneller und weitreichender. Die Verhandlungen der Mitgliedstaaten über ein „burden sharing arrangement of their own" bezogen den ESM mit seiner Darlehenskapazität von mehr als 400 Mrd. € und die Schaffung von „Coronabonds" mit ein (Genschel & Jachtenfuchs, 2021, S. 361).

Zunächst schien sich das aus der Eurokrise bekannte Argumentationsmuster zu wiederholen: Südliche Mitgliedstaaten plädierten mit Hinweis auf gemeinschaftliche Solidarität für eine gemeinsame Schuldenaufnahme, während nördliche Länder eine Vergemeinschaftlichung von Schulden kritisch sahen bzw. ablehnten. Dies änderte sich durch einen an den Präsidenten des Europäischen Rates, Charles Michel, gerichteten Brief, in dem die Krise als symmetrischer Schock bezeichnet wurde, den kein Mitgliedstaaten zu verantworten hätte. Der Brief wurde von den südlichen Mitgliedstaaten Griechenland, Spanien, Portugal und Italien auch von Belgien, Frankreich, Luxemburg, Slowenien und Irland unterzeichnet. Ende März 2020 sprachen sich jedoch noch Österreich, Finnland, die Niederlande, Schweden und Deutschland gegen Coronabonds aus. Der von der Eurogruppe erarbeitete Kompromissvorschlag beinhaltete ein vom Europäischen Rat befürwortetes Rettungspaket, das aus mehreren Elementen besteht: die Einbindung des ESM zur Gewährung von Kreditlinien im Rahmen eines neuen „Pandemic Crisis Support" (PCS)-Programms in Höhe von 240 Mrd. € sowie einen von der Europäischen Investitionsbank gemanagten Garantiefonds in Höhe von 25 Mrd. €. Darüber hinaus wurde ein temporäres Kreditprogramm in Höhe von 100 Mrd. € zur Unterstützung von Beschäftigungsmaßnahmen geschaffen, das „Support to mitigate Unemployment Risks in an Emergency" (SURE)-Programm. Die Hilfen wurden über gemeinsame europäische Anleihen am Kapitalmarkt aufgenommen (vgl. Genschel & Jachtenfuchs, 2021, S. 362).

April bis Juli 2020: „the return of the EU budget"

Die französische Regierung setzte sich für die Schaffung eines langfristigen Corona-Wiederaufbaufonds auch, weil der Widerstand Deutschlands gegenüber Coronabonds unüberwindlich erschien. Die deutsche Regierung zusammen mit den als „frugal four" bezeichneten Mitgliedstaaten Österreich, Dänemark, den Niederlanden und Schweden sprach sich zunächst für kreditbasierte EU-Hilfen finanziert durch Kosteneinsparungen und nicht auf der Basis von Beihilfen durch neue Einnahmen aus. Der deutsch-französische Vorstoß im Mai 2020, einen durch Aufnahme gemeinsamer Schulden mit langfristiger Laufzeit finanzierten Wiederaufbaufonds zu schaffen, kam für viele überraschend. Genschel und Jachtenfuchs führen die politische Kehrtwende Deutschlands auf die Einsicht zurück, dass die deutsche Wirtschaft stark von den anderen Volkswirtschaften in der EU abhängig ist. Als weitere Faktoren sehen sie insgesamt als Bilanz ein gutes Kosten-Nutzen-Verhältnis für die französisch-deutsche Initiative einer gemeinsamen Schuldenaufnahme: die wirtschaftliche Krise in Italien, die abnehmende Popularität des französischen Präsidenten Macron und die wachsende Beliebtheit der deutschen Bundeskanzlerin in der Pandemiekrise sowie die Begrenzung des deutschen Beitrages auf seinen prozentualen Anteil am EU-Budget in einem relativ langen Zeitraum (vgl. Genschel & Jachtenfuchs, 2021, S. 362 ff.).

Der Europäische Rat befürwortete die Idee der Europäischen Kommission und der Eurogruppe, das EU-Budget in einem veränderten Mehrjährigen Finanzrahmen 2021–2027 zum zentralen Rettungsinstrument zu machen. Die Europäische Kommission legte Ende Mai 2020 einen Vorschlag für ein 750 Mrd. € umfassendes Rettungsinstrument, den Next Generation EU (NGEU) Fonds, vor. Dieser wurde an das EU-Budget gekoppelt und sah Auszahlungen an die Mitgliedstaaten auf der Basis von nationalen Ausgabenplänen in den Jahren 2021–2024 und orientiert an den strategischen Leitlinien des European Green Deal vor. Die EU-Beiträge wurden temporär auf zwei Prozent des EU-Bruttoinlandsprodukts angehoben, was der Kommission die Kapitalaufnahme auf den Anlagemärkten ermöglichte (vgl. Genschel & Jachtenfuchs, 2021, S. 362 ff.). Auch wenn der Anleihe-basierte Teil des Fonds von den zunächst von Frankreich und Deutschland vorgeschlagenen 500 auf 390 Mrd. € reduziert wurde, so Genschel und Jachtenfuchs, stellt der Wiederaufbaufonds „a massive expansion of fiscal solidarity" dar. Die Autoren führen die Entgrenzung fiskalischer Solidarität auf „a sense of mutual dependence and rational compassion" zurück (Genschel & Jachtenfuchs, 2021, S. 365).

3.3.3 Kritische Betrachtung

Der Postfunktionalismus ist in der Forschung zum Themenbereich der europäischen (Des-)Integration als eigenständiger Ansatz neben den Neofunktionalismus und den (liberalen) Intergouvernementalismus getreten. Jones bewertet knapp zehn Jahre nach der grundlegenden Arbeit von Hooghe und Marks mit Kommentaren von Schmitter (2009), Börzel und Risse (2009) und Kriesi (2009) den Postfunktionalismus als „the most powerful" unter neueren Theorieansätzen (vgl. Jones, 2018, S. 441). Die Bezeichnung „Postfunktionalismus" bringt zum Ausdruck, dass der Ansatz von Hooghe und Marks „is radically different to quasi-neo-functionalist and liberal-intergovernmentalist integration theories" (Webber, 2019, S. 7). Bis dahin habe keine Theorie „the 'optimistic' theories of integration" mit ihrem sozio-ökonomischen und institutionellen Determinismus angefochten (Webber, 2019, S. 7).

Dem postfunktionalistischen Ansatz liegen die integrationstheoretisch neuen Annahmen zugrunde, dass der Integrationsprozess in den Nationalstaaten auch zu Bedenken und Widerstand führen kann, wenn Teile der Bevölkerungen fürchten, durch gemeinsame Entscheidungsprozesse ihre nationale Selbstbestimmung zu verlieren. Vertieft sich die Zusammenarbeit von Staaten über die wirtschaftliche Integration hinaus, wird eine integrationsskeptische Haltung von Bürger/innen in den EU-Mitgliedstaaten wahrscheinlicher, so die Annahme des Postfunktionalismus. Gelingt es Parteien, mit Hilfe von euroskeptischen Stimmungen die Zustimmung bei den Wählern zu stärken, kann dies den Handlungsspielraum einer Regierung einschränken. Der Postfunktionalismus rückt auch kritische politische Haltungen und Auseinandersetzungen breiterer Bevölkerungsgruppen in Bezug auf die Architektur und Entscheidungsfindung der EU-Integration verstärkt in den Fokus (vgl. Jones, 2018, S. 441).

Im integrationstheoretischen Diskurs wird insbesondere anerkannt, dass der Postfunktionalismus mit dem Primat der Politik „has brought conflictual mass politics into scholarly discussions on European integration" (Kuhn, 2019, S. 1226). Identitätspolitik und identitätsbasierte politische Mobilisierung galten als Desiderat der auf den Neofunktionalismus und klassischer und Liberaler Intergouvernementalismus fokussierten Integrationsforschung. Diese, so Kuhn, hätten das „disruptive potential of identity politics in European integration" unterschätzt (Kuhn, 2019, S. 1225). Die Selbstkritik von Hooghe und Marks in ihrem ursprünglichen Ansatz bezieht sich auf ihr Konzept von Identität, deren Konstruktion möglicherweise unvollständig und deren Verteilungswirkungen auf zu vereinfachenden Erwartungen beruhten (vgl. Hooghe & Marks, 2009, S. 23).

Der Postfunktionalismus im Sinne von Hooghe und Marks geht davon aus, dass die Politisierung europäischer Probleme einen desintegrativen Druck auslösen kann, auch wenn politische Eliten der Abwärtsspirale der Integration durch Maßnahmen wie etwa differenzierte Integration oder der Übertragung von Macht an technokratische supranationale Behörden wie die EZB übertragen (vgl. Hooghe & Marks, 2008, S. 22). In Frage gestellt werden kann, ob die breite Politisierung der Bevölkerung eine hinreichende Bedingung für Desintegration ist. Tatsächlich zogen bislang manche Krisen desintegrative Ergebnisse nach sich wie etwa die Brexitkrise, die zum Austritt Großbritanniens aus der EU führte. In der Eurokrise hingegen intensivierte sich die Integration auf dem Gebiet der Wirtschafts- und Währungsintegration.

Webber gelangt zu der Bewertung, dass die postfunktionalistische Theorie die unterschiedlichen Muster von Integrationsergebnissen verschiedener Krisen nicht besser erklärt als die integrationsoptimistischen Theorien des Neofunktionalismus und Intergouvernementalismus. Der Postfunktionalismus sei vielmehr deren Spiegelbild, das zwar desintegrative, nicht aber integrative oder neutrale Ergebnisse von Krisen erklären könne (vgl. Webber, 2019, S. 9 f.).

Literatur

Quellen zu Kapitel 3.1

Baldwin, R., & Wyplotz, C. (2019). *The economics of European integration.* McGraw-Hill Education.

Bauer, M. W., & Becker, S. (2014). The unexpected winner of the crisis: The European Commission's strengthened role in economic governance. *Journal of European Integration, 36*(3), 213–229.

Benz, A. (2004). Multilevel governance – Governance in mehrebenensystemen. In A. Benz (Hrsg.), *Governance – Regieren in komplexen Regelsystemen. Eine Einführung* (S. 125–146). VS Verlag für Sozialwissenschaften.

Brasche, U. (2017). *Europäische Integration. Wirtschaft, Eurokrise, Erweiterung und Perspektiven.* De Gruyter Oldenbourg.

Engler, M. (2019). Europäische Asyl- und Flüchtlingspolitik seit 2015 – eine Bilanz. In *Bundeszentrale für politische Bildung. Länderprofil Europäische Union*. bpb. https://www.bpb.de/gesellschaft/migration/laenderprofile/290977/europaeische-asyl-und-fluechtlingspolitik-seit-2015. Zugegriffen am 03.06.2021.

Eppler, A., & Scheller, H. (Hrsg.). (2013). *Zur Konzeptionalisierung europäischer Desintegration. Zug- und Gegenkräfte im europäischen Integrationsprozess*. Nomos.

Europäische Kommission. (2021). *Migration und Asyl*. Generaldirektion Kommunikation. https://ec.europa.eu/info/topics/migration-and-asylum_de. Zugegriffen am 19.07.2021.

Haas, E. B. (1958). *The uniting of Europe. Political, social, and economic forces*. Stanford University Press.

Haas, E. B. (1964). *Beyond the nation-state. Functionalism and international organization*. Stanford University Press.

Haas, E. B. (1968). The uniting of Europe and the uniting of Latin America. *Journal of Common Market Studies, 5*, 315–343.

Haas, E. B. (1972). International integration: The European and the universal process. In M. Hodges (Hrsg.), *European integration* (S. 91–107). Penguin.

Haas, E. B. (1975). *The obsolescence of regional integration theory*. University of California.

Haas, E. B. (2004). Introduction: Institutionalism or constructivism? In E. B. Haas (Hrsg.), *The uniting of Europe: Political, social, and economic forces 1950–1957* (S. xiii–lvi). University of Notre Dame Press.

Herbert, U., & Schönhagen, J. (2020). Vor dem 5. September. Die „Flüchtlingskrise" 2015 im historischen Kontext. *Aus Politik und Zeitgeschichte*, 30–32/2020. bpb. https://www.bpb.de/apuz/312832/vor-dem-5-september-die-fluechtlingskrise-2015-im-historischen-kontext. Zugegriffen am 19.07.2021.

Hix, S. (1994). The study of the European Community: The challenge to comparative politics. *West European Politics, 17*(1), 1–30.

Hoffmann, S. (1964). The European process at Atlantic crosspurposes. *Journal of Common Market Studies, 3*(2), 1–30.

Hoffmann, S. (1966). Obstinate or obsolete? The fate of the nation-state and the case of Western Europe. *Daedalus, 95*(3), 862–915.

Jones, E., Kelemen, R. D., & Meunier, S. (2015). Failing forward? The Euro crisis and the incomplete nature of European integration. *Comparative Political Studies, 49*(7), 1–25.

Lindberg, L. N., & Scheingold, S. A. (1970). *Europe's would-be polity. Patterns of change in the European community*. Prentice Hall.

Mattli, W., & Slaughter, A.-M. (1998). Revisiting the European court of justice. *International Organization, 52*(1), 177–209.

Mitrany, D. (1943). *A working peace system. An argument for the functional development of international organization*. The Broadwater Press.

Moravcsik, A. (1993). Preferences and power in the European Community: A liberal intergovernementalist approach. *Journal of Common Market Studies, 37*(3), 473–524.

Nicoli, F. (2020). Neofunctionalism revisited: Integration theory and varieties of outcomes in the Eurocrisis. *Journal of European Integration, 42*(7), 897–916.

Niemann, A., & Bergmann, J. (2013). Zug- und Gegenkräfte im Spiegel der Theorien der europäischen Integration. In A. Eppler & H. Scheller (Hrsg.), *Zug- und Gegenkräfte im europäischen Integrationsprozess* (S. 45–70). Nomos. Hier in Vorabversion. https://international.politics.uni-mainz.de/files/2012/10/Zug-und-Gegenkräfte-im-Spiegel-der-Integrationstheorien_NiemannBergmann_8-3-2013_final_end.pdf. Zugegriffen am 28.05.2021

Niemann, D., & Ioannou, A. (2015). European economic integration in times of crisis: A case of neofunctionalism? *Journal of European Public Policy, 22*(2), 196–218.

Sandholtz, W., & Zysman, J. (1989). 1992: Recasting the European bargain. *World Politics, 62*, 95–128.
Schimmelpfennig, F. (2018). European integration (theory) in times of crisis. A comparison of the euro and Schengen crisis. *Journal of European Public Policy, 25*(7), 969–989.
Schimmelpfennig, F. (2019). Von der Entgrenzung zur Eingrenzung: Krise und Wandel der europäischen Integration. *Integration, 4*, 247–261.
Schmitter, P. C. (1970). A revised theory of regional integration. *International Organization, 24*(4), 836–868.
Schmitter, P. C. (2002), *Neo-Neo-Functionalism* (Working Paper). European University Institute.
Vilpisaukas, R. (2013). Eurozone crisis and European integration: Functional spillover, political spillback? *Journal of European Integration, 35*(3), 361–373.
Werle, R. (2012). Pfadabhängigkeit. In A. Benz, S. Lütz, U. Schimank, & G. Simonis (Hrsg.), *Handbuch Governance: Theoretische Grundlagen und empirische Anwendungsfelder* (S. 119–131). Wiesbaden VS Verlag für Wirtschaftswissenschaften.
Wolf, D. (2012). Neo-Funktionalismus. In H. J. Bieling & M. Lerch (Hrsg.), *Theorien der europäischen Integration: ein Systematisierungsversuch* (S. 54–76). Springer VS.

Quellen zu Kapitel 3.2

Axford, B. (2021). *Populism versus the new globalization.* Sage.
Becker, J. (2017). Rechtsregierungen in Ungarn und Polen: zwischen Neoliberalismus und Nationalkonservatismus. *Politikum, 3*(1), 52–60.
Bickerton, C. J., Hodson, D., & Puetter, U. (2015). The new intergovernmentalism. European integration in the Post-Maastricht-era. *Journal of Common Market Studies, 53*(4), 703–722.
Bieling, H.-J. (2017). Aufstieg des Rechtspopulismus im heutigen Europa – Umrisse einer gesellschaftstheoretischen Erklärung. *WSI Mitteilungen, 8*, 557–565.
Blaß, R. (2019). *Abwicklung von Banken: Eine Untersuchung der Entstehung und der Funktionsweise des Einheitlichen Abwicklungsmechanismus innerhalb der Europäischen Bankenunion* (Wettbewerb und Regulierung von Märkten, Bd. 42). Nomos.
Candeias, M. (2020). Den Aufstieg der radikalen Rechten begreifen. Dimensionen einer verallgemeinerten Kultur der Unsicherheit. *Fromm Forum, 24*, 141–162.
Decker, F., & Lewandowsky, M. (2017). Rechtspopulismus. In *Bundeszentrale für politische Bildung. Länderprofil Europäische Union.* bpb. https://www.bpb.de/politik/extremismus/rechtspopulismus/240089/rechtspopulismus-erscheinungsformen-ursachen-und-gegenstrategien. Zugegriffen am 25.08.2021.
Giering, C. (1997). *Europa zwischen Zweckverband und Superstaat. Die Entwicklung der politikwissenschaftlichen Integrationstheorie im Prozeß der europäischen Integration.* Europa Union Verlag.
Glencross, A. (2016). *Why the UK voted for Brexit. David Cameron's great miscalculation.* Palgrave.
Gören, E. (2019). *Der Einheitliche Aufsichtsmechanismus bei der Europäischen Zentralbank (Single Supervisory Mechanism)* (Schriften zum Finanzrecht und Währungsrecht, Bd. 11). Nomos.
Große Hüttmann, M., & Wehling, H.-G. (2020a). Eurokrise. In *Bundeszentrale für politische Bildung. Das Europalexikon.* Verlag J. H. W. Dietz Nachf. GmbH. https://www.bpb.de/nachschlagen/lexika/das-europalexikon/176846/eurokrise. Zugegriffen am 31.07.2021.
Große Hüttmann, M., & Wehling, H.-G. (2020b). Offene Methode der Koordinierung (OMK). In *Das Europalexikon.* Verlag J. H. W. Dietz Nachf. GmbH. https://www.bpb.de/nachschlagen/lexika/das-europalexikon/177166/offene-methode-der-koordinierung-omk. Zugegriffen am 05.08.2021.

Hodson, D., & Puetter, U. (2019). The European Union in disequilibrium: New intergovernmentalism, postfunctionalism and integration theory in the post-Maastricht period. *Journal of European Public Policy, 26*(8), 1153–1171.
Hoffmann, S. (1964). The European process at Atlantic crosspurposes. *Journal of Common Market Studies, 3*(2), 1–30.
Hoffmann, S. (1966). Obstinate or obsolete? The fate of the nation-state and the case of Western Europe. *Daedalus, 95*(3), 862–915.
Hooghe, L., & Marks, G. (2009). A postfunctionalist theory of European integration: From permissive consensus to constraining dissensus'. *British Journal of Political Science, 39*(1), 1–23.
Hooghe, L., & Marks, G. (2019). Grand theories of European integration in the twenty first century. *Journal of European Public Policy, 26*(8), 1113–1133.
Inglehart, R. F., & Norris, P. (2016). *Trump, Brexit, and the rise of populism: Economic have-nots and cultural backlash* (HKS Working Paper, No. RWP16-026, S. 1–52).
Jones, E., Kelemen, R. D., & Meunier, S. (2015). Failing forward? The Euro crisis and the incomplete nature of European integration. *Comparative Political Studies, 49*(7), 1–25.
Meyer, D. (2020). *Europäische Union und Währungsunion in der Dauerkrise Analysen und Konzepte für einen Neuanfang*. Springer.
Moravcsik, A. (1992). *Liberalism and international relations theory* (CFIA Working Paper). Harvard University.
Moravcsik, A. (1994). *Why the European Community strengthens the state. Domestic polities and international cooperation* (Working Paper Nr. 52). Harvard University. Center for European Studies.
Moravcsik, A. (1995). Liberal intergovernrnentalism and integration. A rejoinder. *Journal of Common Market Studies, 33*(4), 611–628.
Moravcsik, A. (1998). *The choice for Europe. Social purpose and state power from Messina to Maastricht*. Cornell University Press.
Moravcsik, A., & Nicolaidis, K. (1999). Explaining the treaty of Amsterdam. Interests, influence and institutions. *Journal of Common Market Studies, 37*(1), 59–85.
Panreck, H. U., & Brinkmann, I.-C. (2019). Migration und Rechtspopulismus – zwei Seiten einer Medaille? In H. U. Panreck & I.-C. Brinkman (Hrsg.), *Rechtspopulismus in Einwanderungsgesellschaften. Die politische Auseinandersetzung um Migration und Integration. Eine gängige These der Rechtspopulismusforschung auf dem Prüfstand* (S. 1–21). Springer.
Puetter, U. (2014). *The European Council & The Council. New intergovernmentalism and institutional change*. Oxford University Press.
Roth, T. (2017). *Die indirekte Bankenaufsicht durch die Europäische Zentralbank: Eine Untersuchung zur ebenenübergreifenden Zusammenarbeit bei der Beaufsichtigung weniger bedeutender Kreditinstitute im SSM* (Schriften Finanzrecht und Währungsrecht, Bd. 9). Nomos.
Scharpf, F. W. (2011). Die Euro-Krise: Die Eurokrise: Ursachen und Folgerungen. *Zeitschrift für Staats- und Europawissenschaften, 9*(3), 324–337.
Schellenberg, B. (2018). Rechtspopulismus im europäischen Vergleich – Kernelemente und Unterschiede. In *Bundeszentrale für politische Bildung. Dossier*. bpb. https://www.bpb.de/politik/extremismus/rechtspopulismus/240093/rechtspopulismus-im-europaeischen-vergleich-kernelemente-und-unterschiede. Zugegriffen am 25.08.2021.
Schimmelpfennig, F. (2015a). Mehr Europa – oder weniger? Die Eurokrise und die europäische Integration. *Aus Politik und Zeitgeschichte*, 52/2015. bpb. https://www.bpb.de/apuz/217310/mehr-europa-oder-weniger-die-eurokrise-und-die-europaeische-integration?p=all.by-nc-nd/3.0/de/. Zugegriffen am 13.08.2021.
Schimmelpfennig, F. (2015b). Liberal intergovernmentalism and the euro area crisis. *Journal of European Public Policy, 22*(2), 177–195.
Schimmelpfennig, F. (2020). Liberal intergovernmentalism. In M. Riddervold, J. Trondal, & A. Newsome (Hrsg.), *The Palgrave handbook of EU crises* (S. 61–78). Palgrave Macmillan.

Schimmelpfennig, F. (2019). Von der Entgrenzung zur Eingrenzung: Krise und Wandel der europäischen Integration. *Integration, 4*, 247–261.

Steinhilber, J. (2012). Liberaler Intergouvernementalismus. In H. J. Bieling & M. Lerch (Hrsg.), *Theorien der europäischen Integration* (S. 141–163). Springer VS.

Von Rippl, S., Baier, D., & Boehnke, B. (2007). *Europa auf dem Weg nach rechts? EU-Osterweiterung und ihre Folgen für politische Einstellungen in Deutschland, Polen und der Tschechischen Republik*. Verlag für Sozialwissenschaften.

Quellen zu Kapitel 3.3

Berwanger, J. (2022). *Corona-Krise*. https://wirtschaftslexikon.gabler.de/definition/corona-krise-122373/version-385557. Zugegriffen am 09.04.2022.

Börzel, T. A., & Risse, T. (2009). Revisiting the nature of the beast – Politicization, European identity, and postfunctionalism: A comment on Hooghe and Marks. *British Journal of Political Science, 39*(1), 217–220.

Bundesrechnungshof. (2021). *EU-Wiederaufbaufonds darf keine Dauereinrichtung werden.* 11.03.2021 Zusammenfassung Sonderbericht. https://www.bundesrechnungshof.de/de/veroeffentlichungen/produkte/sonderberichte/2021/eu-wiederaufbaufonds-darf-keine-dauereinrichtung-werden. Zugegriffen am 09.04.2022.

European Union Referendum Act. (2015). 2015 CHAPTER 36. In *United Kingdom Legislation*. http://www.bailii.org/uk/legis/num_act/2015/ukpga_201536_en_1.pdf. Zugegriffen am 09.04.2022.

Ferguson, N., Cummings, D., Fraser, C., et al. (2006). Strategies for mitigating an influenza pandemic. *Nature, 442*, 448–452. https://www.nature.com/articles/nature04795. Zugegriffen am 09.04.2022.

Genschel, P., & Jachtenfuchs, M. (2021). Postfunctionalism reversed: Solidarity and rebordering during the COVID-19 pandemic. *Journal of European Public Policy, 28*(3), 350–369.

Hooghe, L., & Marks, G. (2001). *Multi-level govemance und European integration*. Rowman & Littlefield.

Hooghe, L., & Marks, G. (2008). A postfunctionalist theory of european integration: From permissive consensus to constraining dissensus. *British Journal of Political Science, 39*, 1–23.

Hooghe, L., & Marks, G. (2016). *Community, scale and regional governance. A postfunctionalist theory of governance* (Bd. II). Oxford University Press.

Hooghe, L., & Marks, G. (2019). Grand theories of European integration in the twenty first century. *Journal of European Public Policy, 26*(8), 1113–1133.

Hooghe, L., Marks, G., & Wilson, C. J. (2002). Does left/right structure party positions on European integration? *Comparative Political Studies, 35*(8), 965–989.

Hooghe, L., Marks, G., Nelson, M., & Edwards, E. (2006). Party competition and European integration in East and West: Different structure. *Same Causality', Comparative Political Studies, 39*(2), 155–175.

Jachtenfuchs, M., & Kohler-Koch, B. (1996). *Europäische integration*. Leske Budrich.

Jones, E. (2018). Towards a theory of desintegration. *Journal of European Public Policy, 25*(3), 440–451.

Knodt, M., & Große Hüttmann, M. (2012). Der Multi-Level Governance-Ansatz. In H. J. Bieling & M. Lerch (Hrsg.), *Theorien der europäischen Integration* (S. 187–205). Springer VS.

Kolev, G. (2021). Weltwirtschaft in der Corona-Krise. In *Corona Pandemie und Krise* (Schriftenreihe Band 10714, S. 153–164). Bundeszentrale für politische Bildung.

Kriesi, H. (2009). Rejoinder to Liesbet Hooghe and Gary Marks, "A postfunctional theory of European integration: From permissive consensus to constraining dissensus". *British Journal of Political Science, 39*(1), 221–224.

Kuhn, T. (2019). Grand theories of European integration revisited: Does identity politics shape the course of European integration? *Journal of European Public Policy, 26*(8), 1213–1230.

Lang, K.-O., & von Ondarza, N. (2021). Die Zukunft von Fidesz jenseits der EVP. *SWP-Aktuell, 32*.

Merlot, J. (2021). Von Wuhan aus in die Welt. In *Corona Pandemie und Krise* (Schriftenreihe Band 10714, S. 32–43). Bundeszentrale für politische Bildung.

Schimmelpfennig, F. (2015). Mehr Europa – oder weniger? Die Eurokrise und die europäische Integration, *Aus Politik und Zeitgeschichte*, 52/2015. https://www.bpb.de/apuz/217310/mehr-europa-oder-weniger-die-eurokrise-und-die-europaeische-integration. Zugegriffen am 07.02.2022.

Schimmelpfennig, F. (2019). Von der Entgrenzung zur Eingrenzung: Krise und Wandel der europäischen Integration. *Integration, 4*, 247–261.

Schimmelpfennig, F. (2020). Theorien der europäischen Integration. In P. Becker & B. Lippert (Hrsg.), *Handbuch Europäische Union* (S. 3–27). Springer VS.

Schmitter, P. C. (2009). On the way to a post-functionalist theory of European integration'. *British Journal of Political Science, 39*(1), 211–215.

Ther, P. (2021). Wettbewerb der Systeme. In *Die Corona-Pandemie als Herausforderung für Demokratie und europäische Integration* (Schriftenreihe Band 10714, S. 103–117). Bundeszentrale für politische Bildung.

Webber, D. (2019). Trends in European political (dis)integration. An analysis of postfunctionalist and other explanations. *Journal of European Public Policy, 26*(8), 1134–1152.

Europäische Desintegration im Spiegel neuerer theoretischer Ansätze

4

Das Konzept der Eingrenzung von Schimmelpfennig betrachtet die marktliberale Binnenfokussierung der EU kritisch. Es öffnet die Debatte über das EU-Grenzregime, das das Spannungsverhältnis europäischer wirtschaftlicher und politischer Eingrenzung und Entgrenzung nach innen und außen widerspiegelt. Der Evolutorische Institutionalismus nimmt einen Theorietransfer aus der Biologie in die Europaforschung vor und modelliert die EU als Institution in ihrer Nische und Umwelt. In diesem Kapitel wird ein evolutionstheoretisches Modell desintegrativer Prozesse entwickelt, deren Determinanten institutionelle Anpassungsfähigkeit und Fitness an kurz- und langfristige Veränderungen in und außerhalb der EU sind. Der dritte vorgestellte Ansatz bezieht sich auf die feministische politische Analyse europäischer Desintegration. Der Einbezug analytischer Kategorien der feministischen und diversitätsbezogenen Forschung in den integrationstheoretischen Diskurs fordert zur Auseinandersetzung mit etablierten sozialen Rollen-, Macht- und Herrschaftskonstruktionen heraus.

4.1 Schimmelpfennig: Konzept der Eingrenzung

4.1.1 Einführung

Aus Anlass vieler parallel verlaufender Krisen der EU insbesondere im zweiten Jahrzehnt des 20. Jahrhunderts beschäftigt sich Schimmelpfennig mit der Frage, wie die Integrationsforschung auf die Besonderheiten dieser Krisenperiode konzeptionell und theoretisch reagieren kann. Aus seiner Sicht besteht ein Desideratum in der Erforschung der Krisen- und Desintegrationsphänomene, da die traditionellen Integrationstheorien wie der Neofunktio-

S. Treude, *Europäische Desintegration in Zeiten multipler Krisen*,
https://doi.org/10.1007/978-3-658-44039-8_4

nalismus und Intergouvernementalismus eher Integrationsfortschritte analysieren und erklären. Der Postfunktionalismus hat als Erklärungsgegenstand zwar krisenhafte Entwicklungen in der EU; seine Analyseansätze beziehen sich jedoch auf innerstaatliche Auswirkungen der europäischen Integration. Insgesamt sieht Schimmelpfennig eine starke Verengung der bisherigen Integrationsforschung auf die Binnengrenzen der EU und die Tendenz, den Integrationsbegriff mit einer marktliberalen Fokussierung zu konnotieren (vgl. Schimmelpfennig, 2019, S. 249 ff). Sein Ziel ist es, die Forschungsperspektive zu erweitern, um den Integrationsprozess sowie Krisen und Phänomene der Desintegration besser analysieren und ggf. Gegenmaßnahmen entwickeln zu können (vgl. Schimmelpfennig, 2019, S. 256).

Ins Zentrum rücken dabei die EU-Außengrenzen und deren Wechselbeziehung mit den innereuropäischen Grenzen. Dabei rekurriert Schimmelpfennig auf Arbeiten von Rokkan und Bartolini (vgl. etwa Rokkan, 2000; Bartolini, 2005), die Entwicklungsprozesse moderner europäischer Staaten und Staatenverbünde wie die EU theoretisch und historisch-empirisch begründen. Aufbauend auf diesen Analysen der Entwicklung moderner Wohlfahrtsstaaten entwickelt er ein Integrationskonzept, das vier verschiedene Formen interner und externer Ein- und Entgrenzung beinhaltet. Effektiv ist die Integration von untereinander entgrenzten Staaten dann, wenn diese bzw. eine supranationale Ebene als politisches Zentrum ihre gemeinsamen externen Grenzen schließen und kontrollieren (vgl. Schimmelpfennig, 2019, S. 254).

Neben der integrationstheoretischen Reflexion über die Erklärungsmöglichkeiten bestehender Ansätze, strebt der Ansatz von Schimmelpfennig eine Erweiterung des Analysespektrums sowie eine handlungsempfehlende bzw. normative Perspektive für Krisen und Desintegrationstendenzen in der EU an: Eine EU-interne Grenzöffnung bei gleichzeitiger Eingrenzung nach außen könnte dazu beitragen, „die liberale Entgrenzung der EU auszubalancieren und ihren integrationsgefährdenden Tendenzen entgegenzuwirken, ohne jedoch die Skalengewinne der internen Entgrenzung infrage zu stellen“ (Schimmelpfennig, 2019, S. 256).

4.1.2 Beispiele für Ansatzpunkte europäischer Desintegration

Verortung in Ereignisgeschichte Schimmelpfennig sieht die EU seit der Ratifikation des Vertrags von Lissabon „im permanenten Krisenmodus“. Die Polykrise der EU umfasst demnach die Eurokrise, die Herausforderungen der Fluchtbewegungen über das ägäische Meer, den Brexit sowie die Rechtsstaatlichkeitskrise in einigen Staaten Ost- und Mitteleuropas. Ungelöste Probleme im Zusammenhang mit dem Grenz- und Asylrecht tangieren nicht nur die an der südöstlichen Peripherie der EU gelegenen Staaten, sondern alle Mitgliedstaaten des Schengen-Raumes und Dublin-Grenzregimes. Die Gemeinschaft hat in diesem Zusammenhang, so seine Feststellung, bislang keine Lösungen für Verstöße gegen geltende rechtliche Grundlagen und ihre Wertegrundlagen gefunden (vgl. Schimmelpfennig, 2019, S. 247 f.).

Das Krisenjahrzehnt seit 2009 vergleicht Schimmelpfennig mit der so genannten „Krise des Leeren Stuhls“ im ersten Jahrzehnt des Bestehens der EWG. Diese Phase sei eine Periode der Stagnation gewesen, da durch die Obstruktionspolitik de Gaulles weitere Integrationsschritte blockiert wurden. Das Jahrzehnt der Polykrise der EU seit 2009 sei demgegenüber geprägt von „Desintegrationserscheinungen, die das bestehende Integrationsniveau infrage stellen“ (Schimmelpfennig, 2019, S. 247).

Verortung in Integrationsforschung Die Phase seit dem Maastricht-Vertrag und auch die integrationstheoretische Forschung war, so Schimmelpfennig, geprägt von der Vorstellung, die EU sei ein relativ stabiles politisches Arrangement geworden. Gegenstand der Untersuchung war die Frage, wie dieses politische System vergleichend und mit Blick auf einzelne Politikfelder beschrieben und erklärt werden kann. Dass die Krisen der EU zu einem Wiederaufleben der integrationstheoretischen Forschung führen würde, war nicht selbstverständlich. Erst die Aneinanderreihung und teilweise Überlappung von Krisen seit Beginn der 2000er-Jahre führten „zu einem bemerkenswerten Comeback der traditionellen Integrationstheorien“ (Schimmelpfennig, 2019, S. 249).

Schimmelpfennig konstatiert zwar, dass bisher bestehende theoretische Ansätze der Desintegration, der Neofunktionalismus und der Intergouvernementalismus und deren Verknüpfung, „überzeugende Erklärungen für die „Polykrise“ der EU und ihre Ergebnisse anbieten“ (Schimmelpfennig, 2019, S. 248). Dies bezieht er insbesondere auf die Synthese aus dem neofunktionalen Konzept der Pfadabhängigkeit und der intergouvernementalen Analyse nationalen Eigeninteresses in EU-Verhandlungen. Europäische Integration beruht in diesen Konzeptionen auf Pfadabhängigkeiten, die durch supranationale Vergemeinschaftung entstehen. Gemeinsame Institutionen tragen dazu bei, dass die Vorteile der Integration und der Krisenbewältigung für die Staaten größer sind als die Opportunitätskosten. Der Postfunktionalismus fügt diesen Betrachtungen noch den Blick auf innerstaatliche Veränderungen von Meinungen gegenüber dem europäischen Integrationsprozess hinzu. Dabei bezieht die Analyse europaskeptischer Haltungen und Parteien in EU-Mitgliedstaaten nationale Identitäten und Werthaltungen als erklärende Variablen mit ein (vgl. Schimmelpfennig, 2019, S. 249 ff.).

Als Defizit der Integrationsforschung macht Schimmelpfennig jedoch einen „doppelten konzeptionellen Bias“ aus (Schimmelpfennig, 2019, S. 248): Erstens liegt der Fokus der Analyse auf den internen Grenzen des Binnenmarktes, während die externen Grenzen der EU vernachlässigt werden. Die klassischen Ansätze, die die Abschaffung von zwischenstaatlichen Grenzen erklären, beruhen auf Spill-over-Effekten (Neofunktionalismus), den nationalen Interessen als Ergebnis innerstaatlicher Präferenzbildung (Liberaler Intergouvernementalismus). Der Postfunktionalismus rückt zwar von der funktionalen und intergouvernementalen Integrationsteleologie ab, analysiert europäische Stagnations- und Desintegrationsprozesse aber ebenfalls mit innerstaatlichem und innereuropäischem Fokus auf die Politisierung von Wähler/innen (vgl. Schimmelpfennig, 2019, S. 250 f.).

Zweitens sieht Schimmelpfennig die europäische Integration einem „dominanten liberalen Integrationsparadigma“ seit Mitte der 1980er-Jahre verhaftet. Sowohl die politische als auch die wissenschaftliche Auseinandersetzung konzentrierte sich demnach lange Zeit auf die Marktöffnung und Handelsliberalisierung im Binnenmarkt und innereuropäische Akteure. Dies war auch möglich, weil die EU-Außengrenzen auf Basis des Dublin-Vertrages zu keinen maßgeblichen Konflikten zwischen den Mitgliedstaaten führten (vgl. Schimmelpfennig, 2019, S. 248). Die marktliberale oder in kritischer Sicht als neoliberal bezeichnete Phase seit dem Binnenmarktprojekt steht damit im Gegensatz zur eher marktdirigistischen Frühphase der Integration in der EGKS oder der Landwirtschaftspolitik der EWG (vgl. Schimmelpfennig, 2019, S. 252).

Die Binnenfokussierung auf die EU mit liberalem Paradigma, so Schimmelpfennigs Kritik, verstellt aber den Blick für wesentliche Erklärungsfaktoren der Krisen. Antiliberale Strömungen und Politiker in einigen EU-Mitgliedstaaten wie etwa Viktor Orbán in Ungarn sind jedoch nicht immer gleichzeitig antieuropäisch eingestellt. Die Ursachen der Krisen liegen häufig wie etwa im Falle der Eurokrise oder der Flüchtlingskrise außerhalb der EU (vgl. Schimmelpfennig, 2019, S. 252). Daher plädiert Schimmelpfennig dafür, „den Integrationsbegriff von programmatischen Festlegungen zu befreien“ (Schimmelpfennig, 2019, S. 248) und um die Dimension der äußeren EU-Grenzen zu erweitern (vgl. Schimmelpfennig, 2019, S. 248).

Konzeption (Des-)Integration Schimmelpfennig rekurriert grundsätzlich auf einen politisch neutralen Integrationsbegriff, „verstanden als Delegation staatlicher Kompetenzen an eine multilaterale regionale Organisation“ (Schimmelpfennig, 2019, S. 252).

Aus seiner Kritik am Binnenfokus der EU-Forschung und an der „breiten Identifizierung von europäischer Integration und liberaler Programmatik“ (Schimmelpfennig, 2019, S. 253) entwickelt er eine differenzierte Konzeption des (Des-)Integrationsbegriffs. Grenzen beruhen demnach auf vertraglichen Regeln über deren Verläufe, deren Management und Kontrolle. Um die Krisen der EU adäquat analysieren zu können, werden darin neben den Binnengrenzen auch die Außengrenzen in die Konzeption von Integration mit einbezogen.

Dies beinhaltet das Abrücken von der Vorstellung, dass Integration mit Entgrenzung an den EU-Binnengrenzen sowie ihren Außengrenzen und Desintegration mit der internen und externen Eingrenzung gleichzusetzen sei. Der Begriff „Grenzen“ wird in dieser Konzeption nicht nur im territorialen Sinne, sondern als Oberbegriff für verschiedene Sachverhalte verwendet. Deren Gemeinsamkeit ist es, dass es je nach Politikfeld mehr oder weniger vergleichbare Regeln der Grenzziehung und Durchlässigkeit zwischen innen und außen sowie des Grenzkontrollsystems gibt (vgl. Schimmelpfennig, 2019, S. 256). Entgrenzung und Eingrenzung können dabei auf verschiedene Weise manifest werden (Tab. 4.1).

Der Autor identifiziert insbesondere das „Wechselverhältnis von innerer und äußerer Entgrenzung und Eingrenzung“ als relevante Analysekategorie der Integrationsforschung (Schimmelpfennig, 2019, S. 248). Aus den Schnittpunkten von Eingrenzung und Entgrenzung der EU-Binnengrenzen einerseits und der EU-Außengrenzen andererseits ergeben sich vier differenzierte Formen von Integration und Desintegration (Tab. 4.2).

Die Eingrenzung sowohl nach innen als auch nach außen in der EU wird als **defensive Integration** bezeichnet, während die Entgrenzung nach innen und außen **dilutiv** i. S. einer sich verwässernden Integration wirkt. Diese beiden sind ineffektive Formen der Integra-

Tab. 4.1 Konzept der Entgrenzung und Eingrenzung in der EU nach Schimmelpfennig

Entgrenzung	Eingrenzung
Erweiterung der Mitgliedschaft	Konsolidierung/Verringerung der Mitgliedschaft
Grenzöffnung, Abbau von Grenzkontrollen	Regulatorische Hürden grenzüberschreitender Transaktionen, Grenzkontrollen
Differenzierte Integration	Entdifferenzierung der Integration

Quelle: Schimmelpfennig (2019, S. 256)

Tab. 4.2 Typen der Integration nach Schimmelpfennigs Konzept der Eingrenzung und Entgrenzung

		Extern (Außengrenzen)	
		Eingrenzung	Entgrenzung
Intern (Binnengrenzen)	**Eingrenzung**	Defensive Integration	Desintegration
	Entgrenzung	Effektive Integration	Dilutive Integration

Quelle: Schimmelpfennig (2019, S. 254)

tion, denn sie erfüllen nur eines der, aber nicht beide Charakteristika **effektiver Integration**: den Abbau der Binnengrenzen bei gleichzeitigem Aufbau und/oder Erhalt gemeinsamer Außengrenzen. **Desintegration** ist durch eine Rückkehr vormals integrierter Staaten in ihre Verfasstheit vor dem Integrationszustand gekennzeichnet, bei der die Binnengrenzen wieder errichtet und die gemeinsamen Außengrenzen abgebaut werden (vgl. Schimmelpfennig, 2019, S. 255 f.).

Eine Konzeption, die die internen und externen EU-Grenzen einbezieht, führe zu „einer vollständigeren Beschreibung des Integrationsprozesses und seiner Entwicklungsrichtungen" und verweise, so Schimmelpfennig, „auch auf eine erweiterte Diagnose und alternative Therapie der Integrationskrisen" (Schimmelpfennig, 2019, S. 256).

Funktionieren von (Des-)Integrationsprozessen Der Ansatz von Schimmelpfennig baut auf der systemtheoretischen Sicht auf, dass Integration der inneren Kohäsion sich integrierender Einheiten einerseits und der äußeren Systemabgrenzung andererseits bedarf (vgl. Schimmelpfennig, 2019, S. 253 f.). „Gelungene Integration" ist dabei die Verknüpfung von Entgrenzung in einem Integrationsraum mit der Eingrenzung gegenüber der Außenwelt (Schimmelpfennig, 2019, S. 254). Entgrenzung nach innen und Eingrenzung nach außen sind grundlegend für effektive Integration. **Desintegration** ist ein Prozess, bei dem sich die Staaten zunehmend von ihren Integrationspartnern abgrenzen und die gemeinsamen Grenzen abbauen. Insgesamt führt diese Entwicklung zum präintegrativen Zustand der vormals integrierten Staaten zurück (vgl. Schimmelpfennig, 2019, S. 254). Krisen im EU-System können Symptome für Phänomene der Desintegration sein, die ein bestehendes „Integrationsniveau in Frage stellen" (Schimmelpfennig, 2019, S. 247).

Fehlt ein Element der **effektiven Integration**, d. h. die interne Entgrenzung oder die externe Eingrenzung, kommt es zu ineffektiver Integration. Im Falle der **dilutiven Integration** kann die Politik mit verstärkten Grenzkontrollen nach außen auf „Entgrenzungsdefizite" und Symptome wie eine mangelnde politische Akzeptanz in der EU reagieren

(Schimmelpfennig, 2019, S. 261). Liegt ein defensiver Integrationstyp vor, könnten (supra-)nationale Akteure den (Wieder-)Abbau der internen Grenzen auf die politische Agenda setzen. Die Wirksamkeit von Gegenmaßnahmen ist in der Realität häufig nicht sofort sichtbar und messbar. Diese hängt auch von der Akzeptanz der Bürger/innen in den Mitgliedstaaten und die Umsetzung politischer Entscheidungen im Mehrebenensystem der EU ab. Sind ergriffene politische Interventionen in einer Situation **ineffektiver Integration** effizient, kann sich der Integrationsprozess konsolidieren oder sich noch stärker hin zum Optimum **effektiver Integration** entwickeln (vgl. Schimmelpfennig, 2019, S. 254 ff.).

Wissenschaftlich-funktionale Dimensionen des Ansatzes Der hier vorgestellte integrationstheoretische Ansatz hat zum Ziel, die Integrationsforschung weiterzuentwickeln und zu einem adäquaten Verständnis aktueller Entwicklungen der europäischen Integration beizutragen (vgl. Schimmelpfennig, 2019, S. 253). Ausgangspunkt ist das durch mehrere, parallel verlaufende Krisen geprägte zweite Jahrzehnt des 20. Jahrhunderts. Schimmelpfennig identifiziert „konzeptionelle Defizite" der Integrationstheorie: Diese war demnach genauso wie die reale Entwicklung der immer stärkeren inneren und äußeren Grenzöffnung in der EU seit Mitte der 1980er-Jahre von einem liberal-programmatischen Paradigma geprägt. Dabei lag der Fokus auf den Binnengrenzen.

Stattdessen, so Schimmelpfennig, sollte die Integrationsforschung „die Integration der Außengrenzen und ihr Zusammenspiel mit der Binnenintegration gleichgewichtig in den Blick nehmen" (Schimmelpfennig, 2019, S. 260). Die solchermaßen erweiterte Konzeption differenziert vier verschiedene Typen von Integration und Desintegration (vgl. Schimmelpfennig, 2019, S. 256 ff.) und dient der „vollständigeren Beschreibung des Integrationsprozesses und seiner Entwicklungsrichtungen" (Schimmelpfennig, 2019, S. 256).

Neben dieser wissenschaftstheoretischen Funktion enthält die Integrationskonzeption von Schimmelpfennig auch einen normativ-politikberatenden Anspruch, der die Integration unter Effektivitätsaspekten bewertet: Die effektive Integration mit EU-interner Entgrenzung und Eingrenzung an den Außengrenzen könnte dazu beitragen, „die Entgrenzungsdefizite zu beheben und die europäische Integration insgesamt zu konsolidieren" (Schimmelpfennig, 2019, S. 261). Andere Formen der Integration führen zu Integrationsdefiziten (vgl. Schimmelpfennig, 2019, S. 254): Die untersuchten Krisen sind in diesem Konzept die Folge dilutiver Integration, bei der interne und externe Entgrenzung die Integration auflösen und zu Desintegration führen können. Die dilutive Integration fällt genauso wie die Eingrenzung nach innen und außen, die defensive Integration, in die Kategorie ineffektiver Integration. Beide Integrationsformen können dazu führen, dass vormals integrierte Staaten in den „Grundzustand des internationalen Systems" zurückkehren (Schimmelpfennig, 2019, S. 254).

Schimmelpfennig stellt fest, dass derzeit Handlungsbedarf in der EU „in der Konsolidierung (oder gar Verringerung) der Mitgliedschaft, in höheren regulatorischen Hürden und verstärkten Kontrollen grenzüberschreitender Transaktionen sowie in der Entdifferenzierung der Integration – also einer höheren Kongruenz der politikfeldspezifischen Grenzregimes" bestehe (Schimmelpfennig, 2019, S. 256). Die EU und ihre Mitgliedstaaten sind relevante Akteure und Adressaten der von Schimmelpfennig konstatierten „Diagnose“ dilutiver Integration und der daraus folgenden Handlungsempfehlungen. Seit Mitte der 1980er-Jahre gaben die Mitgliedstaaten nationale Souveränitätsrechte an die supranationale Ebene ab, um ihre Grenzen untereinander zugunsten liberalisierten Binnenmarktes abzubauen. Dabei vernachlässigten sie, diesen adäquat gegen interne Ungleichgewichte sowie externe Schocks und Krisen abzusichern.

Der „Entgrenzungsdynamik“ in der Integrationsphase seit Mitte der 1980er-Jahre könnten die EU-Staaten eine „alternative Therapie“ entgegensetzen (Schimmelpfennig, 2019, S. 256 f.): die (partielle) Schließung der Außengrenzen und den Aufbau gemeinsamer externer Grenzkontrollkapazitäten. Es liegt damit in der Verantwortung der relevanten Akteure der EU-Integration, die Gefahr der defensiven Integration und Desintegration abzuwenden und bestenfalls den Zustand effektiver Integration herbeizuführen (vgl. Schimmelpfennig, 2019, S. 249).

Die empirische Anwendung des Ansatzes von Schimmelpfennig (vgl. Schimmelpfennig, 2019, S. 249) auf die Integrationsphase seit den 1980er-Jahren kommt zu folgenden Ergebnissen (Schimmelpfennig, 2019, S. 256 ff.):

1.) Phase der Entgrenzung: dilutive Integration seit den 1980er-Jahren
- Empirische Entwicklung: Es fand in dieser Phase eine umfangreiche interdependente Entgrenzung der EU nach innen und außen statt. Diese hatte externe und interne auslösende Faktoren und Entwicklungen (vgl. Schimmelpfennig, 2019, S. 257 ff.).
- Externe Auslöser waren insbesondere: die Globalisierung und gleichzeitig und in deren Folge: Liberalisierung sowie Konkurrenz des Welthandels, Abbau von Kapitalverkehrskontrollen, Integration der Finanzmärkte, Gründung der WTO, Anstieg der Migration, EU-Beitrittsanträge von sich demokratisierenden Ländern Süd- und Osteuropas infolge des Endes des Kalten Krieges.
- Interne Auslöser waren insbesondere: die Phase der Eurosklerose, Aufnahme der EU im GATT, die politische Agenda der Wohlstandssteigerung durch Marktöffnung.
- Entgrenzung der EU nach innen und außen: die EU-Erweiterung von neun auf 28 Mitgliedstaaten, Grenzöffnung nach innen im EU-Binnenmarkt mit der Ausdifferenzierung weiterer Handelsverträge wie z. B. dem EWR oder der Türkei, die Wirtschafts- und Währungsunion mit der Ausdifferenzierung in Länder mit und ohne Euro als Zahlungsmittel und der Schengen-Vertrag mit der Ausdifferenzierung teilnehmender und nichtteilnehmender EU-und Nicht-EU-Staaten.
- Folgen für den Integrationsprozess: Die Nationalstaaten verloren an Autonomie, während insbesondere die supranationale EU-Ebene nicht mit adäquaten Kompetenzen und Kapazitäten in den Bereichen Binnenmarkt, Währungspolitik und Sicherheit nach innen und außen ausgestattet wurde. Dieses Ungleichgewicht entstand gleichzeitig in mehreren integrations- und sicherheitsrelevanten Politikfeldern. Daraus resultierten interne Integrationskrisen wie die Eurokrise, Rechtsstaatlichkeitskrise und Auseinandersetzungen über das Schengen-Dublin-Regime sowie die EU-Sicherheitsarchitektur.

- Integrationstheoretische Diagnose: Es liegt eine dilutive Integration mit „überschießender Entgrenzung" sowie mangelhafter Eingrenzung und europäischer Kapazitätsausstattung vor. Dieser Integrationsstatus macht die EU vulnerabel für externe Schocks und Krisen und verstärken diese (Schimmelpfennig, 2019, S. 258).
- Integrationstheoretische Prognose: Der „Eingrenzungsdruck" (Schimmelpfennig, 2019, S. 259) kann zu defensiver Integration oder Desintegration führen. Gelingt die externe Eingrenzung bei interner Entgrenzung, wäre effektive Integration erreichbar.

2.) Phase von der Entgrenzung zur Eingrenzung: Abkehr von der dilutiven Integration
- Empirische Entwicklung: Es kam in jüngerer Zeit (Stand 2019) zu einer gewissen Konsolidierung der EU-Außengrenzen. Dabei erkennt Schimmelpfennig Anzeichen für eine „Kurskorrektur zugunsten einer effektiveren Integration". Diese Entwicklung hatte externe und interne auslösende Faktoren und Entwicklungen (vgl. Schimmelpfennig, 2019, S. 259 f.).
- Externe Auslöser waren insbesondere: die Entglobalisierung, Autokratisierung in einigen Ländern der Welt, die Krise des Welthandelsregimes, das Scheitern des TTIP-Freihandelsabkommens mit den USA sowie der russische Widerstand gegen Erweiterung der EU-Handelsgrenzen nach Osten.
- Interne Auslöser waren insbesondere: die z. T. gleichzeitig verlaufenden EU-Krisen, fehlende europäische Lösungen für die „Entgrenzungsdefizite" sowie rechtspopulistische Politisierung gegen die EU in einigen Mitgliedstaaten (Schimmelpfennig, 2019, S. 261).
- Eingrenzung der EU nach außen: Der Aufnahmeprozess weiterer Mitgliedstaaten verlangsamte sich seit 2013. Die Verstärkung der EU-Außengrenzen zeigt sich in der wirtschaftspolitischen Eingrenzung gegenüber den USA und China, der Verschärfung der Asylgesetzgebung in einigen EU-Mitgliedstaaten, dem Ausbau und der Umwandlung von Frontex in eine Europäische Grenz- und Küstenwache, einer rigideren Asylpolitik und stärker geopolitisch ausgerichteter EU-Nachbarschaftspolitik sowie verteidigungspolitischen EU-Initiativen. Keine Ausdifferenzierung des EU-Binnenmarktes im Brexit-Vertrag, der nicht die von Großbritannien gewünschten Differenzierungsoptionen der vier Freiheiten eröffnete.
- Entgrenzung der EU nach innen: Verstärkung des Binnenmarktes bis auf wenige kurze zeitliche Ausnahmen infolge des Migrationsstromes 2015.
- Folgen für den Integrationsprozess: stärkerer Zusammenhalt der EU-Staaten bei Russland-Sanktionen, Brexit-Verhandlungen, Externalisierung des Flüchtlingsproblems, Stärkung der proeuropäischen Haltung in EU-Mitgliedstaaten, Trend der Aufgabe ihrer antieuropäischen Haltung bei extremen Parteien.
- Integrationstheoretische Diagnose: Es zeigt sich eine Entwicklung weg von dilutiver Integration hin zu externer Eingrenzung bei Erhalt der EU-internen Entgrenzung.
- Integrationstheoretische Prognose: Die externe Eingrenzung mit interner Entgrenzung kann mittelfristig zu Stärkung und damit zu Effektivität europäischer Integration führen, was eine optimistischere Sicht auf den weiteren Integrationsverlauf erlauben würde (vgl. Schimmelpfennig 2019, S. 249, 261).

4.1.3 Kritische Betrachtung

Es ist ein Verdienst des Ansatzes, dass Grenzen und insbesondere die bislang vernachlässigten Außengrenzen ins Zentrum der Analyse rücken, wobei aber andere (Des-) Integrationsfaktoren wie die Spill-over-Effekte, innerstaatliche Zustimmung zu europäischer Integration, nationalstaatliche Präferenzen in den Hintergrund rücken.

Der Begriff der Desintegration wird mit der Rücknahme eines erreichten Integrationsstandes gleichgesetzt, der durch einen Prozess der Schließung der Binnengrenzen oder der Öffnung gemeinsamer Außengrenzen eintritt. Desintegration kann aber in graduellen Abstufungen in Zuständen und Prozessen von weniger, mehr oder keiner Integration bzw. Stagnation auftreten.

Vage bleibt, inwiefern es sich bei der erweiterten Konzeption der Integration um eine punktuelle oder prozessuale Sicht handelt. Wann liegen insbesondere die beiden Extreme der effektiven Integration einerseits und der Desintegration andererseits vor? Es ist nicht klar, ob etwa Desintegration erst dann erreicht ist, wenn einst integrierte Staaten in das ursprüngliche internationale Staatensystem zurückfallen.

Daran schließt sich die Frage der Messbarkeit effektiver oder ineffektiver Integration oder von Desintegration an. Da der interdisziplinäre Untersuchungsgegenstand der europäischen Integration viele Struktur-, Prozess- und inhaltliche Dimensionen umfasst, gibt es je nach Disziplin und Perspektive unterschiedliche Forschungs- und Messakzente. Zu erwarten ist, dass solche Untersuchungen je nach analysierter Integrationsdimension zu unterschiedlichen Diagnosen des jeweiligen Integrationsstandes kommen. Es müssten sich weitere empirische Detailanalysen z. B. in Bezug auf einzelne Politikfelder anschließen, um dann zu einer umfassenden, auf denselben Messfaktoren basierenden EU-Metaanalyse zusammengeführt zu werden.

Unklar bleibt, wann Binnen- und Außengrenzen als entgrenzt oder eingegrenzt gelten. Selbst im als entgrenzten EU-Binnenmarkt gibt es nach wie vor (Handels-)Barrieren wie z. B. unterschiedliche Mehrwertsteuersätze. Außerdem könnte es eine Fragestellung weiterer Forschungen sein zu ermitteln, ob es bei der effektiven Integration auch ein kritisches Maß für zu viel oder zu wenig Entgrenzung nach innen und Eingrenzung nach außen gibt.

Wenn zu effektiver Integration neben der Entgrenzung nach innen die Eingrenzung der EU-Außengrenzen gehört, stellt sich die Frage, ob und wann diese Außengrenzen (wirtschaftlich) kontraproduktiv und damit gegebenenfalls wohlstands- und sogar integrationsgefährdend wirken können. Die zu starke Begrenzung von Einwanderung in die EU könnte sich beispielsweise negativ auf das Arbeitskräftepotenzial in einigen EU-Staaten auswirken. Die Entscheidung, keine neuen Mitgliedstaaten in die EU aufzunehmen, müsste unter geopolitischen Gesichtspunkten einer neuen Ost-West-Polarisierung der Staatenwelt eventuell später revidiert werden.

Ob sich differenzierte Integration als Indiz für äußere Entgrenzung bei dilutiver Integration in jedem Falle negativ auf den Integrationsprozess auswirkt, ist fraglich. Ausdifferenzierte Integrationsprojekte schaffen flexiblere Möglichkeiten der Partizipation für die EU-Mitgliedstaaten wie im Falle der Wirtschafts- und Währungsunion sowie für die Nachbar- oder Partnerländer wie bei den Handelsverträgen mit der Schweiz, Türkei oder den Staaten des EWR. Solche Projekte können wohlfahrtssteigernde und politikstabilisierende Effekte haben, die sich positiv auf den gesamten europäischen Integrationsprozess auswirken. Insofern erscheint die Handlungsempfehlung, den europäischen Integrationsprozess durch eine stärkere Eingrenzung der EU nach außen, zu vereinfachend.

Der vorgestellte Ansatz bewegt sich, wie viele (des-)integrationstheoretische Approaches, auf einem relativ hohen Abstraktionsniveau. Seine handlungsempfehlenden Implikationen für die politische Praxis müssten je nach betrachtetem Politikfeld operationalisiert werden. Dies betrifft die Präzisierung der jeweiligen Akteure im Mehrebenensystem der EU und insbesondere diejenigen auf der EU- und nationalstaatlichen Ebene. Ob der europäische Integrationsprozess durch ein höheres Maß externer Eingrenzung konsolidiert werden kann, wenn das supranationale EU-Grenzmanagement gestärkt wird, bleibt zunächst eine Hypothese.

4.2 Patzelt, Lempp, Treude: Evolutorischer Institutionalismus

4.2.1 Einführung

Der Evolutorische Institutionalismus basiert grundsätzlich auf der Evolutionstheorie von Charles Darwin. Die Erkenntnisse der Entwicklung biologischer Organismen werden dabei auf die Politik- und Sozialwissenschaften übertragen. Es handelt sich also um einen Ansatz, der auf einem transdisziplinären Theorietransfer beruht, jedoch andererseits auch als eine Rückübertragung des Darwin´schen Evolutionsmodells auf seinen originären gedanklichen Mittelpunkt, die kulturelle Evolution von Bernard Mandeville und David Hume (vgl. Hennecke, 2007).

Im Mittelpunkt dieses relativ jungen politikwissenschaftlichen Modells steht die Untersuchung der Evolution und des Wandels von politischen Institutionen. Zugrunde liegt die Annahme, dass biologische Organismen und Institutionen ähnliche Strukturen, Prozessen und Entwicklungsverläufe aufweisen. Sie sind Teile einer dynamischen Umwelt mit symbiotischen und konkurrierenden Beziehungen zu anderen Organismen bzw. Organisationen. Im Konkurrenzkampf um knappe Ressourcen müssen sie sich ständig an ihre Nische anpassen. Einige der erfolgreichen Anpassungen werden intergenerational vererbt. Wie und warum Organismen und Institutionen entstehen, gegebenenfalls stagnieren oder sich wandeln, ist abhängig von ihrem aktuellen Grad der Anpassung und ihrer Fähigkeit, sich an die Umwelt zu adaptieren. Wichtige Analysekriterien sind dabei ihre Stabilität und Fitness.

Evolutionstheoretische Ansätze sind insbesondere seit den 1980er-Jahren auf sozial- und insbesondere wirtschaftswissenschaftliche Fragestellungen bezogen worden (vgl. Pape, 2007, S. 45 ff.). Beispielhaft seien Untersuchungen genannt, die die Mechanismen der Entstehung und des Wandels von Organisationen oder spieltheoretische Verhaltensmuster erforschen (vgl. Lempp, 2009, S. 46). Patzelt und Lempp haben maßgeblich dazu beigetragen, dass evolutionstheoretische Modell auch auf politikwissenschaftliche Fragestellungen zu übertragen (vgl. Patzelt, 2007, Lempp, 2009). Verschiedene Arbeiten setzten sich in der Folgezeit mit dessen empirischer Anwendung auseinander (vgl. etwa Demuth, 2009; Hambloch, 2016; Bochmann, 2018; Xingwei, 2019; Treude, 2021).

In den Sozialwissenschaften beruhen historische Betrachtungen von Institutionen häufig auf dem methodologischen Kollektivismus und betrachten Veränderungsprozesse als wirtschafts- und gesellschaftspolitisch determiniert. Der evolutionär-institutionalistische Ansatz konfiguriert soziale Institutionen und Interaktionen eher aus methodologisch-individueller Perspektive als ein hochkomplexes Zusammenspiel verschiedener Organismen. Auch Organisationen entwickeln sich somit unter dem Einfluss vieler Zufälle und Neuerungen spontan (vgl. von Hayek, 1982).

Eine Institution ist dabei gekennzeichnet durch ein relativ stabiles Arrangement, bestehend aus Regeln, Normen, Wissensbeständen, kulturellen Mustern und Routinen. Die Mitglieder einer solchen Institution erhalten Orientierung, indem sie bestimmte Verhaltensmuster verinnerlichen. Institutionen sind Teil einer sie umgebenden Umwelt. Sie existieren in einer Nische, welche grundlegend für ihren Bestand und die Ausübung ihrer Funktion ist (vgl. Lempp, 2009, S. 169).

Um ihren Fortbestand zu sichern, muss sich eine Institution ständig erfolgreich an Veränderungen in ihrer Nische, den so genannten Nischenwandel, anpassen. Dabei kommt es zu Veränderungen in der Institution, die in Form von Mutationen, Innovationen und Variationen auftreten und zum Teil auch auf evolutionären Zufallsereignissen beruhen können. Während bestimmte Elemente einer Institution rascher Veränderung unterliegen können, so sind es insbesondere die Leitideen, die grundlegende Informationen über Ziel und Zweck der Institution enthalten und in der Regel eher beharrlich träge und langsam veränderbar sind (vgl. Lempp, 2009, S. 170 ff).

4.2.2 Beispiele für Ansatzpunkte europäischer Desintegration

Verortung in Ereignisgeschichte Bei der Entwicklung des Ansatzes des Evolutorischen Institutionalismus standen keine besonderen ereignisgeschichtlichen Auslöser im Vordergrund. Vielmehr liegt diesem die Annahme zugrunde, dass damit eine ganzheitliche dynamische und prozessuale Analyse und Betrachtung von Integration in der EU in ihrer komplexen Umwelt ermöglicht wird. Im Zentrum steht die Untersuchung der Entstehung und Veränderungen von (politischen) Institutionen in ihrer Umwelt. Ungeklärt ist, ob es einen typischen Verlauf institutioneller Evolution gibt (vgl. Lempp, 2009, S. 518). Im Folgenden wird der Ansatz des Evolutorischen Institutionalismus auf seine Erklärungsmöglichkeiten europäischer Desintegration hin untersucht.

Verortung in Integrationsforschung Der Evolutionäre Institutionalismus ist den (neo-) institutionalistischen Ansätzen in der europäischen Integrationsforschung zuzuordnen. Institutionalistische Ansätze untersuchen die Interaktion von Akteuren und Institutionen.

Der in den 1980er-Jahren beschriebene Neoinstitutionalismus entstand in Abgrenzung zur vormaligen Schule des staatszentrierten Institutionalismus, der sich auf die Untersuchung formaler Staatsorganisation konzentrierte (vgl. etwa March & Olsen, 1984, 1989). Vertreter des Neoinstitutionalismus erweiterten den Institutionenbegriff auf der Basis formaler und informeller, normativ-prägender und verhaltenssteuernder und -legitimierender Analysekategorien. Damit wurden nicht nur formale Organisationen wie beispielsweise staatliche Behörden oder Unternehmen, sondern auch informelle Verhaltensweisen in Form von Routinen, Erwartungen sowie Leitbildern und Symbolen der institutionellen Umwelt zum Erkenntnisobjekt des Neoinstitutionalismus (vgl. Morisse-Schilbach, 2012, S. 225). Zum Neoinstitutionalismus zählen der Rational Choice Institutionalismus, der die Akteure als bestimmende, und der Soziologische Institutionalismus, der die Institutionen als die prägenden Variablen betrachtet. Der Historische Institutionalismus fügt die Zeit als beeinflussenden Faktor hinzu. Bei der Übertragung dieser drei Forschungsprogramme auf die europäische Integration hat sich bei der historisch-institutionellen Perspektive ein soziologischer (vgl. etwa Bulmer, 1994) und ein ökonomisch-rationalistischer Zweig herausgebildet (vgl. etwa repräsentiert Pierson, 1994; Pollack, 1996).

Im Vergleich zu den klassischen integrationstheoretischen Ansätzen und auch im Kontext des Neoinstitutionalismus ist der im Folgenden vorgestellte evolutorisch-institutionalistische Approach relativ jung. Dabei werden evolutionsbiologische Erklärungs- und Deutungsansätze auf institutionellen Wandel übertragen mit dem Ziel, sich analytisch der komplexen Realität organisationaler Gebilde in einer zunehmend dynamischen Umfeldsituation anzunähern.

An die Stelle des ex post-Konzeptes der Pfadabhängigkeiten zum Beispiel im Historischen Institutionalismus und der wirtschaftswissenschaftlichen Organisationstheorie treten im Evolutorischen Institutionalismus analytische Kategorien und erklärende Variablen für die Existenz und die Veränderung von Institutionen. Anders als der Neue Institutionalismus berücksichtigt der Ansatz des Evolutionären Institutionalismus Entscheidungen durch Personen in Institutionen als soziale Systeme. Fürstenberg stellt fest, dass Untersuchungen auf Basis des Evolutorischen Institutionalismus durchaus Rational Choice-Konzepte und historische Kontexte als erklärende Variablen enthalten, ohne jedoch die Komplexität der Realität zum Zwecke der Modellbildung zu stark zu reduzieren (vgl. Fürstenberg, 2016, S. 57).

Bei diesem ideenorientierten Ansatz gibt es nicht nur einen Ursache-Wirkungszusammenhang, sondern er basiert auf der Annahme, dass die Genese und der Wandel von Institutionen mit Hilfe multifaktorieller Analysekategorien erklärbar ist. Pfadabhängigkeiten reichen als Erklärungsmuster für die institutionelle Verfasstheit nicht aus; die evolutionär-institutionelle Perspektive hat vielmehr zum Ziel, zu einem tieferen Verständnis des häufig inkrementellen Prozesses institutionellen Wandels beizutragen (vgl. Bochmann, 2011).

Die folgenden Überlegungen, wie der Evolutorische Institutionalismus genutzt werden kann, um das Phänomen europäischer Desintegration zu verstehen, knüpfen an das Konzept von Schimmelpfennig (vgl. Abschn. 4.1) an, in dem er die EU-Grenzen als Analysedimension einbezieht.

Konzeption (Des-)Integration Ausgangspunkt bildet die im oben genannten Konzept von Schimmelpfennig modellierte „dilutive Integration“, die einen Prozess der zunehmenden internen und externen Entgrenzung als „verdünnende oder auslaufende Integration“ bezeichnet (Schimmelpfennig, 2019, S. 254). Am Ende eines desintegrativen Prozesses würden Staaten wieder in den vorintegrativen Zustand interner Eingrenzung und externer Entgrenzung des vormalig integrierten Raumes zurückfallen. Die aktuellen Krisen der EU resultieren demnach „nicht nur, aber auch aus einer dilutiven Integrationsdynamik, bei der die (neo-)liberale interne und externe Öffnung der EU Hand in Hand gingen“ (Schimmelpfennig, 2019, S. 256).

Da der Begriff „Desintegration“ nicht eindeutig definiert ist, soll dieser im Folgenden sowohl als Auflösung des bisherigen Integrationszustandes der EU in einzelne Teile als auch als (bisher) nicht vollzogene Integration verstanden werden. Integration ist somit verbunden mit der politischen Delegation staatlicher Kompetenzen an eine multilaterale regionale Organisation.

Funktionieren von (Des-)Integrationsprozessen Der folgenden skizzierenden Modellierung der EU als Institution in ihrer Nische und Umwelt auf Basis des Evolutorischen Institutionalismus liegt die Annahme eines „dilutiven“ Integrationsprozesses seit der Mitte der 1980er-Jahre zugrunde. Dieser Prozess ist gekennzeichnet durch Entgrenzung des europäischen Integrationsraumes nach innen und Entgrenzung nach außen, der aber (noch) nicht zu Desintegration i. S. der Rückkehr der „vormals integrierten Einheiten in den Grundzustand des internationalen Systems“ geführt hat (vgl. Schimmelpfennig, 2019, S. 254). Die „dilutive Integration“ ist jedoch insofern bereits durch partielle Desintegration gekennzeichnet, als es sich nach der hier zugrunde liegenden Definition von Desintegration bei der Entgrenzung von Politikbereichen und physischen Grenzen auch um Tatbestände (bisher) nicht vollzogener Integration handeln kann.

Damit knüpfen die folgenden Ausführungen an das Integrationskonzept von Schimmelpfennig an, in dem das „Wechselverhältnis von innerer und äußerer Entgrenzung und Eingrenzung in die Integrationsforschung“ einbezogen wird (Schimmelpfennig, 2019, S. 248). Die evolutionär-institutionalistische Sicht integriert zum einen diese Erweiterung des Integrationsbegriffs und strebt zum anderen eine ganzheitlichere Reflexion des Integrationsprozesses an.

Der institutionenanalytischen Betrachtung der EU soll das Verständnis einer Institution als „geordnete soziale Strukturen, welche um die Leitideen herum gruppiert aufgebaut werden“ zugrunde liegen (Bochmann, 2018, S. 87). Aus der historischen institutionellen Entwicklung ergibt sich ein komplexes „Gefüge aus formalen und informalen Regeln, die ziemlich erwartungssicher befolgt werden und auf diese Weise stabile Interaktionen hervorbringen“ (Patzelt, 2012, S. 72). Neben einer ordnenden und regulierenden Funktion geben Institutionen den externen und internen Stakeholdern Orientierung. Damit bilden sie einen systemischen Rahmen zur Senkung der Transaktionskosten (vgl. Altner, 1992, S. 65).

Leitideen einer Institution spielen eine fundamentale Rolle für die Handlungsorientierung ihrer Mitglieder und sind begrenzende Kontexte für Regeln, Normen, Wissensbestände, kulturelle Muster und Routinen. Leitideen beinhalten Informationen darüber, zu welchem Zweck und Ziel Institutionen grundsätzlich bestehen. Neben der identitätsstiftenden Funktion dienen Leitideen als Orientierungs- und Handlungsmaßstab und legitimieren die Existenz einer Institution. Als zentrale Bestandteile von Institutionen weisen Leitideen die größte Stabilität aller Teile institutioneller Formen auf (vgl. Lempp, 2009, S. 74). Die EU ist durch ein Nebeneinander der supranationalen und intergouvernementalen Leitidee geprägt. Lempp nennt jeweils einen dreidimensionalen Merkmalsraum zur Verortung der europapolitischen institutionellen Leitideen. Supranationale Institutionen haben eigenständige Akteursqualität mit relativ freiem Mandat und mehrheitlichen Abstimmungsverfahren ist. Nationalstaatliche Akteure in intergouvernementalen Institutionen mit Vetorecht der einzelnen Mitglieder und Einstimmigkeitsmodi sind dagegen relativ weisungsgebunden (vgl. Lempp, 2009, S. 187).

Die Analyse von Institutionen auf Basis des Evolutorischen Institutionalismus ist meistens eine dynamische und langfristige Betrachtung der Anpassungsprozesse institutioneller Strukturen an ihre Nische. Die Positionierung der EU als Nische ergibt sich aus einer globalen Perspektive. Die Nische einer Institution meint alle Bestandteile ihrer Umwelt, die Einfluss auf deren Erhalt und Funktionserfüllung haben wie interne und externe Akteure, Ressourcen, Konkurrenten. Die multidimensionale Betrachtung einer Institution führt zu der Einsicht, dass sie sowohl erklärende (explanans) als auch zu erklärende (explanandum) Variable ist (vgl. Lempp, 2009, S. 54). Im Folgenden soll die Integrationsphase seit der Unterzeichnung der Einheitlichen Europäischen Akte 1986 untersucht werden, die der Gemeinschaft von damals zwölf Mitgliedstaaten neue Zuständigkeitsbereiche gab und insbesondere den europäischen Binnenmarkt als Ziel formulierte.

Institutioneller Wandel kann aufgrund nischenbezogener und/oder institutionenbezogener Gründe durch Nischenturbulenz bedingt sein, wobei vier Arten beschrieben werden (vgl. Bochmann, 2011, S. 17):

- Erstens haben Präferenzverschiebungen der Nachfrager nach den Leistungen einer Institutionen auch Einfluss auf genau dieses institutionelle Leistungsangebot.
- Zweitens kann sich die Versorgungssituation der Institution mit Ressourcen wie die gesellschaftlich-politische Sanktionierung ändern. Ein Beispiel dafür ist die sinkende Zustimmung zur EU in Großbritannien, die nach dem Referendum 2016 zum EU-Austritt Ende 2020 führte.
- Treten drittens neue Akteure als Konkurrenten in der Nische auf, entsteht Selektionsdruck. Neue Weltmächte wie China sowie die Globalisierung und Liberalisierung des Welthandels verstärken den internationalen wirtschaftlichen und politischen Wettbewerb und tragen zur Stärkung populistischer Parteien und Regierung sowie Skepsis gegenüber dem Europäisierungsprozess bei.

- Statt Ursache kann Nischenturbulenz viertens auch Folge von Veränderungen der Institution selber wie z. B. der Entstehung neuer institutioneller Angebote oder neuer Nischen sein. Große Veränderungen innerhalb der EU resultierten seit den 1980er-Jahren insbesondere aus der Erhöhung der Anzahl der Mitgliedstaaten von neun auf 28 MGS, der Einführung des Binnenmarktes, der durch das Schengen-Abkommen flankierten Entgrenzung nach innen sowie die Wirtschafts- und Währungsunion und die Einführung des Euro.

In evolutionär-institutioneller Sicht ist für die betrachtete Integrationsphase bis heute eine wachsende Passungslücke der EU in ihrer Nische sichtbar geworden. Eine Passungslücke zwischen einer Institution und ihrer Nische entsteht und kann sich vergrößern, wenn Nischen- und Institutionenwandel nicht parallel und aufeinander abgestimmt verlaufen (vgl. Lempp, 2009, S. 135). Die von Schimmelpfennig konstatierte von internen und externen Faktoren ausgelöste weitreichende „Entgrenzungsdynamik" seit Mitte der 1980er-Jahre mit der Vergrößerung der EU-Mitgliedstaaten, dem EU-Binnenmarkt, der Wirtschafts- und Währungsunion und dem Schengenraum als „zentrale interne Entgrenzungsprojekte dieser Phase" sei nicht von einer entsprechenden externen Eingrenzung flankiert worden (vgl. Schimmelpfennig, 2019, S. 257).

Die EU-internen Innovationen der bedeutenden Integrationsprojekte nach Überwindung der krisenhaften Entwicklungen der 1970er-Jahre lassen sich als innere Passung interpretieren. Dabei handelt es sich um den ersten Schritt eines zweistufigen Selektionsprozesses, in dessen Rahmen eine Innovation zunächst innerhalb einer Institution in Handlungen umgesetzt werden und Akzeptanz bei deren Mitgliedern finden muss. Voraussetzung für eine dauerhafte Existenz einer aufgrund innerer Passung veränderten Institution ist ein hoher Passungsgrad zwischen ihr und der Nische, sodass es dann zur äußeren Passung als zweite Stufe des Selektionsprozesses kommt (vgl. Lempp, 2009, S. 171).

Die äußere Passung zwischen der EU und ihrer Nische trug den institutionenexternen Entwicklungen in dieser Integrationsphase wie dem Ende des Ost-West-Konfliktes Ende 1980er-Jahre, der zunehmenden Dynamisierung und Liberalisierung des Welthandels sowie der Zunahme der globalen Migrationsbewegungen Rechnung. Da sich die dynamischen institutionenexogenen Veränderungen in der Nische im weiteren historischen Verlauf jedoch zunehmend verstärkten und beschleunigten, verringerte sich der Grad der Passung zwischen Institution und Nische erneut.

Konstituierend für die Stabilität des EU-Systems ist jedoch auch die kollektive europäische Identität, die von der Akzeptanz und Unterstützung der Bevölkerung abhängt bzw. diese widerspiegelt. Ein höheres Identifikationsniveau mit der EU weisen tendenziell Bevölkerungsgruppen mit vergleichsweise höherem Bildungs- und Wohlstandsniveau sowie Bevölkerungen auf, die die gemeinsamen demokratischen Grundorientierungen teilen. Da nationale und europäische Identität ähnliche Konstruktions- und Funktionsmuster aufweisen, bedienen beide „ein Wechselspiel zwischen Inklusion und Exklusion" (Wiesner, 2017, S. 41).

Gründungsmythen der Europäischen Wirtschaftsgemeinschaft, die in den Nationalstaaten zu unterschiedlichen nationalen Eliten-Europakonzepten führten, hatten eines gemeinsam: Sie stellten europäische Identität auch durch Abgrenzung nach außen her. Die Integrationsphase bis zu den 1980er-Jahren war aus der Top-Down-Perspektive durch positive nationale Eliten-Europadiskurse und Europa-Konzepte geprägt. In der Nische der EU spielen diese eine bedeutende Rolle bei der Konstruktion europäischer Identität und sind von den jeweiligen Akteursinteressen und nationalen Identitätsdiskursen geprägt.

Die seit den 1990er-Jahren abnehmende Unterstützung des europäischen Integrationsprozesses ist seit dem Scheitern des ersten Maastricht-Referendums in Dänemark augenfällig. Dabei hat sich die Unterstützung der EU durch die Bevölkerung der Mitgliedstaaten vom „permissive consensus" der ersten Jahrzehnte der europäischen Integration mit schweigender und mehrheitlicher Unterstützung hat sich zum „constraining consensus" entwickelt (Wiesner, 2017, S. 38). Akteurszentrierte Zufriedenheit ist dabei eine grundlegende Ressource für die individuelle und firmenseitige Nachfrage nach den von der EU angebotenen Leistungen und die Befriedigung ihrer eigenen Nachfrage etwa nach unternehmerischen Investitionen in den Binnenmarkt oder Loyalität der EU-Bürger/innen (vgl. Vollard, 2018, S. 228). Da die EU nicht „ethnisch, kulturell oder religiös definiert" ist, stellt sich die Frage, inwieweit ihr derzeitiges institutionelles Arrangement und Leistungsangebot noch den Anforderungen an eine europäische demokratisch-politische Identitätskonstruktion und Loyalität ihrer Mitglieder gerecht wird (vgl. Wiesner, 2017, S. 45).

Wie lässt sich aber der aktuelle Zustand der EU beurteilen? Der Ansatz des Evolutorischen Institutionalismus beinhaltet Kriterien für die Evaluation der Fitness einer Institution i. S. der Fähigkeit, angesichts unterschiedlicher Ausprägungen von Nischenturbulenz ihre reproduktive Effizienz, Stabilität und Dauerhaftigkeit auf Dauer adaptiv zu sichern (vgl. Lempp, 2009, S. 151). Es geht also um die aktuelle Angepasstheit an die derzeitige Nischensituation und die Anpassungsfähigkeit von Institutionen in veränderlichen, dynamischen Nischen. Anpassungsfähigkeit ist Ausdruck der Überlebenswahrscheinlichkeit einer Institution in unterschiedlichen Nischenkonstellationen im Allgemeinen und konkreten Nischensituationen im Besonderen. Somit ist die Bewertung institutioneller Fitness kein absolutes, sondern ein relatives Ergebnis, das genauso wie das Maß und die Zusammensetzung der Fitnesskriterien für Institutionen von der jeweiligen Nischensituation abhängt. Erfolgsmaßstäbe sind die verlässliche Reproduktionsfähigkeit der Leitideen und die darauf aufbauenden Elemente der Institution, gemessen an der „Fähigkeit einer Institution, ihre Leitideen und Geltungsansprüche so attraktiv zu halten, dass sich immer wieder Menschen finden, die bereit sind, diesen Leitideen und Geltungsansprüchen zu folgen und ihr konkretes Handeln daran auszurichten" (Lempp, 2009, S. 151).

Fitnesskriterien in Bezug auf die Angepasstheit an eine Nischenkonstellation sind erstens die Effizienz als zu optimierende Ziel-Mittel-Relation, indem die Institution den aus ihrer Nische bezogenen Ressourcen-Input optimal in den von ihr angebotenen und nachgefragten Leistungs-Output umsetzt (Effizienz). Das zweite Fitnesskriterium bezieht sich auf die Akzeptanz der Institution bei ihren Stakeholdern (Legitimität). Drittens drückt sich institutionelle Fitness darin aus, dass auch die Weitergabe der institutionellen Form an nachfolgende Mitgliedergenerationen effizient möglich ist (Retentionsfähigkeit). Des Weiteren drückt sich Fitness einer Institution in ihrer Anpassungsfähigkeit, das heißt viertens in der Fähigkeit zur Wahrnehmung von Anpassungsbedarf (Responsivität) sowie fünftens in ihrer Reaktion auf Umweltveränderungen (Mutabilität) aus (vgl. Lempp, 2009, S. 152 ff.).

Entscheidend für die Beurteilung einer Institution in Bezug auf ihre Performanz ist, wie effektiv sie sich bei wahrgenommenem Anpassungsbedarf an ihre Nische und deren möglichen Wandel adaptieren kann. Mangelnde institutionelle Fitness der EU lässt sich insbesondere in Bezug auf ihre Mutabilität feststellen. Obwohl Symptome der „dilutiven Integration" die institutionen- und nischenseitige Nachfrage nach ihrem institutionellen Wandel haben sichtbar werden lassen, fehlt bislang in vielen Bereichen ein innerinstitutionelles Angebot für eingrenzend wirkende Veränderungen.

Insofern liegt eine sogenannte institutionelle Trägheit, eine Unfähigkeit zur notwendigen Innovation, in der EU vor, selbst wenn in einzelnen Politikbereichen Innovationen mit dem Ziel der verstärkten supranationalen Einflussnahme auf nationale Steuerungsprozesse eingeführt wurden. Strukturelle und funktionelle vertragliche Beschränkungen, so genannte Bürden, verhindern jedoch, dass Innovationen über die erste – innere – Selektionsstufe hinauskommen. Die institutionellen Wissensbestände, Regeln und Routinen sowie ihre Interdependenz und ihr Zusammenspiel, so genannte Meme als Träger von Bürden, spielen dabei eine wichtige Rolle (vgl. Lempp, 2009, S. 163).

Als Zwischenfazit lässt sich feststellen, dass die heutige institutionelle Form der in vielen Bereichen „entgrenzten" EU aus evolutionstheoretischer Sicht einen Atavismus darstellt, der die Nischenkonstellation der 1980er-Jahre widerspiegelt und zunehmend weniger die aktuelle Nischensituation. Die aktuelle Passungslücke, verstanden als „Ungleichgewicht zwischen dem Abbau nationaler und dem Aufbau supranationaler Kompetenzen" (Schimmelpfennig, 2019, S. 257), spiegelt die anachronistische Form und damit mangelnde Kompatibilität der EU mit der aktuellen Nischen- und Umweltsituation wider. Solche Passungslücken sind typisch für Institutionen und erfordern ständig nachholende Anpassungsanstrengungen, um partielle Fitnessrückstände auszugleichen (Abb. 4.1).

Wissenschaftlich-funktionale Dimensionen des Ansatzes Auf Basis des Ansatzes des Evolutionären Institutionalismus können sowohl Fragestellungen mit empirischer als auch mit wissenschaftstheoretischer Relevanz betrachtet werden. Der Blick auf die Genese und Evolution von Institutionen eröffnet Möglichkeiten, akademisch-theoretische und praktisch-politikberatende (Reform-)Analysen durchzuführen. Fragen des Funktionierens der EU und von (Des-)Integrationsprozessen erfüllen die Beschreibungs-, Analyse- und Erklärungsfunktion. Daran können sich Fragen anschließen, wie die weitere Entwicklung der europäischen Integration gestaltet werden kann. Hierbei werden dann die Prognosefunktion sowie ggf. auch für die politische Praxis relevante eine handlungsempfehlende bzw. normative Funktion erfüllt. Die Beschäftigung mit dem Evolutionären Institutionalismus als relativ

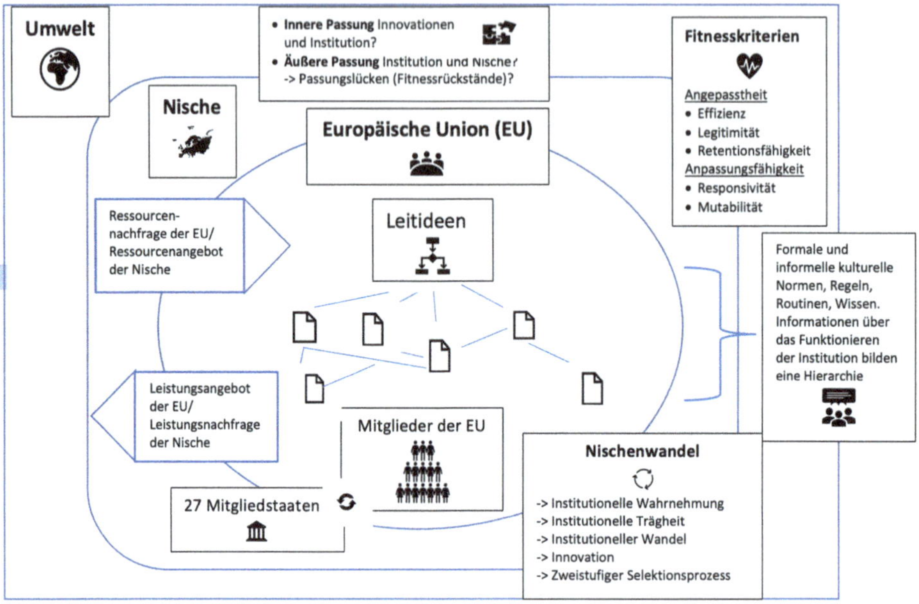

Quelle: Eigene Darstellung.

Abb. 4.1 Die Europäische Union als Institution in ihrer Nische und Umwelt

jungem integrationstheoretischem Ansatz hat neben der empirisch-praktischen auch wissenschaftstheoretische Relevanz (vgl. Lempp, 2009, S. 20 ff.).

Aus der Vielzahl möglicher Perspektiven und Untersuchungsgegenstände der Polykrise der EU wird das Konzept des Evolutionären Institutionalismus im Folgenden auf die europäische Wirtschaftspolitik angewendet (vgl. Bianchi et al., 2020, S. 9; Becker, 2020, S. 9). Dabei geht es insbesondere um die Frage, wie fit die EU ist. Die institutionelle Fitness der EU zeigt sich darin, inwieweit sie an ihre Nische angepasst ist und zukünftig anpassungsfähig ist. Messfaktoren sind die supranationale Effizienz und Mutabilität. Die aktuellen multidimensionalen Krisen der EU sind durch „apparent pervasiveness and quasi-permanence" gekennzeichnet (Webber, 2019, S. 1).

Die europäische Wirtschaftspolitik ist ein Politikbereich, der auf der Leitidee der Intergouvernementalität beruht. Die Wirtschaftspolitik in der Gemeinschaft gehört zu denjenigen Politikbereichen, für die keine im Primärrecht verankerte supranationale Zuständigkeit besteht. In Bezug auf die Koordinierung der Wirtschafts- und Beschäftigungspolitik hat die EU jedoch „besondere Zuständigkeiten" mit der Möglichkeit, auch über die in den Verträgen niedergelegten Grundsätze hinauszugehen (vgl. Europäische Kommission, o. J). Artikel 3 EUV enthält das Ziel der nachhaltigen Entwicklung Europas „auf der Grundlage eines ausgewogenen Wirtschaftswachstums und von Preisstabilität [und] eine in hohem Maße wettbewerbsfähige soziale Marktwirtschaft, die auf Vollbeschäftigung und sozialen Fortschritt abzielt" (EUV, 2016). Dazu gehört die „Einführung einer Wirtschaftspolitik, die auf einer engen Koordinierung der Wirtschaftspolitik der Mitgliedstaaten, dem Binnenmarkt und der

Festlegung gemeinsamer Ziele beruht und dem Grundsatz einer offenen Marktwirtschaft mit freiem Wettbewerb verpflichtet ist“ (AEUV, 2016). Die Mitgliedstaaten sollen gemäß Artikel 121 „ihre Wirtschaftspolitik als eine Angelegenheit von gemeinsamem Interesse“ betrachten und sie im Rat koordinieren (AEUV, 2016).

Seit den 1990er-Jahren bemüht sich die Europäische Kommission, die nicht in den supranationalen Zuständigkeitsbereich fallende Wirtschaftsprozesspolitik auszubauen sowie in Bezug auf die „Koordinierung der wirtschaftspolitischen Maßnahmen zur Förderung des wirtschaftlichen und sozialen Fortschritts für die EU“ effektiver und zielorientierter zu gestalten (Europäisches Parlament, 2021). Es gelang ihr, die primärrechtlich verankerten Grenzen ihres Einflusses auf die mitgliedstaatlichen Wirtschafts-, Beschäftigungs- und Sozialpolitiken auszudehnen: Mittels neuer Instrumente wurde eine zwischen Kommission und Mitgliedstaaten abgestimmte wirtschaftspolitische Prozesssteuerung ermöglicht. Dazu dienten mehrjährige Wachstumsstrategien: Den Anfang machte die sogenannte Lissabon-Strategie, die zehn Jahre später von der Europa-2020-Strategie abgelöst wurde. Die Strategien bildeten den Rahmen für die vielfältigen strategischen Initiativen und wirtschaftspolitischen Koordinierungsprozesse in der EU.

Außer den fiskalpolitischen Regelungen im Stabilitäts- und Wachstumspakt bestand ein weitgehender Konsens hinsichtlich der Zielsetzung der wirtschaftspolitischen Koordinierung. Die Umsetzung erfolgte national-eigenständig in Form der der Methode der offenen Koordinierung. Auch die Europa 2020-Strategie griff auf diese Methode des supranationalen Controllings und der nationalen Implementation als Form der wirtschaftspolitischen Steuerung zurück. Allerdings verlagerte sich insbesondere aufgrund der Krise in einigen Staaten der Euro-Währungszone der Schwerpunkt auf grundlegende makroökonomische Fragen zur Stabilisierung der gesamten Eurozone. Zu diesem Zweck wurde die Methode der offenen Koordinierung von einem neuen Koordinierungsinstrument abgelöst: dem „Europäischen Semester“ (Vgl. Becker, 2011).

Dies war eine Reaktion auf die Finanz-, Wirtschafts- und Fiskalkrise 2008, die seit 2011 zu einer verstärkten wirtschaftlichen und haushaltspolitischen Überwachung der Mitgliedstaaten sowie deren Koordinierung im Rahmen des Europäischen Semesters zurückzuführen. Die Herausforderung bestand insbesondere darin, den Koordinierungsprozess zwischen der supranationalen Ebene und den Mitgliedstaaten effektiver und effizienter zu gestalten (vgl. Schmidt & Schünemann, 2013, S. 162). Diskutiert wurden auf Basis des „Berichts der fünf Präsidenten“ (Europäische Kommission, 2015) von 2015 weitergehende Schritte, die den europäischen Institutionen einen größeren Einfluss bei der wirtschaftspolitischen Steuerung einräumen sollen.

Während die Europäische Kommission unter Leitung von Jean Claude Juncker keine neue wirtschaftspolitische Zehnjahresstrategie vorlegte, brachte Frau von der Leyen mit der 2019 vorgestellten Strategie des European Green Deal die Hoffnung zum Ausdruck, „die EU zu einer fairen und wohlhabenden Gesellschaft mit einer modernen, ressourceneffizienten und wettbewerbsfähigen Wirtschaft“ auszubauen (Europäische Kommission, 2020, S. 1). Die EU folgt damit dem neuen wirtschaftspolitischen Leitbild eines „grünen Wirtschaftswachstums", das seit der Jahrtausendwende auch von internationalen Wirtschaftsinstitutionen wie beispielsweise der Organisation für wirtschaftliche Zusammenarbeit und Entwicklung (OECD) herausgearbeitet wurde (vgl. OECD, 2011).

Bei der 2017 vom Europäischen Parlament beauftragten Eurobarometer-Befragung von Bürger/innen in den 28 EU-Mitgliedstaaten hielten 41 % der Befragten die Maßnahmen der EU in Bezug auf die Wirtschaftspolitik für unzureichend und 58 % erwarteten eine verstärkte Intervention der EU (vgl. Nancy, 2017, S. 37). Es wird erwartet, dass die Europäische Kommission auch auf Basis des European Green Deal die bisherigen mit den Mitgliedstaaten abgestimmten wirtschaftspolitischen Koordinierungsprozesse fortführen und erweitern wird. 2017 vom Europäischen Parlament vorgeschlagene Reformen beinhalten „eine in den institutionellen Rahmen der Union integrierte, effektive und demokratische wirtschaftspolitische Führung der Wirtschafts- und Währungsunion mit erweitertem Handlungsspielraum" sowie „einen nach dem ordentlichen Gesetzgebungsverfahren zu verabschiedenden Konvergenzkodex, der einen wirksameren Rahmen für die wirtschaftspolitische Abstimmung schaffen soll" (Delivorias & Dobreva, 2019, S. 7).

Die Europäische Kommission leitete im Februar 2020 eine Evaluation des aktuellen Rahmens für die wirtschaftspolitische Steuerung ein. Aufgrund der Herausforderungen der COVID-19-Krise wird erwartet, dass die Kommission die in den Hintergrund gerückte Überprüfung im Jahr 2021 wieder aufnimmt. Den Evaluationsrahmen bildet ein Soll-Ist-Vergleich in Bezug auf die Ziele, in der EU

- „tragfähige öffentliche Finanzen und nachhaltiges Wachstum sicherzustellen und makroökonomische Ungleichgewichte zu vermeiden,
- einen integrierten Überwachungsrahmen zu schaffen, der insbesondere im Euro-Raum die engere Koordinierung der Wirtschaftspolitik ermöglicht, und
- die Konvergenz der Wirtschaftsleistungen unter den Mitgliedstaaten zu fördern." (Europäisches Parlament, 2021)

Am Beispiel der Wirtschaftsprozesspolitik wird deutlich, dass Bürden auch über mehrere Mitgliedergenerationen hinweg institutionelle Trägheit bedingen, wie in diesem Falle die Bürde der formellen Machtverteilung im Bereich der europäischen Wirtschaftspolitik, die bislang nicht vergemeinschaftet ist. Dennoch lässt sich bei der europäischen wirtschaftspolitischen Steuerung eine Entwicklung der Integrationsvertiefung im Sinne einer Gewichtsverlagerung in der Geltungskraft der intergouvernementalen zugunsten der supranationalen Leitidee feststellen. Das Ergebnis dieses Supranationalisierungsprozesses ist die koordinierte wirtschaftspolitische Steuerung und Zielvorgabe an die Mitgliedstaaten durch die Europäische Kommission. Die institutionelle Innovation in Form einer engeren und verbindlicheren Abstimmung der Mitgliedstaaten auf der Grundlage supranationaler Steuerung hat jedoch nicht zu einem Ende mitgliedstaatlicher Wirtschaftspolitik geführt.

Becker sieht in der EU vielmehr eine „unitarisierende Tendenz", die durch „neue Formen der fortschreitenden Verflechtung und Verständigung" und des „Zusammenfließens von europäischer und nationaler Politik" gekennzeichnet ist und „noch an Dynamik gewinnen" werde (Becker, 2020, S. 33). Die Rolle des Europäischen Gerichtshofes für die Schaffung des europäischen Binnenmarktes und der Europäischen Kommission bei der immer engeren und verbindlicheren wirtschaftspolitischen Abstimmung ist beispielhaft für die institutionelle Nachfrage nach mehr Einfluss auf wirtschaftliche Politikbereiche. Mittels Leitlinien, Empfehlungen und Vorlagen ist insbesondere der Einfluss der Europäischen Kommission auf die europäischen wirtschaftspolitischen Prozesse gewachsen. Becker konstatiert: „Sie gibt mit Hilfe des Europäischen Semesters die mitgliedstaatlichen Politiken vor." (Becker, 2020, S. 33). Durch die gleichzeitige Nachfrage der Mitgliedstaaten nach Schutz vor globalen Herausforderungen und ökonomischen Vorteilen der Integration im Binnenmarkt ist eine symbiotische Beziehung in der Nische der EU entstanden.

Ob die mit der institutionellen Innovation der supranationalen Steuerung der nationalen Wirtschaftspolitik erreichte Anpassung in der mitgliedstaatlichen Nische nachhaltig in der praktizierten Form der EU wirksam wird, bleibt zu beobachten. Die enge Abstimmung zwischen europäischen und mitgliedstaatlichen Institutionen kann als strukturelle Bürde interpretiert werden. Strukturelle Bürden resultieren aus endogenen Festlegungen der Struktur und Abläufe einer Organisation und begrenzen deren Anpassungsfähigkeit an exogene Herausforderungen in ihrer Nische. Daher tragen die strukturellen Bürden zur Unveränderlichkeit der Institution, also zu ihrer Trägheit, bei (vgl. Lempp 2009, S. 108). Daher tragen diese zur institutionellen Unveränderlichkeit, ihrer Trägheit, bei. Als Beleg dafür kann die immer noch nicht erfolgte primärrechtliche Verankerung trotz der bisher in der Praxis erprobten Kompatibilität der Innovation partiell unitarisierter europäischen Wirtschaftspolitik gesehen werden.

Somit liegt für diesen Politikbereich kein fundamentaler Institutionenwandel im Sinne der Änderung der Leitidee vor, sondern bislang nur bloße Veränderungen der äußeren Merkmale einer Institution, da die intergouvernementale Leitidee unverändert bleibt und nur durch supranationale Steuerungsmechanismen ergänzt wird. Der Europäischen Kommission ist es dabei gelungen, ihren Einflussbereich auf die wirtschaftspolitische Koordinierung in dem intergouvernemental geprägten Gebiet der Wirtschaftspolitik auszuweiten. Vor dem Hintergrund der primärrechtlichen Limitationen der supranationalen Zuständigkeit in diesem Politikfeld hat sie die Effizienz ihres Ressourceneinsatzes in gewissem Maße optimiert und die institutionelle Form an Nischenveränderungen angepasst.

Zusammenfassend kann festgehalten werden, dass sich die EU in einer sogenannten permissiven Nische befindet, die ihre Existenz nicht grundsätzlich gefährdet und für ihre institutionelle Leistungserbringung günstige Vorassetzungen bietet. Dennoch werden insbesondere seit den 1980er-Jahren teils erhebliche Passungslücken und damit Fitnessrückstände in Bezug auf ihre Angepasstheit und Anpassungsfähigkeit an die Dynamiken ihrer Nische und Umwelt sichtbar. Nichtsdestotrotz lassen sich auch langfristige Adaptionsanstrengungen und die Fähigkeit zur Mutabilität der institutionellen Form seitens der supranationalen EU-Organe an die wahrgenommenen Passungslücken erkennen.

Zukünftige Szenarien für die wirtschaftspolitischen Steuerungsprozesse in der EU sind unter anderem von der Akzeptanz aller Institutionenmitglieder in Bezug auf die strategische Ausrichtung und Operationalisierung des European Green Deal abhängig. Auch die kurz-, mittel- und langfristigen wirtschaftlichen und politischen Folgen der Pandemie und des russischen Angriffskrieges auf die Ukraine könnten Auswirkungen auf die supranationale wirtschaftspolitische Steuerung haben. Das Wirken von Selektionsfaktoren bei der internen und externen Passung von Reformen und Veränderungen des wirtschaftspolitischen Steuerungsprozesses sowie von Bürden auf die EU ist jedenfalls ein erwartbarer und normaler Prozess der Evolution von Institutionen.

4.2.3 Kritische Betrachtung

Die Vorteile des Ansatzes des Evolutorischen Institutionalismus für die Integrationsforschung liegen in der hohen Anschlussfähigkeit zu anderen Wissenschaftsdisziplinen, in denen die grundlegenden Erkenntnisse der Evolutionsforschung Anwendung gefunden haben. Eine evolutionsorientierte Perspektive beinhaltet ein zunächst relativ abstraktes Theoriemodell, auch wenn dessen Operationalisierung für spezifische Untersuchungsgegenstände möglich, jedoch anspruchsvoll ist.

Ausgangspunkt ist die Annahme, dass biologische Organismen und soziale Institutionen ähnliche Strukturen und Prozesse ihrer Existenz und Entwicklung und damit ihres Wandels aufweisen. Dies betrifft insbesondere Muster ihrer Überlebensstrategien, Form, Funktionen, Reproduktion und Leistung. Dennoch gibt es Grenzen der Übertragbarkeit naturwissenschaftlicher Theorien und Erkenntnisse auf sozialwissenschaftliche Forschungsgegenstände, da natürliche und soziale Systeme in unterschiedlicher Weise evolvieren und daher auch unterschiedliche Analysekategorien erfordern (vgl. Lempp, 2009, S. 35). Bei allen Herausforderungen eines solchen interdisziplinären Theorietransfers ist es daher notwendig, das Verhältnis der Ursprungstheorie, hier der biologischen Evolutionstheorie von Darwin, zum daran anschließenden sozialwissenschaftlichen Theorieansatzes zu klären. Der 1:1-Transfer der auf biologische Organismen bezogenen Theorie auf sozialwissenschaftliche Sachverhalte wäre hochkomplex. Demgegenüber bietet es sich an, für die sozialwissenschaftliche Institutionenanalyse nur solche Elemente der Darwinschen Theorie zu verwenden, die „auch dann noch gültig sind, wenn diese von ihrem ursprünglichen biologischen Gegenstand abstrahiert wird“ (Lempp, 2009, S. 36).

Der theoretisch-abstrakte Transfer evolutionär-biologischer Erkenntnisse auf Institutionen und ihre Mitglieder führt nichtsdestotrotz zu einem relativ hohen Abstraktionsgrad und einer sperrigen Terminologie. Die Herausforderung besteht darin, notwendige Begriffe zu transferieren, teilweise neu einzuführen und zu erklären, ohne die Sicht auf den Mehrwert des Ansatzes für die europäische Integrationsforschung zu verstellen (vgl. Lempp, 2018, S. 276). Es ist also notwendig, die biologisch-naturwissenschaftliche Fachsprache auf sozialwissenschaftliche Sachverhalte zu übertragen und an sozial- und geisteswissenschaftliche begriffliche Standards anschlussfähig zu machen. Mit weiterer theoretischer Entwicklung und empirischer Anwendung erfährt auch die terminologische Basis des Evolutionären Institutionalismus eine zunehmende Präzisierung, Erweiterung und Anpassung.

Andererseits bietet der Ansatz des Evolutionären Institutionalismus den Vorteil, die Sicht auf den Gegenstand der europäischen Integration zu erweitern: Ursachen für institutionellen Wandel können sowohl exogene, gegebenenfalls bedeutende Ereignisse als auch endogene, sich inkrementell und langsam vollziehende Prozesse sein (vgl. Fürstenberg, 2016, S. 57). Der Ansatz des Evolutorischen Institutionalismus ist auf eine ganzheitliche dynamische und prozessuale Untersuchung von (Des-)Integration in der EU in ihrer komplexen Umwelt hin ausgerichtet.

Die Frage, ob die EU überhaupt ihre Nische beeinflussen kann, ist eng verknüpft mit dem Konzept institutioneller Fitness. Fitnesskriterien wie die institutionelle Effektivität und Effizienz können als Evaluationsbasis für die aktuell angebotenen und nachgefragten Leistungen der europäischen Institutionen im Zusammenspiel mit ihrer Umwelt dienen und Reformbedarf offenlegen. Mit der Diagnose institutioneller Schwachstellen, die auch formale und informelle kulturelle Aspekte wie Identitätskonstruktion und Loyalitätsverhalten ihrer Mitglieder einbeziehen, lassen sich dann Alternativen zum liberalen Entgrenzungskonzept der Integration entwickeln, das, folgt man Schimmelpfennigs Sicht, für die Zeit seit der „Polykrise" nicht mehr passend ist (Schimmelpfennig, 2019, S. 260).

Forschungsbedarf besteht weiterhin in Bezug auf das theoretische Konzept des Evolutionären Institutionalismus. Dies bezieht sich beispielsweise auf die Bewertungskriterien für den Wandel und die Stabilität von Institutionen. Inwieweit grundsätzlich Erkenntnisse der biologischen Genetik auf Institutionen als Memetik übertragen werden können, ist verknüpft mit der Frage, welchen Einfluss systemisches und individuelles Verhalten wie Sozialisation, Lernen, Kultur auf eine Institution haben (vgl. Fürstenberg, 2016, S. 55). Die von Fürstenberg, 2016 konstatierte Notwendigkeit, den Ansatz des Evolutorischen Institutionalismus auf die Basis einer konsistenten Methodologie empirischer Forschung zu stellen, hat angesichts seiner explikativen Möglichkeiten einerseits und operativen Komplexität nach wie vor Gültigkeit (vgl. Fürstenberg, 2016, S. 58).

Insgesamt kann der Nischen-Ansatz des Evolutorischen Institutionalismus für Diagnosen und „die Evaluation von Reformen oder sogar die Organisationsberatung" genutzt werden (vgl. Lempp, 2018, S. 276). Ansatzpunkte können etwa Anpassungsanstrengungen der EU an die sich verändernde Umwelt der Polykrise sein. Einerseits ergeben sich Untersuchungsfelder in Bezug auf die schon lange praktizierte differenzierte Integration wie in der Wirtschafts- und Währungsunion. Ein weiteres Untersuchungsfeld ist die Verschiebung der intergouvernementalen zugunsten der supranationalen Leitidee sein. Europäische Identitätskonstruktion kann als bedeutende konstituierende Kategorie für (fundamentalen) institutionellen Wandel in diesen analytischen Integrationsdiskurs mit einbezogen werden (vgl. Becker et al., 2020).

4.3 Lombardo und Kantola: Feministische Ansätze und europäische Desintegration

4.3.1 Einführung

Die Beschäftigung mit Ansätzen einer feministischen Integrationstheorie muss zwangsläufig in den Diskurs feministischer Bewegungen und Theorien eingebettet werden. Feministische Forschung und Debatten haben selber eine lange Geschichte und unterliegen einem stetigen Wandel und Weiterentwicklungen von Perspektiven und Diskursen. Dabei gibt es selbst für den Begriff und das Konzept des Feminismus keine einheitliche Auffassung.

Feminismus, abgeleitet vom lateinischen Wort „femina" für „Frau", ist zu einem Oberbegriff für Denkhaltungen, Bewegungen und Konzepte individueller, politischer und gesellschaftlicher Gestaltungsideale geworden. Seine Wurzeln finden sich im Zeitalter der Aufklärung und in den liberal-demokratischen Zielen der Französischen Revolution im 18. Jahrhundert. Nach den napoleonischen Befreiungskriegen entwickelten sich in der Zeit der Industrialisierung in Europa aus der neu entstehenden Schicht des Bürgertums und der Arbeiterklasse nationale und internationale Bewegungen, die gesellschaftliche Partizipation von Frauen forderten. Eine zentrale Forderung waren gleiche Bürgerrechte für Frauen und Männer. In der Zeit des Nationalsozialismus verlor die Frauenbewegung an Bedeutung. Das nationalsozialistische Frauenbild war im Rahmen der völkisch-nationalistischen Ideologie von der Frau als der Volksgemeinschaft dienende Mutter geprägt und trat erst durch den kriegsbedingten Arbeitskräftebedarf in den Hintergrund. In der zweiten Welle der internationalen Frauenbewegung in den 1960er-Jahren bildeten sich verschiedene feministische Schulen und Richtungen insbesondere in den USA heraus (vgl. Wallner, 2011, S. 133 f.).

Impulse erhielt der Feminismus auch durch den Diversity-Ansatz, der seinen Ursprung in der US-amerikanischen Bürgerrechtsbewegung hat. Der 1964 erlassene Civil Rights Act zielt auf die Aufhebung der Rassentrennung und die Verwirklichung von Gleichheit aller US-Bürger/innen konstatierte: „All persons shall be entitled to be free, at any establishment or place, from discrimination or segregation of any kind on the ground of race, color, religion, or national origin, …" (Civil Rights Act of 1964).

Zunächst in westlich-liberalen Demokratien entstanden, ist der Feminismus auf die Dekonstruktion von Macht- und Herrschaftsverhältnissen hin orientiert. Die feministische Forschung konzentrierte sich zunächst darauf, männlich dominierte Machtstrukturen und ungleiche Rechte und Chancen zwischen den Geschlechtern zu identifizieren. Damit verbunden war die Forderung, patriarchale Herrschaft und Unterdrückung zu beseitigen. Das Verständnis von Feminismus und die Deutung feministischer Positionen differenzierte sich im Laufe der Jahrzehnte weiter aus. Es entstanden neue und erweiterte Diskurse von „women of colour" und Frauen im globalen Süden sowie durch die Erweiterung der binären Genderkonzeption auf non-binäre Menschen (vgl. Zilla, 2022, S. 3). Der in den 1990er-Jahren aufkommende neue Zweig des dekonstruktivistischen Feminismus oder Postfeminismus beruht auf der Annahme, dass biologische Geschlecht sei gesellschaftlich konstruiert. Die Dekonstruktion von geschlechtsspezifischen Machtzuschreibungen und Benachteiligungen verfolgt das gesellschaftspolitische Ziel, darauf aufbauende Ungleichheiten zu überwinden (vgl. Wallner, 2011, S. 134 f.).

Inzwischen gibt es in vielen wissenschaftlichen Disziplinen Stränge und Ansatzpunkte feministischer Forschung, Diskurse und Theoriebildung. Insofern ist die Feminismus- und Genderforschung schwer überschaubar geworden. Die Themen Feminismus und Gender einerseits und das Themenfeld europäische Integration andererseits sind beides Gebiete, an deren wissenschaftlicher Auseinandersetzung sich unterschiedliche Fachdisziplinen beteiligen. Feministisch-politische Betrachtungen der EU werden insbesondere im Rahmen der politikwissenschaftlichen Genderforschung und Theoriebildung angestellt, auf die im Folgenden kurz eingegangen wird.

Feministische Theoriebildung begriff sich „von Beginn an immer auch als feministische Theorie von Politik“ (Rössler, 1995, S. 267). Auch wenn der Satz „Das Private ist politisch“ zentral für die zweite Frauenbewegung in den 1960er-Jahren wurde, fanden feministische Ansätze als Gender Studies erst in den 1990er-Jahren stärkere Berücksichtigung in der Politikwissenschaft. Ansätze feministischer politischer Theorie fokussieren kritisch die Themen Gerechtigkeit, Staat, Gleichheit, Freiheit, Demokratie, Öffentlichkeit und Privatheit. Neben der Analysefunktion asymmetrischer Machtverteilung sind feministischen Ansätze in der Regel somit auch normativ-bewertende und appellativ-handlungsempfehlende Funktionen immanent: Ziel ist es, Konzepte für politische Systeme zu entwickeln, „die nicht diskriminierend wirken und nicht geschlechtshierarchisch aufgebaut sind“ (Riescher, 2001, S. 63).

Die Geschlechterforschung erweiterte ihren Analyserahmen seit Anfang der 2000er-Jahre durch weitere Merkmale, die als ursächlich für Diskriminierungen und Ungleichheiten angesehen werden: Geschlecht, Rasse, ethnische Herkunft, Religion oder Weltanschauung, Behinderung, Alter oder sexuelle Ausrichtung. Diese auch im EU-Vertrag und Richtlinien definierten Dimensionen sowie verstärkend wirkende Überkreuzungen und Wechselwirkungen, wenn bei einer Person mehrere Merkmale vorliegen, erweiterten auch die feministisch politische Theorie um das Thema der Intersektionalität und Diversity Politics (vgl. Art. 19 AEUV, ex-Art. 13 EGV). Die Gestaltungsdimensionen gesellschaftlicher und demokratischer Teilhabe traten neben die traditionellen Analysekriterien Macht, Herrschaft und Gewalt (vgl. Lepperhoff et al., 2007, S. 13 ff.).

Feministische EU-Forschung beschränkt sich aber nicht nur auf die politikwissenschaftliche Disziplin. Auch insbesondere Sozial-, Wirtschafts- und Geisteswissenschaftler/innen sowie Jurist/innen erforschen die EU und ihre Geschichte, Institutionen, Akteure und Policies aus einer geschlechtsspezifischen Perspektive. „Spätestens seit Anfang der 1990er-Jahre“, so Abels, habe „sich innerhalb der EU-Forschung ein feministischer Strang entwickelt, der sich theoretisch aus feministischer Sozialtheorie im weitesten Sinne speist“ (Abels, 2012, S. 295). Gemeinsam ist dieser Forschungsrichtung, dass Forscher/innen epistemologisch und methodologisch durch ihre Wissenschaftsdisziplin und/oder vom Feminismus geprägt sind.

Es waren zunächst EU-Forscher/innen aus den Bereichen Internationale Beziehungen und Vergleichende Politikwissenschaft, die vorhandene theoretische Ansätze der europäischen Integration mit feministischen Fragestellungen verbanden. Gemeinsam sind den Ansätzen bestimmte ontologische Prämissen des Feminismus, etwa, dass die Geschlechterverhältnisse und darauf aufbauende Machthierarchien sozial konstruiert seien (vgl. Abels, 2012, S. 296). Ebenso nehmen viele feministische Integrationstheorien Dichotomien wie beispielsweise öffentliche/private Sphäre, internationale/europäische Politik, ökonomischer/sozialer Bereich sowie „gerade die Beziehungen zwischen den Sphären“ in den Blick (Abels,

2012, S. 296). Feministische Theoriebildung ist auch durch den Impetus geprägt, diskriminierende Strukturen zu kritisieren und gesellschaftliche Veränderung herbeizuführen.

Die feministische Analyse auf der Basis existierender Theoriebildung der europäischen Integration wie des Liberalen Intergovernmentalismus, Neofunktionalismus, der Mehrebenentheorien, des Institutionalismus oder Konstruktivismus bezieht auch vernachlässigte Genderaspekte mit ein. Dabei entstehen zum Beispiel kritische Fragen nach unberücksichtigten Akteurskonstellationen in der Policy-Analyse, wenn etwa die Rolle von Frauen und Frauenbewegungen als Gestalter und Adressat der EU-Frauen- oder Gleichstellungspolitik untersucht wird. Gegenstand neofunktionalistischer Analysen können Wechselwirkungen von Gender-spezifischen Annahmen und politischen Ergebnissen sowie mögliche feministische Spill-over-Effekte in verschiedene Politikbereiche sein (vgl. Kronsell, 2012, S. 24).

Seit Ende der 1990er-Jahre wurde der Ansatz des Sozialkonstruktivismus verstärkt aus dem Forschungszusammenhang der Internationalen Beziehungen auf den Bereich der europäischen Integration bezogen. Die mit dem Sozialkonstruktivismus verbundenen soziologischen Einsichten des nicht genuin auf die EU ausgerichteten Ansatzes beruhen auf der Annahme, dass die Realität sozial konstruiert ist, so auch gesellschaftliche und individuelle Vorstellungen von Gender. Die Untersuchung, wie und warum es zu Ungleichheiten aufgrund von Gender- und intersektional-bezogenen Normen, Bedeutungen und Machtverhältnissen kommt, erstreckt sich auf gesellschaftliche Strukturen, die durch Familie, Arbeitsumgebungen oder politische Institutionen wie die EU geprägt werden (vgl. Lombardo & Kantola, 2021, S. 44). Damit erweitert die Genderforschung sozialkonstruktivistische Integrationstheorien der europäischen (Des-)Integration um kritische Analysekategorien feministischer und intersektionaler Perspektiven (vgl. Lombardo, 2016, S. 123 ff.).

Kronsell resümierte 2012, dass sich konstruktivistische und Mehrebenenansätze am besten für ein solches „gendering“ eignen. Gleichzeitig konstatierte sie: „What is urgently needed are theoretically informed gender perspectives on all processes of EU integration“ (Kronsell, 2012, S. 24).

Etwa zur gleichen Zeit machte Abels einen Vorschlag für die Einteilung der historischen Entwicklung feministischer Europaforschung in drei Phasen (vgl. Abels, 2012, S. 314), wobei sie das Erreichen der dritten Phase am Anfang der 2010er-Jahre noch in Frage stellte:

1. Ergänzung der „Forschung um den „Faktor Frau“ (u. a. Analyse der EU-Frauenpolitik) und „Integrating Gender““ (Abels, 2012, S. 314)
2. Kritische Weiterentwicklungen etablierter Integrationstheorien mit feministischem Erkenntnisinteresse
3. Entwicklung eigenständiger Gendertheorien

Seit Beginn der 2010er-Jahre hat sich die Beschäftigung mit der Frage verstärkt, wie man die europäische Integrationsforschung um Perspektiven der Gendertheorien anreichern kann. Abels und MacRae konstatieren, dass einige (Meta-)Theorien und theoretische Ansätze der europäischen Integration anschlussfähiger für die Genderperspektive seien als andere. In den so genannten „EU gender studies" dominieren insbesondere die Ansätze der Europäisierung, des Sozialkonstruktivismus und des feministischen Institutionalismus (vgl. Abels & MacRae, 2021, S. 11) und werden auch auf die Krisen und insbesondere die Wirtschaftskrise in der EU bezogen. Im Fokus stehen etwa die Auswirkungen von Strukturen und Prozessen der EU-Institutionen auf feministische und intersektionale Politiken, Institutionen, Regime und Debatten (vgl. Lombardo & Kantola, 2017).

Der Ansatz des „gender equality regime (GER)" ist der heuristische Rahmen für die systematische Analyse von Politik, Akteuren, Institutionen und Diskursen mit dem Ziel, Ungleichheit von Frauen abzumildern bzw. zu beseitigen (von Wahl, 2021, S. 17 ff.). Dabei ist das GER seit Beginn der 2000er-Jahre zum Paradigma der feministischen Forschung geworden. Der Gender Regime Approach nimmt insbesondere europäische Wohlfahrtsstaaten und die Entwicklung der EU in den Blick. Seit den 1980er-Jahren hat sich jedoch der Zielhorizont vom eindimensionalen Zuschnitt auf gleiche Möglichkeiten von Frauen und Männern auf dem Arbeitsmarkt um die Themen Unterschied, Gender und Intersektionalität multidimensional erweitert. Die Frage, ob sich die EU politisch und gesetzlich-normativ zu einem GER entwickelt, wird angesichts multipler Krisen in Frage gestellt (vgl. von Wahl, 2021, S. 17 ff.).

Auch der jüngere Ansatz der Feministischen Politischen Ökonomie (Feminist Political Economy, FPE) behandelt die mit der globalen Finanzkrise 2007 f. und jene mit der Krise in der Eurozone verbundenen Auswirkungen der EU-Maßnahmen zur Krisenbekämpfung. Insbesondere die makroökonomische EU-Governance und Austeritätspolitik sind Gegenstand von Untersuchungen, ob und inwieweit diese zur Stabilisierung von „gendered and racialised hierarchies in the economy in the EU" beigetragen haben (Cavaghan & Elomäki, 2021, S. 75). FPE umfasst einschlägige Ansätze und eine wissenschaftstheoretische Terminologie, mit der die konstatierte mangelnde Wirkung von „gender budgeting" und „gender mainstreaming" der EU sowie die Gender- und Rassismus-bezogenen Effekte von Krisen wie etwa der Pandemiekrise analysiert werden können (Cavaghan & Elomäki, 2021, S. 76). Daran knüpft die Frage an, wie eine feministische Transformation und Gestaltung der makroökonomischen Governance-Prozesse in der EU umgesetzt werden können (vgl. Cavaghan & Elomäki, 2021, S. 76)

„Critical Studies on Men and Masculinities (CSMM)" ist eine weitere feministisch-interdisziplinäre, wenn auch in den EU-Staaten unterschiedlich stark entwickelte Forschungsrichtung (Hearn et al., 2021, S. 80). Es geht Forschenden der CSMM darum, explizite intersektionale Perspektiven und materiell-diskursive Zusammenhänge zwischen sozio-politischen Entwicklungen und Krisen in Europa wie Nationalismus, Migration und wirtschaftlicher Ungleichheit einerseits und Machtpositionen von Männern und Maskulinitätskonzeptionen andererseits herzustellen (vgl. Hearn et al., 2021, S. 80 ff.)

Mit der Frage, ob und inwieweit Formen intersektionaler und multipler Diskriminierung in der EU und ihren Mitgliedstaaten vorliegen bzw. Gegenstand gesetzlicher europäischer und nationaler Regelungen sind, befasst sich ein juristisch-theoretischer Strang (vgl. Solanke, 2021, S. 93 ff.)

4.3.2 Beispiele für Ansatzpunkte europäischer Desintegration

Verortung in Ereignisgeschichte Lombardo und Kantola sehen das Jahr 2018 als „tenth anniversary“ eines Jahrzehnts noch nie da gewesener Herausforderungen des europäischen Integrationsprozesses (Lombardo & Kantola, 2019, S. 62). Die globale Finanzkrise und die Eurokrise, der Brexit, das Aufblühen populistischer Parteien sowie die Rechtsstaatlichkeitskrise in Ungarn und Polen führten, so ihre Feststellung, zu desintegrativ wirkenden Entwicklungen einerseits. Andererseits bemühte sich die EU in bestimmten Bereichen, die Integration wie z. B. mittels der „Europäischen Säule sozialer Rechte“ zu stärken. Gleichzeitig sehen Lombardo und Kantola in neuen wirtschaftlichen Governance-Formen einen Verlust demokratischer Entscheidungsfindung.

Im vorliegenden Artikel analysieren die Autorinnen drei Krisen bzw. Herausforderungen der europäischen Integration, die im Jahr 2018 evident wurden. Dazu beziehen sie drei feministische Ansätze auf Phänomene der Desintegration in der EU: den Ansatz der Intersektionalität auf die Wirtschaftskrise, den Ansatz des Dekonstruktivismus auf den Populismus, den Ansatz des Post-Dekonstruktivismus auf den Brexit (vgl. Lombardo & Kantola, 2019, S. 7).

Die Autorinnen betrachten das Jahr 2018 auch als zentralen Startpunkt, an dem das Thema europäische Desintegration als Prozess Eingang in die wissenschaftliche „mainstream“ Debatte fand (Lombardo & Kantola, 2019, S. 62).

Verortung in Integrationsforschung Der Ansatz von Lombardo und Kantola rekurriert auf laufende Diskurse der europäischen Desintegrationsforschung einerseits und der einschlägigen Gender- und EU-Forschung zur europäischen Integration andererseits (vgl. Lombardo & Kantola, S. 63). Sie konstatieren, dass es bis auf wenige Ausnahmen an Gender- und EU-Studien mangele, die Integration zu konzeptionalisieren versuchen (vgl. Lombardo & Kantola, S. 65). Der Forschungsbeitrag von Lombardo und Kantola strebt daher an, eine Verbindung zwischen feministischer politischer Analyse und der europäischen (Des-) Integrationsforschung herzustellen.

Auch wenn die europäische Integrationsforschung aktuelle Probleme der EU identifiziert und konzeptionalisiert hat, sehen die Autorinnen darin Defizite der analytische Tiefe und Reichweite. Untersuchungen zu den Gründen und Mechanismen von Integration basieren auf „depictions of abstracted processes, structures and actors“, während ihre „gendered underpinnings“ unberücksichtigt bleiben. Die dominierenden europäischen Integrationstheorien vernachlässigen genderspezifische Aspekte wie männlich dominierte Strukturen und Prozesse sowie fehlende Fortschritte bei Ungleichheits- und Diversity-bezogenen Themen. Dies reduziere „scholars´ analytical potential for understanding the EU“ (Lombardo & Kantola, 2019, S. 65).

Aus ihrer Sicht ist es daher unabdingbar, reale Herausforderungen der Integrationsforschung in ihre jeweiligen diskursiven und affektiven Rahmenbedingungen einzubetten. Ein Desiderat sehen sie darin, europäische Integration und Desintegration unter dem Aspekt von geschlechtsspezifischen Machtverhältnissen zu analysieren (vgl. Lombardo & Kantola, 2019, S. 63). Ohne intersektionale Genderdynamiken und feministische Analysen zu verstehen, so die Autorinnen, bleiben die theoretischen Ansätze der (Des-) Integration „partial and will continue to struggle to explain disintegration“ (Lombardo & Kantola, 2019, S. 76).

Feministische Forschungsansätze bieten aus Sicht der Autorinnen Ansatzpunkte, nationalistisch-ausgrenzende Diskurse und Praktiken sowie Benachteiligungen aufgrund des Geschlechtes und anderer Merkmale zu fokussieren (vgl. Lombardo & Kantola, 2019, S. 65). Um Desintegration zu erfassen, muss die europäische (Des-) Integrationsforschung demnach bislang vernachlässigte analytische und methodologische Dimensionen und damit „less hegemonic approaches“ stärker in ihre Disziplin einbeziehen (vgl. Lombardo & Kantola, 2019, S. 65).

Gender-orientierte Ansätze sind nur in wenigen Fällen zur Untersuchung europäischer Integration herangezogen worden. Angesichts verschwimmender Grenzen der Großtheorien der europäischen Integration öffne sich ein Fenster „for gendered theorizing“ öffne (Abels & MacRae, 2016, S. 22). Ein „gender approach to integration“ mit neuer epistemologischer und ontologischer Qualität müsse formale und informelle institutionelle Machtverhältnisse und Interaktionen umfassen (Lombardo & Kantola, 2019, S. 65). Die Herausforderung der Gender-orientierten Integrationsforschung besteht demnach darin, (Des-)Integration vor dem Hintergrund verschiedener feministischer Ansätze zu konzeptionalisieren.

Die Auswahl der in ihrem Forschungsbeitrag zentralen feministischen Ansätze nimmt Rekurs auf den von Kantola und Lombardo entwickelten Analyserahmen, der fünf feministische Ansätze umfasst (vgl. Kantola & Lombardo, 2017a, b). Diese thematisieren: Frauen, Gender, Dekonstruktivismus, Intersektionalität und Post-Dekonstruktivismus.

Lombardo und Kantola grenzen ihren integrationstheoretischen Ansatz explizit von vorhandenen Beiträgen zu dem Themenbereich „Frauen/Gender und EU“ ab. Abels und MacRae (2016) etwa behandeln feministisch-politische Ansätze, die die zentralen Analysekategorien „women and gender“ auf den Forschungskontext der europäischen Integration beziehen. Es geht dabei beispielsweise um Fragen, wie Strukturen und Prozesse in der EU durch Macht und Werte von Individuen und Gruppen beeinflusst und manifestiert werden. Diese Individuen- und Gender-bezogene Sicht steht im Gegensatz zur Vorstellung traditioneller Integrationstheorien wie beispielsweise des Intergouvernementalismus, dass bei Integrationsprozessen in erster Linie die Macht von Staaten eine relevante Analysekategorie sei.

Lombardo und Kantola erweitern die auf die „women and gender“ verengte Perspektive auf drei weitere feministische Ansätze. Den Grund sehen sie darin, dass „´crisis´ makes them particularly pertinent“ (Lombardo & Kantola, 2019, S. 67): die Ansätze des Dekonstruktivismus, der Intersektionalität und des Post-Dekonstruktivismus. Sie plädieren dafür, nicht nur die Gender-Perspektive, sondern „the insights of these often marginalised perspectives“ in die Debatte über Krisen und (Des-)Integration in der EU einzubeziehen (Lombardo & Kantola, 2019, S. 76). Der Einbezug dieser analytischen und methodologischen Perspektiven in die europäische Integrationstheorie könnte deren Analysefähigkeit steigern (S. 63).

Konzeption (Des-)Integration Dem Begriff der europäischen Integration legen die Autorinnen das Verständnis zugrunde, dass Nationalstaaten einen Teil ihrer Souveränitätsrechte an eine supranationale Ebene abgeben. Es entsteht ein neues politisches Zentrum mit eigenen Institutionen, die auch gesetzgeberische Kompetenzen haben. Es werden drei Dimensionen europäischer (Des-)Integration unterschieden:

- Horizontale Dimension: Zunahme oder Abnahme der Zahl der EU-Mitgliedstaaten. Der Brexit dient als Beispiel für horizontale Desintegration.
- Vertikale Dimension: Zunahme oder Abnahme der Kompetenzen der supranationalen EU-Institutionen.
- Sektorale Dimension: Zunahme oder Abnahme der Anzahl der vergemeinschafteten Politikfelder

Grundsätzlich betrachten die Autorinnen europäische Integration nicht als linearen Prozess. Vielmehr treten sie dafür ein, Desintegration und Integration als Teil desselben Prozesses in der EU zu betrachten. Dies ermögliche „a greater analytical balance" und ein umfassenderes Verständnis „of this complex political process" (S. 64). Tendenzen der Desintegration deuten sich demnach bereits durch Diskurse und Verhaltenspraktiken in Form von ausgrenzendem Nationalismus und Ungleichheitsdynamiken wie etwa in der Wirtschaftskrise und im Brexit an (vgl. Lombardo & Kantola, 2019, S. 64).

Funktionieren von (Des-)Integrationsprozessen Lombardo und Kantola sehen europäische Integration und Desintegration angesichts von Krisen als differenzierten Prozess. Integration beschreibt die Entwicklung, in der sich die Mitgliedstaaten in unterschiedlichen Geschwindigkeiten an Integrationsprojekten beteiligen. Integration und Desintegration werden dabei als Bestandteile eines nicht linearen Prozesses betrachtet. Dies ermögliche eine ausgewogenere Analyse und ein umfassenderes Verständnis von krisenhaften Phänomenen der betrachteten Krisen des Jahres 2018 (vgl. Lombardo & Kantola, 2019, S. 64).

Der vorliegende Ansatz konstatiert, dass die feministische politische Analyse die Relevanz von „mainstreaming gender" als wesentlicher Analysekategorie europäischer Integration zeige (Lombardo & Kantola, 2019, S. 62). Die Berücksichtigung von **Gender Mainstreaming** sei ein Indikator „for the democratic health of the Union" und werde zum „litmus test for the whole integration process" (Lombardo & Kantola, 2019, S. 62). Die intersektionale Genderforschung nimmt dabei Individuen, soziale Gruppen sowie gesellschaftliche und institutionelle Strukturen, Prozesse, Normen und Diskurse in den Blick. Im Folgenden werden die drei von Lombardo und Kantola fokussierten feministisch-politischen Analyseansätze dargestellt. Diese rekurrieren auf Erkenntnisse und Fragestellungen der feministischen politischen Analyse und akzentuieren einzelne erklärende Variablen für den europäischen (Des-)Integrationsprozess.

Intersektionalität und Integration

Im Diskurs der **Intersektionalität** geht es um die Frage, wie sich Ungleichheit aufgrund von Gender mit anderen Kategorien wie Rasse, Ethnie, Behinderung oder sexueller Orientierung überschneidet. Macht sowie Privilegierung und Marginalisierung von

Menschen, so die Annahme, entsteht durch interagierende Dynamiken von Sexismus, Rassismus, Homophobie und Klassendiskriminierung. Im Rahmen der EU-Forschung geht es um den Zusammenhang von Gender- und intersektionalen Ungleichheiten infolge der politischen Auswirkungen auf Macht, Privilegien und Ausgrenzung. Strukturelle Intersektionalität bezieht sich auf die Ungleichheit, die sich durch die Strukturen in der EU ergeben, während politische Intersektionalität die Auswirkungen von EU-Politiken auf Ungleichheit und Machtungleichgewichte fokussiert (vgl. Lombardo & Kantola, S. 67).

Dekonstruktivismus und Integration
Diesem feministischen Ansatz liegt die Annahme zugrunde, dass **europäische Integration** eine **soziale Konstruktion** sei. Das Analyseziel ist dabei, vorherrschende „gendered discourses and norms which underpin ideas about integration" zu dekonstruieren. Es geht beispielsweise um die Frage, wie europäische Integration und ihre Strukturen und Macht sozial konstruiert werden. Gegenstand des Dekonstruktivismus ist auch, wie Gender-Normen und -Diskurse durch Politik konstruiert werden und wie Politik selber durch Gender-Normen und Annahmen beeinflusst wird. Die politische und wirtschaftliche Macht im Kontext der EU wirkt dabei ambivalent, indem sie sich sowohl repressiv als auch „enabling/empowering" auf Menschen auswirken kann (Lombardo & Kantola, 2019, S. 67).

Post-Dekonstruktivismus und Integration
Gegenstand dieses relativ jungen Ansatzes sind die Wirkungen, die **Affekte und Emotionen auf Individuen und Organisationen** haben können. Ihm liegt die Annahme zugrunde, dass sich soziale Verhältnisse nicht nur durch Diskurse über Dekonstruktion ändern. Vielmehr können sich materielle Bedingungen erst verändern, wenn deren Zusammenhänge mit Affekten, Emotionen und den dahinterstehenden Interessen klar sind. Lombardo und Kantola sehen im Ansatz des Post-Dekonstruktivismus Erklärungspotenziale für die Herausforderungen des europäischen Integrationsprozesses durch Populismus in der EU. Möglicherweise kann der Forschungsansatz zum Verständnis beitragen, wie „gendered and raced emotions" in der EU gegen Asylsuchende oder Gender Studies mobilisiert werden (Lombardo & Kantola, 2019, S. 68).

Wissenschaftlich-funktionale Dimensionen des Ansatzes Der vorliegende Ansatz von Lombardo und Kantola hat das wissenschaftstheoretische Ziel, das Verhältnis von Integration und Desintegration als „contradictory processes" zu erfassen (Lombardo & Kantola, 2019, S. 62). Die Integrationsforschung, so die These, hat bislang Analysekategorien der feministisch-intersektionalen Genderforschung vernachlässigt. Die Autorinnen halten es für unabdingbar, die Analyse (des-)integrativer Prozesse der EU um die Perspektiven feministischer politischer Analyse zu erweitern. Sie plädieren dafür, die analytisch-methodologischen Erkenntnisse der feministischen Forschung zu den Themen Dekonstruktivismus, Intersektionalität und Post-Dekonstruktivismus in die Integrationsdebatte mit einzubeziehen (vgl. Lombardo & Kantola, 2019, S. 63).

Die Untersuchung von Machtdynamiken zwischen Akteuren, diskursiven und intersektionalen Widerständen und Gegenkräften sowie affektiver Kontexte ermöglichen die Verbindung von Theorie und Praxis. Unterschiedliche Genderperspektiven dienen als Maßstab, um Aussagen zur (Des-)Integration in ihrer sozialen und politischen Realität und zur demokratischen Verfasstheit der EU zu treffen. Insofern hat der Ansatz von Lombardo und Kantola den Anspruch, insbesondere aktuelle Phänomene europäischer Desintegration zu beschreiben und zu erklären und gegebenenfalls auf dieser Basis Handlungsempfehlungen zu entwickeln. Dabei lautet die Hypothese: Wenn Geschlechtergerechtigkeit in der EU abgebaut, angegriffen oder marginalisiert wird, steht der gesamte Integrationsprozess auf dem Spiel (vgl. Lombardo & Kantola, 2019, S. 62).

Aus Sicht der Autorinnen kann die Analyse von Antigender-Diskursen und rückwärtsgerichteter Genderpolitik auch einen Beitrag dazu leisten, euroskeptische Trends zu antizipieren, wenn Gender „were taken more seriously in EI theory" (Lombardo & Kantola, 2019, S. 71). Insofern würde der Ansatz auch eine Prognosefunktion erfüllen.

Lombardo und Kantola wenden die drei feministischen Ansätze der Intersektionalität, des Dekonstruktivismus und der Postdekonstruktivismus auf drei Krisen im Jahr 2018 an. Die empirische Anwendung soll aufzeigen, was feministische Ansätze zum Verständnis von (Des-)Integration in der aktuellen Debatte beitragen können und kommt zu folgenden Ergebnissen (vgl. Lombardo & Kantola, 2019, S. 68 ff.):

Ökonomische Krise und Intersektionalität

Die Wirtschaftskrise infolge der globalen Finanzkrise der Jahre 2008 ff. führte auch in der EU und insbesondere der Eurozone zu sozialen Verwerfungen. Die Analyse dieser Krise „from intersectional lenses", so die Autorinnen, offenbart bislang vernachlässigte Dimensionen der Desintegrationsforschung wie die Marginalisierung von Minoritäten, sektorale Desintegration in verschiedenen Politikfeldern und Ent-Demokratisierung. Andererseits wurden gerade diese Aspekte zum Ausgangspunkt für weitere Integrationsschritte in Richtung Inklusion, Gendergleichheit und Re-Demokratisierung (vgl. Lombardo & Kantola, 2019, S. 68 ff.).

Die EU-Austeritätspolitik in besonders von der Krise betroffenen EU-Staaten wie Griechenland hat zu sozioökonomischen und anderen Ungleichheiten zwischen den Europäern und dem Ausschluss bzw. der Marginalisierung von Drittstaatsangehörigen und insbesondere bei „racialised minority women" geführt. Die mangelnde Inklusion von EU-Bürgerinnen und von Frauen ethnischer Minderheiten wird dabei als ein Indikator für sektorale Desintegration gesehen. Gegenstand kritischer Reflexion ist auch die Frage, ob sich Ungleichheiten nach der Krise verringert haben, wenn allgemein wirtschaftliche Erholung konstatiert wird. Schon vor der Wirtschaftskrise von 2008 waren Ungleichheiten evident: „Minority women" befanden sich latent in ökonomisch und sozial-prekären Lebenssituationen, während ökonomisch privilegierte „majority women" davon weit weniger betroffen waren. Gegenstand intersektional-feministischer EU-Forschung sind auch die Auswirkungen der wirtschaftspolitischen EU-Governance auf die Entstehung intersektionaler Hierarchien (vgl. Lombardo & Kantola, 2019, S. 69).

Neben desintegrativen Dynamiken betrachtet die intersektionale Forschung auch integrationsfördernde Entwicklungen, die durch die Wirtschaftskrise hervorgerufen werden. Besonders in den Fokus stehen „feminist struggles, often intersecting alliances with other social movements" in der EU (Lombardo & Kantola, 2019, S. 70). Feministische Bewegungen und Initiativen, so die Autorinnen, bringen das europäische Integrationsprojekt „based on equality, solidarity, inclusion and democracy" voran (Lombardo & Kantola, 2019, S. 70). Diese hätten auch Dynamiken der Re-Demokratisierung in der EU als Antwort auf die Austeritätspolitik befördert.

Populismus und Dekonstruktivismus

Der Ansatz von Lombardo und Kantola untersucht die Erklärungskraft des feministischen Ansatzes des Dekonstruktivismus für Phänomene der Desintegration, die auf Populismus beruhen. Populistische Diskurse machen die EU für verschiedene nationale, europäische und globale Probleme verantwortlich. Populistische Parteien stellen supranationale Kompetenzen der EU zumindest in Frage. Die populistische euroskeptische Opposition richtet sich auch gegen die EU und die im EU-Vertrag enthaltenen Artikel zu den Themen Gleichheit und Antidiskriminierung.

Arbeiten zum Dekonstruktivismus untersuchen Inhalte, Ziele und Wirkungsweisen populistischer Anti-gender Diskurse auf den europäischen Integrationsprozess. Populistische Positionen werfen der EU vor, sie beziehe Gendergleichheit auf Eliten, nicht aber auf soziale Klassen. Diese Argumentation ist Bestandteil euroskeptischer Diskurse und trägt zur politischen Mobilisierung von Wähler/innen (rechts-)populistischer Parteien bei.

Brexit und Postdekonstruktivismus

Der Ansatz des Postdekonstruktivismus stellt die Bedeutung von Emotionen und Affekten in der Politik als soziales Phänomen in den Vordergrund. Gender-postdekonstruktivistische Ansätze beleuchten auch, wie Emotionen und Affekte die Wahrnehmung von europäischer Integration und Desintegration beeinflussen können. Die Konstruktion von Wissen und Gefühlen über die europäische Integration und die „gender biases in this construction" trägt zu Ungleichheiten in der EU bei (Lombardo & Kantola, 2019, S. 75).

Der Brexit bietet hierfür ein Beispiel, da es populistischen rechten Parteien gelungen ist, Stimmungen und Gefühle der Bevölkerung gegen Migranten und die EU zu mobilisieren. Studien auf Basis des postkonstruktivistischen Ansatzes sehen Gender-bezogene Ursachen für das Brexit-Votum. Demnach gelang es den Brexit-Befürwortern, die Frauen- und Genderperspektive in den Debatten und der Leave-Kampagne zu marginalisieren. Maskuline Dominanz kennzeichnete auch die Verhandlungen, sodass die Auswirkungen des Brexits auf unterprivilegierte und unterrepräsentierte sozioökonomische Gruppe vernachlässigt wurden (vgl. Lombardo & Kantola, 2019, S. 74 f.). Als Beispiel für horizontale Integration ist der Austritt Großbritanniens aus der EU „the clearest example of disintegration" (Lombardo & Kantola, 2019, S. 73).

4.3.3 Kritische Betrachtung

Insgesamt erweitert die Berücksichtigung feministischer Ansätze die europäische Integrationsforschung. Da sich feministische Forschung interdisziplinär und in vielen nationalen und internationalen Kontexten in viele einzelne Themen und Perspektiven ausdifferenziert hat, hält sie selber eine pluralistische Sicht auf den europäischen (Des-) Integrationsprozess bereit. Damit können verschiedene feministische Ansätze auch zu unterschiedlichen Bewertungen und gegebenenfalls Handlungsempfehlungen kommen. Die Verbindung feministischer Ansätze mit der EU-Forschung erweitert die Analysekategorien von (Des-)Integrationsphänomenen auch, weil sie im Vergleich zu den traditionellen Integrationstheorien als benachteiligte betrachtete Personengruppen in den Fokus rücken. Indem sie bestimmte Annahmen über Macht, Hierarchien und Politik in Frage stellen, fordern sie den bisherigen integrationstheoretischen Diskurs heraus.

Zur Untersuchung der Krisen in der EU eignen sich, so Lombardo und Kantola, die feministischen Ansätze zu den Themen Intersektionalität, Dekonstruktivismus und Postdekonstruktivismus. Die beiden Autorinnen zeigen im oben vorgestellten Forschungsbeitrag auch konkrete weitere Forschungsprogramme auf: Als Desiderata identifizieren sie weitere Studien zu „intersectional empowering coalitions of equality projects" und Untersuchungen, die EU-Politikfelder danach bewerten, welchen Beitrag sie zur inklusiven Integration zunehmend diverser Gesellschaften Europas leisten (Lombardo & Kantola, 2019, S. 70).

Forschungsbedarf besteht demnach auch darin, Diskurse gegen Gendergleichheit und Rückschritte der Genderpolitik in EU-Mitgliedstaaten wie Polen und Ungarn in die integrationstheoretische Forschung verstärkt mit einzubeziehen. So könnte etwa die These untersucht werden, dass nur solche Bereiche von Antigender-Diskursen und -Politik betroffen sind, die die EU nicht reguliert (vgl. Lombardo & Kantola, 2019, S. 71 f.).

Darüber hinaus plädieren die Autorinnen dafür, den Zusammenhang und die wechselseitige Interaktion von Angriffen auf Gendergleichheit und Ent-Demokratisierung in die Integrationsforschung aufzunehmen. Wird Meinungsfreiheit in Zivilgesellschaften in Frage gestellt, betrifft dies auch die Beschränkung feministischer Bewegungen, die gegen Dominanz und Ausgrenzung und für LGBT-Rechte eintreten. Angriffe auf Gendergleichheit als „integral part of democracy" sind in dieser Sicht Indikatoren für Desintegration und Ent-Demokratisierung in der EU (Lombardo & Kantola, 2019, S. 72).

Insbesondere die Kombination aus institutionellen, kognitiven, behavioristischen und diskursiven Elementen, die die Gender- und Europäisierungsansätze in die Forschung einbringen, bietet eine multidimensionale Untersuchungsperspektive auch für vordergründige Widersprüche wie beispielsweise: Welche Erklärungsansätze gibt es dafür, dass nationalistische und ultra-konservative Kräfte zum Schutz von Frauen- sowie LGBTQI-Rechten vor einer nicht-europäischen Bevölkerungen in einer Migrationskrise aufrufen? Beinhaltet EU-Politik nicht auch selber Ambivalenzen in Bezug auf ihren Gender- und Intersektionalitätsanspruch oder gar eine postkolonial-reproduktive Praxis, wenn die EU und andere

Staaten im Rahmen der Europäischen Nachbarschaftspolitik hierarchisiert werden (Forest, 2021, S. 38 f.)?

Feministische sozialkonstruktivistische Ansätze der europäischen (Des-)Integration bieten insbesondere dann einen forschungsdiskursiven Mehrwert an, wenn sie Emotionen und Affekte als Ursachen und Auswirkungen von Ungleichheit als Analysekriterien des Postkonstruktivismus in den Blick nehmen (Lombardo & Kantola, 2021, S. 51).

MacRae und Wiener sehen Bedarf, das Thema Intersektionalität stärker auf die Forschungsagenda feministischer EU-Studien im Allgemeinen und des feministischen (Neo-) Institutionalismus im Besonderen zu bringen (MacRae & Wiener, 2021, S. 64 f.). Dabei geht es darum, strukturelle und prozessuale, formelle und informelle Analysekriterien bei der Untersuchung von Macht und Genderbias in Institutionen und europäischen Politikfeldern zu berücksichtigen (MacRae & Wiener, 2021, S. 66).

Auch Integrationsdynamiken von Diskursen und Anstrengungen der Zivilgesellschaft können Gegenstand feministischer Ansätze sein. Dabei geht es etwa um den Zusammenhang zwischen Solidaritätsbewegungen mit Flüchtlingen oder feministischen Bewegungen als Antwort auf (rechts-)populistische Diskurse und Politik. Auch die Analyse europafreundlicher Diskurse und politischer Kommunikationsformen wie zum Beispiel Dialogformen einzelner Politiker/innen mit europäischen Bürger/innen (vgl. Lombardo & Kantola, 2019, S. 73) könnten dazu beitragen, „empowering dynamics towards democratization" herauszuarbeiten (Lombardo & Kantola, 2019, S. 72).

Feministisch-orientierte Forschungen zu Theorie und Realität in der EU bringen in jedem Falle zusätzliche Analysekategorien und normative Dimensionen ein, um Kausalzusammenhänge (des-)integrativer Prozesse zu untersuchen. In den integrationstheoretischen Diskurs gelangen dann auch bislang diskursferne Faktoren, die Machtbeziehungen zwischen gesellschaftlichen Akteuren beeinflussen. Da sich Diskurse einerseits und die soziopolitische Debatte und Realität andererseits wechselseitig beeinflussen, hat der europäische Integrationsprozess mit der feministischen politischen Analyse bis dahin fehlende theoretische und steuernde Impulse erhalten. Diffundieren feministisch-integrationstheoretische Analysen, Forschungsergebnisse und Diskurse in die Lebenswirklichkeiten von Menschen, entstehen Potenziale für die politisch-wirtschaftliche Handlungsdynamiken der gesellschaftlichen Gestaltung.

Literatur

Quellen zu Kapitel 4.1

Bartolini, S. (2005). *Restructuring Europe. Centre formation, system building, and political restructuring between the nation state and the European Union.* Oxford University Press.

Rokkan, S. (2000). *Staat, Nation und Demokratie in Europa.* Die Theorie Stein Rokkans aus seinen gesammelten Werken rekonstruiert und eingeleitet von P. Flora. Suhrkamp.

Schimmelpfennig, F. (2019). Von der Entgrenzung zur Eingrenzung: Krise und Wandel der europäischen Integration. *Integration, 4*, 247–261.

Quellen zu Kapitel 4.2

Altner, G. (1992). Der Begriff der Evolution in Biologie und Sozialwissenschaften. Zur Differenzierung einer pauschalen Grundkategorie. In B. Bievert & M. Held (Hrsg.), *Evolutorische Ökonomik. Neuerungen, Normen, Institutionen* (S. 56–70). Campus.

Becker, P. (2011). *Die EU-Wachstumsstrategie „Europa 2020". Der Prozess als Ziel.* Stiftung Wissenschaft und Politik. https://www.swp-berlin.org/fileadmin/contents/products/studien/2011_S06_bkr_ks.pdf. Zugegriffen am 17.12.2020.

Becker, P. (2020). *Eine europäische Wirtschaftspolitik im Werden. Erfolge mit bescheidenen Mitteln.* Stiftung Wissenschaft und Politik. https://www.swp-berlin.org/fileadmin/contents/products/studien/2020S16_EuropaeischeWirtschaftspolitik.pdf. Zugegriffen am 09.03.2021.

Becker, P., & Lang, K.-O, & Lippert, B., & Tokarski, P. (2020). Die Pandemie und die EU: Integrations-impuls mit ungewisser Wirkung. In B. Lippert, S. Mair, & V. Perthes (Hrsg.) *Internationale Politik unter Pandemie-Bedingungen. Erfolge mit bescheidenen Mitteln* (S. 55–58). https://www.swp-berlin.org/fileadmin/contents/products/studien/2020S26_Corona_Studie.pdf. Zugegriffen am 12.03.2020.

Bianchi, M., & Colantoni, L., & Franza, L. (2020). *Green deal watch: A green recovery from the COVID-19 Crisis?* Istituto Affari Internazionali. www.jstor.org/stable/resrep25271. Zugegriffen am 09.03.2021.

Bochmann, C. (2011). *Evolutionary institutionalism – Evolutionary concepts in institutional analysis.* Institut für Politikwissenschaft. https://www.researchgate.net/publication/324602686_EVOLUTIONARY_INSTITUTIONALISM_-EVOLUTIONARY_CONCEPTS_IN_INSTITUTIONAL_ANALYSIS. Zugegriffen am 30.04.2022.

Bochmann, C. (2018). *Staaten in der evolutionären Sackgasse? Neue Perspektiven der Staatszerfallsforschung*. Nomos.

Bulmer, S. (1994). The governance of the European Union: A new institutionalist approach. *Journal of Public Policy, 13*(4), 351–380.

Delivorias, A., & Dobreva, A. (2019). *Wirtschaftspolitik.* o. O.: Wissenschaftlicher Dienst für die Mitglieder. https://www.europarl.europa.eu/RegData/etudes/BRIE/2018/628273/EPRS_BRI(2018)628273_DE.pdf. Zugegriffen am 30.11.2020.

Demuth, C. (2009). *Der Bundestag als lernende Institution. Eine evolutionstheoretische Analyse der Lern- und Anpassungsprozesse des Bundestages, insbesondere an die Europäische Integration.* Nomos.

Europäische Kommission. (2015). *Die Wirtschafts- und Währungsunion Europas vollenden.* https://ec.europa.eu/info/publications/five-presidents-report-completing-europes-economic-and-monetary-union_de. Zugegriffen am 16.03.2021.

Europäische Kommission. (2020). *Mitteilung der Kommission an das Europäische Parlament, den Rat, den europäischen Wirtschafts- und Sozialausschuss und den Ausschuss der Regionen. Mehr Ehrgeiz für das Klimaziel Europas bis 2030. In eine klimaneutrale Zukunft zum Wohl der Menschen investieren* (COM(2020) 562 final, S. 1. https://eur-lex.europa.eu/legal-content/DE/TXT/PDF/?uri=CELEX:52020DC0562&from=DE. Zugriffen am 03.12.2020.

Europäische Kommission. (o.J.). *Bereiche der EU-Politik.* https://ec.europa.eu/info/about-european-commission/what-european-commission-does/law/areas-eu-action_de. Zugegriffen am 10.03.2021.

Europäisches Parlament. (2021). *Wirtschaftspolitische Steuerung*, o. O. https://www.europarl.europa.eu/factsheets/de/sheet/87/wirtschaftspolitische-steuerung. Zugegriffen am 16.03.2021.

Fürstenberg, K. (2016). Evolutionary institutionalism: New perspectives. *Politics and the Life Sciences, 1*, 48–60.

Hambloch, S. (2016). *Der Europäische Rat in der Europäischen Union. Kritische Betrachtung seiner Entstehung mittels der Theorie des Evolutionären Institutionalismus* (Bd. 21). Schriftenreihe des Fachbereichs Wirtschaftswissenschaften.

Hennecke, H. J. (2007). Evolution und spontane Ordnung als Gegenstand der Wirtschafts- und Sozialwissenschaften. In W. J. Patzelt (Hrsg.), *Evolutorischer Institutionalismus. Theorie und exemplarische Studien zu Evolution, Institutionalität und Geschichtlichkeit* (S. 23–39). Ergon.

Konsolidierte Fassungen des Vertrags über die Europäische Union (EUV) und des Vertrags über die Arbeitsweise der Europäischen Union (AEUV). *Amtsblatt der Europäischen Union*, Nr. C 202/1 vom 07. Juni 2016. https://eur-lex.europa.eu/legal-content/DE/TXT/HTML/?uri=CELEX:12016ME/TXT&from=DE. Zugegriffen am 10.03.2021.

Lempp, J. (2009). *Die Evolution des Rats der Europäischen Union. Institutionenevolution zwischen Intergouvernementalismus und Supranationalismus* (Studien zum Parlamentarismus, 9). Baden-Baden: Nomos

Lempp, J. (2018). Evolution als Inspiration. Zu Genese und Nutzung evolutionstheoretischer Ansätze in der Politikwissenschaft. In C. Meißelbach, S. Dreischer, & J. Lempp (Hrsg.), *Politikwissenschaft als Beruf. Perspektiven aus Wissenschaft und Gesellschaft* (S. 267–277). Springer.

March, J. G., & Olsen, J. P. (1984). The new institutionalism: Organizational factors in political life. *The American Political Science Review, 78*, 734–749.

March, J. G., & Olsen, J. P. (1989). *Rediscovering institutions. The organizational basis of politics.* Free Press.

Morisse-Schilbach, M. (2012). Historischer institutionalismus. In H. J. Bieling & M. Lerch (Hrsg.), *Theorien der europäischen Integration: ein Systematisierungsversuch* (S. 225–245). Springer VS.

Nancy, J. (2017). *Die Europäer zwei Jahre vor der Europawahl 2019 – Eurobarometer – Sonderausgabe des Europäischen Parlaments*, o. O. https://www.europarl.europa.eu/at-your-service/files/be-heard/eurobarometer/2017/two-years-until-the-2019-european-elections/analytical-synthesis/de-analytical-synthesis-two-years-until-the-2019-european-elections.pdf. Zugegriffen am 30.11.2020.

OECD. (2011). *Towards Green Growth*, o. O. https://read.oecd-ilibrary.org/environment/towards-green-growth_9789264111318-en#page2. Zugegriffen am 11.03.2021.

Pape, M. (2007). *Evolutionäre Ansätze in den Sozialwissenschaften.* Ein kurzer Überblick In: Patzelt, W. J. (2007). Evolutorischer Institutionalismus (S. 41–58). Theorie und exemplarische Studien zu Evolution, Institutionalität und Geschichtlichkeit, Würzburg: Ergon.

Patzelt, W. J. (2007). *Evolutorischer Institutionalismus. Theorie und exemplarische Studien zu Evolution, Institutionalität und Geschichtlichkeit.* Ergon.

Pierson, P. (1994). *Dismantling the welfare state?* Cambridge University Press.

Pollack, M. A. (1996). The new institutionalism and EU governance: The prornise and limits of institutionalist analysis. *Governance, 9*(4), 429–458.

Schimmelpfennig, F. (2019). Von der Entgrenzung zur Eingrenzung: Krise und Wandel der europäischen Integration. *Integration, 4*, 247–261.

Schmidt, S., & Schünemann, W. J. (2013). *Europäische Union. Eine Einführung.* UTB.

Treude, S. (2021). *EU economic policy and the European green deal: An institutionalist analysis* (Bd. 35). Schriftenreihe des Fachbereichs Wirtschaftswissenschaften.

Vollard, H. (2018). *European disintegration. A search for explanations.* Palgrave.

Von Hayek, F. A. (1982). *Law, legislation and liberty.* Routledge.

Webber, D. (2019). *European disintegration? The politics of crisis in the European Union.* Springer.

Wiesner, C. (2017). Was ist europäische Identität? Theoretische Zugänge, empirische Befunde, Forschungsperspektiven und Arbeitsdefinition. In G. Hentges, K. Nottbohm, & H.-W. Platzer (Hrsg.), *Europäische Identität in der Krise? Europäische Identitätsforschung und Rechtspopulismusforschung im Dialog* (S. 21–56). Springer.

Xingwei, B. (2019). *Parteien und ihre Evolution im Licht des Evolutorischen Institutionalismus: Theorietest am Fallbeispiel der Sozialdemokratischen Partei Deutschlands und der Kommunistischen Partei Chinas*. https://d-nb.info/1226942385/34. Zugegriffen am 30.04.2022.

Quellen zu Kapitel 4.3

Abels, G. (2012). Feministische Perspektiven. In H. J. Bieling & M. Lerch (Hrsg.), *Theorien der europäischen Integration* (S. 295–318). Springer VS.

Abels, G., & MacRae, H. (2016). Why and how to gender European integration theory? Introduction. In G. Abels & H. MacRae (Hrsg.), *Gendering European integration theory. Engaging new dialogues* (S. 9–37). Barbara Budrich Publishers.

Abels, G., & MacRae, A. (2021). Whose story is it anyway? Studying European integration with a gender lens, In G. Abels, A. Kriszán, H. MacRae, & A. van der Vleuten (Hrsg.), *The Routledge Handbook of Gender and EU Politics* (S. 1–14). Routledge.

Cavaghan, R., & Elomäki, A. (2021). Feminist political economy and ist explanatory promise. In G. Abels, A. Kriszán, H. MacRae, & A. van der Vleuten (Hrsg.), *The Routledge handbook of gender and EU politics* (S. 68–79). Abingdon, Oxon: Routledge.

Civil Rights Act of 1964; 7/2/1964; Enrolled acts and resolutions of congress, 1789 – 2011; General Records of the United States Government, Record Group 11; National Archives Building. https://www.archives.gov/milestone-documents/civil-rights-act. Zugegriffen 24.02.2023.

Forest, M. (2021). Europeanization. In G. Abels, A. Kriszán, H. MacRae, & A. van der Vleuten (Hrsg.), *The Routledge handbook of gender and EU politics* (S. 30–42). Routledge.

Hearn, J., Wojnicka, K., Šmídová, I., & Pringle, K. (2021). The EU, men and masculinities. In G. Abels, A. Kriszán, H. MacRae, & A. van der Vleuten (Hrsg.), *The Routledge handbook of gender and EU politics* (S. 89–92). Routledge.

Kantola, J., & Lombardo, E. (Hrsg.). (2017a). *Gender and the economic crisis in Europe. Politics, institutions, and intersectionality*. Palgrave Macmillan.

Kantola, J., & Lombardo, E. (2017b). *Gender and political analysis*. Palgrave Macmillan.

Kronsell, A. (2012). Gendering theories of European integration. In G. Abels & J. M. Mushaben (Hrsg.), *Gendering the European Union, new approaches to old democratic deficits* (S. 23–40). Palgrave Macmillian.

Lepperhoff, J., Rüling, A., & Scheele, A. (2007). Von Gender zu Diversity Politics? Kategorien feministischer Politikwissenschaft auf dem Prüfstand. Einleitung. *Femina Politica, 1*, 9–22.

Lombardo, E. (2016). Social constructivism in European integration theories: Gender and intersectionality perspectives. In A. Abels & H. MacRae (Hrsg.), *Gendering European integration theory. Engaging new dialogues* (S. 123–146). Verlag Barbara Budrich.

Lombardo, E., & Kantola, J. (2017). *Gender and the economic crisis in Europe. Politics, institutions and intersectionality*. Springer International Publishing.

Lombardo, E., & Kantola, J. (2019). European integration and disintegration: Feminist perspectives on inequalities and social justice. *Journal of Common Market Studies, 57*(1), 62–76.

Lombardo, E., & Kantola, J. (2021). Social constructivism. In G. Abels, A. Kriszán, H. MacRae, & A. van der Vleuten (Hrsg.), *The Routledge handbook of gender and EU politics* (S. 43–55). Routledge.

MacRae, H., & Weiner, E. (2021). Feminist institutionalism. In G. Abels, A. Kriszán, H. MacRae, & A. van der Vleuten (Hrsg.), *The Routledge handbook of gender and EU politics* (S. 56–67). Routledge.

Riescher, G. (2001). „Das Private ist politisch“: Die politische Theorie und das Öffentliche und das Private. *Freiburger Zeitschrift für GeschlechterStudien, 9*(2), 9–10.

Rössler, B. (1995). Feministische Theorien der Politik. In K. von Beyme & C. Offe (Hrsg.), *Politische Theorien in der Ära der Transformation* (Politische Vierteljahresschrift, Sonderheft 26, S. 267–291). Springer.

Solanke, I. (2021). The EU approach to intersectional discrimination in law. In G. Abels, A. Kriszán, H. MacRae, & A. van der Vleuten (Hrsg.), *The Routledge handbook of gender and EU politics* (S. 93–104). Routledge.

Vertrag über die Arbeitsweise der Europäischen Union (AEUV). Fassung aufgrund des am 1.12.2009 in Kraft getretenen Vertrages von Lissabon. https://dejure.org/gesetze/AEUV/19.html. Zugegriffen am 25.02.2023.

Von Wahl, A. (2021). The EU as a gender equality regime. In G. Abels, A. Kriszán, H. MacRae, & A. van der Vleuten (Hrsg.), *The Routledge handbook of gender and EU politics* (S. 17–29). Routledge.

Wallner, C. (2011). Feminismus. In G. Ehlert, H. Funk, & G. Stecklina (Hrsg.), *WÖrterbuch Soziale Arbeit und Geschlecht* (S. 133–135). Weinheim und München.

Zilla, C. (2022). Feministische Außenpolitik. Konzepte, Kernelemente und Kontroversen. *SWP-Aktuell, 50*, 3.

Fazit und Desiderata

5

Die wissenschaftlichen Erkenntnisse der interdisziplinären und multiperspektivischen Europastudien sind das Fundament für weitere Forschungen zur Beschreibung, Erklärung und Deutung historischer, aktueller und zukünftiger Zustände und Entwicklungen des Integrationsprozesses in der EU. Krisen werden nicht mehr nur als temporäres Phänomen, sondern als andauernder Bestandteil der europäischen Integration thematisiert. Spätestens mit der Entwicklung des postfunktionalistischen Ansatzes hat sich eine eigene Forschungsrichtung der europäischen Desintegration herausgebildet.

Die Herausforderung der (Des-)Integrationsforschung bestehtmittlerweile unter anderem darin, die Vielfalt an Konzeptionen von Europa und der EU, von Integration und Desintegration sowie von Ursache-Wirkungszusammenhängen realer Entwicklungen in statischer und dynamischer Perspektive zu überschauen und zu rezipieren.

Ziel weiterer Forschungsarbeiten könnte die Entwicklung eines bisherige Ansätze integrierenden theoretischen Approaches, eines umfassenden Rahmens zur Analyse, Erklärung und Prognose von Krisen Phänomenen der Desintegration in der EU sein. Ein solcher Ansatz wäre idealerweise multiperspektivisch und multifaktoriell angelegt, um damit Hypothesen über die Wirkung von integrationsfördernden und -hemmenden Kräften ableiten zu können. Als generelle Annahme kann sicherlich gelten, dass integrative und desintegrative Prozesse und Phasen in der Regel nicht dichotom im Sinne von zwei voneinander getrennten Teilen ohne Schnittmenge, sondern zeitlich und sachlich interdependent sind.

Um die Bildung von Modellen, Theorien bzw. Approaches erkenntniswissenschaftlich operationalisierbar zu machen, ist es notwendig, die Komplexität der Realität zu reduzieren. Zu erwägen ist, ob für die Entwicklung eines multidimensionalen Ansatzes der europäischen (Des-)Integration nicht Heuristiken eine größere Bedeutung zukommen sollte. Da es sich um

S. Treude, *Europäische Desintegration in Zeiten multipler Krisen*,
https://doi.org/10.1007/978-3-658-44039-8_5

einen komplexen Problembereich handelt, werden die bereits vorhandenen theoretischen Schulen, Ansätze und Stränge der (Des-)Integrationsforschung – soweit überschaubar – dann verstärkt nicht nur nach ihrem Informationsgehalt, sondern auch nach ihrem Potenzial für die Weiterentwicklung des Erkenntnisstandes genutzt. Forschungsleitende Hypothesen können dabei systematisch sowohl deduktiv aus den vorliegenden theoretischen Erkenntnissen als auch gleichzeitig induktiv aus spezifischen, empirisch beobachtbaren Phänomenen entwickelt werden.

Die Krisen, mit denen sich politische, wirtschaftliche und andere gesellschaftliche Akteure und Gruppen sowie die EU als Institution auseinandersetzen müssen, sind vielfältig. Die Reflexion über Begriffe wie Krise und Polykrise sowie eine Systematisierung von Krisen mittels Clusterbildung könnten die Desintegrationsforschung komplementieren und die Grundlage für eine stärker von Einzelkrisen abstrahierende Meta-Analyse (des-)integrativer Prozesse in der EU bilden. Mögliche Merkmale für ein Krisen-Clustering sind Ursprung, Ursache, bisherige und mögliche zukünftiger Verläufe sowie der Reaktionen verschiedener Akteure darauf. Je länger ein Nebeneinander bzw. Überlappen von EU-intern und -extern induzierten Krisen andauert, umso virulenter wird die Frage, ob und wie Krisenphänomene zu (mehr) Integration oder Desintegration führen oder beitragen. Auch hier könnte eine stärkere Systematisierung der Auswirkungen und Mechanismen beispielsweise in eine kurz-, mittel- und langfristige Perspektive ein zugleich theoriebildender und prognosetauglicher Baustein sein.

Ein solches Forschungsprogramm erfordert einen holistisch-interdisziplinären Zugang, der Offenheit für andere als die eigenen fachlichen Perspektiven verlangt: Ob mit einem solchen interdisziplinär-multidimensionalen Wissenschaftsprogramm ein neues Paradigma entsteht, ist zunächst nicht entscheidend. Mit der Abkehr vom Integrationsoptimismus des Neofunktionalismus und Intergouvernementalismus hat aber die Entwicklung eines methodologischen Konzeptes der europäischen Integration und Desintegration bereits begonnen: Als Gegenstand wissenschaftlicher Forschung, Beobachtung und Reflexion sind neben die europäische Integration seit den 2000er-Jahren zunehmend einzelne Krisen und die Polykrise der EU getreten.

Die EU-Forschung der (Des-)Integration, die sich nicht mehr nur auf die Politikwissenschaft beschränkt, spiegelt schon eine disziplinäre, methodische und die Integrationsforschung insgesamt erweiterte Analyse- und Methodenvielfalt wider.

Nicht nur die Frage und das Möglichkeitsspektrum, wie der Untersuchungsgegenstand zu beobachten bzw. untersuchen ist, ist pluraler geworden, sondern auch die Beschäftigung damit, was als befriedigende Lösung eines wissenschaftlichen Problems anzusehen ist. Ein praxisrelevanter Mehrwert kann darin bestehen, dass ein Approach auch als Prognoseinstrument für zukünftige (des-)integrative Entwicklungen im komplexen System der EU dienen kann. Erkenntnisse der EU-Forschung können die zukunftsbezogene (Politik-)Beratung bereichern, wenn aus theoretischen Axiomen praktische Handlungsempfehlungen für Akteure in Politik und Wirtschaft abgeleitet werden können.

Schließlich können Erkenntnisse aus der EU-Forschung zur (Des-)Integration von Regionen auch in wirtschaftliche und/oder politische Integrationsprozesse anderer Räume der Welt einfließen und umgekehrt. Ein solcher wechselseitiger empirischer Forschungstransfer eröffnet ein weites Feld für neue methodisch-inhaltlich plurale Fragestellungen.

Eine fruchtbare Verbindung von Theorie, Empirie und Praxis der europäischen (Des-) Integration ist ein Beitrag dafür, dass gesellschaftliche Verantwortungsträger zukünftige Entwicklungen differenzierter und souveräner beurteilen können. Eine nachhaltige, gesamtgesellschaftlich orientierte europäische Politikgestaltung setzt einen konstruktiven Theorie-Praxis-Dialog voraus.

SPRINGER NATURE

GPSR Compliance

The European Union's (EU) General Product Safety Regulation (GPSR) is a set of rules that requires consumer products to be safe and our obligations to ensure this.

If you have any concerns about our products, you can contact us on ProductSafety@springernature.com

In case Publisher is established outside the EU, the EU authorized representative is:

Springer Nature Customer Service Center GmbH
Europaplatz 3
69115 Heidelberg, Germany

FSC
www.fsc.org
MIX
Papier | Fördert gute Waldnutzung
FSC® C083411

Kolibri 360 GmbH
Ferdinand-Jühlke-Straße 7
99095 Erfurt, Deutschland
produktsicherheit@kolibri360.de